FREE FLOW EM CONCESSÕES DE RODOVIAS

GABRIEL FAJARDO
GUILHERME THEO SAMPAIO
Coordenadores

Apresentação
Pedro Capeluppi

Prefácio
Vander Costa

FREE FLOW EM CONCESSÕES DE RODOVIAS

Belo Horizonte

2024

© 2024 Editora Fórum Ltda.

É proibida a reprodução total ou parcial desta obra, por qualquer meio eletrônico, inclusive por processos xerográficos, sem autorização expressa do Editor.

Conselho Editorial

Adilson Abreu Dallari
Alécia Paolucci Nogueira Bicalho
Alexandre Coutinho Pagliarini
André Ramos Tavares
Carlos Ayres Britto
Carlos Mário da Silva Velloso
Cármen Lúcia Antunes Rocha
Cesar Augusto Guimarães Pereira
Clovis Beznos
Cristiana Fortini
Dinorá Adelaide Musetti Grotti
Diogo de Figueiredo Moreira Neto (*in memoriam*)
Egon Bockmann Moreira
Emerson Gabardo
Fabrício Motta
Fernando Rossi
Flávio Henrique Unes Pereira
Floriano de Azevedo Marques Neto
Gustavo Justino de Oliveira
Inês Virgínia Prado Soares
Jorge Ulisses Jacoby Fernandes
Juarez Freitas
Luciano Ferraz
Lúcio Delfino
Marcia Carla Pereira Ribeiro
Márcio Cammarosano
Marcos Ehrhardt Jr.
Maria Sylvia Zanella Di Pietro
Ney José de Freitas
Oswaldo Othon de Pontes Saraiva Filho
Paulo Modesto
Romeu Felipe Bacellar Filho
Sérgio Guerra
Walber de Moura Agra

FÓRUM
CONHECIMENTO JURÍDICO

Luís Cláudio Rodrigues Ferreira
Presidente e Editor

Coordenação editorial: Leonardo Eustáquio Siqueira Araújo / Aline Sobreira de Oliveira
Revisão: Nathalia Campos
Capa e projeto gráfico: Walter Santos
Diagramação: Formato Editoração

Rua Paulo Ribeiro Bastos, 211 – Jardim Atlântico – CEP 31710-430
Belo Horizonte – Minas Gerais – Tel.: (31) 99412.0131
www.editoraforum.com.br – editoraforum@editoraforum.com.br

Técnica. Empenho. Zelo. Esses foram alguns dos cuidados aplicados na edição desta obra. No entanto, podem ocorrer erros de impressão, digitação ou mesmo restar alguma dúvida conceitual. Caso se constate algo assim, solicitamos a gentileza de nos comunicar através do *e-mail* editorial@editoraforum.com.br para que possamos esclarecer, no que couber. A sua contribuição é muito importante para mantermos a excelência editorial. A Editora Fórum agradece a sua contribuição.

Dados Internacionais de Catalogação na Publicação (CIP) de acordo com ISBD

F853	Free flow em concessões de rodovias / Gabriel Fajardo, Guilherme Theo Sampaio (coord.). Belo Horizonte: Fórum, 2024. 301p. 14,5x21,5cm
	ISBN impresso 978-65-5518-724-3 ISBN digital 978-65-5518-723-6
	1. Rodovias. 2. Parcerias público-privadas. 3. Concessões. I. Fajardo, Gabriel. II. Sampaio, Guilherme Theo. III. Título.
	CDD: 342 CDU: 342

Ficha catalográfica elaborada por Lissandra Ruas Lima – CRB/6 – 2851

Informação bibliográfica deste livro, conforme a NBR 6023:2018 da Associação Brasileira de Normas Técnicas (ABNT):

FAJARDO, Gabriel; SAMPAIO, Guilherme Theo (coord.). Free flow *em concessões de rodovias*. Belo Horizonte: Fórum, 2024. 301p. ISBN 978-65-5518-724-3.

AGRADECIMENTOS

A todos aqueles e aquelas que se dedicam diariamente ao aperfeiçoamento da infraestrutura brasileira e à oferta de melhores serviços aos usuários.

SUMÁRIO

PREFÁCIO
Vander Costa 13

APRESENTAÇÃO
Pedro Capeluppi 15

EIXO I
HISTÓRICO E DISCUSSÕES RECENTES SOBRE O *FREE FLOW*

OS IMPACTOS DO *FREE FLOW* SOBRE A MATRIZ DE RISCO DOS CONTRATOS DE CONCESSÃO DE RODOVIAS 21
Letícia Queiroz de Andrade, Juliana Moitas Nogueira de Menezes 21
1   Introdução 21
2   A matriz de risco nos contratos de concessão de rodovias 28
2.1 Evolução da repartição de riscos no âmbito de contratos de rodovia 32
3   Impactos do *free flow* sobre a matriz de risco dos contratos de concessão de rodovias 34
3.1 Risco de inadimplemento do pagamento da tarifa 34
3.2 Risco de fraude do usuário 38
3.3 Risco de falha na detecção de veículo 39
3.4 Risco de atualização e inovação tecnológica 40
3.5 Risco de notificação do usuário inadimplente 41
4   Considerações finais 43
    Referências 45

AS PERSPECTIVAS E OS DESAFIOS PARA MODELAGEM DE PROJETOS DE CONCESSÕES RODOVIÁRIAS COM O USO DO SISTEMA DE ARRECADAÇÃO *FREE FLOW* 47
Cristiano Della Giustina, Larissa Wendling, Tiago Lourenço de Lima Torquato, Fernando José Piva 47
1   Introdução 47
2   Definição do sistema de pedágio eletrônico – *free flow* 48
3   Estudos de tráfego e estimativa da receita 51
4   Sistema operacional de arrecadação automática 55
5   Perspectivas e desafios da implantação do sistema *free flow* 58

6	Conclusões...	61
	Referências..	62

REFLEXÕES SOBRE A APLICAÇÃO DO *FREE FLOW* EM CONTRATOS DE CONCESSÃO DE RODOVIAS VIGENTES................... 63
Marco Aurélio de Barcelos Silva 63

1	Introdução	63
2	A dimensão regulatória..	65
3	A dimensão econômico-financeira.......................................	68
4	A dimensão dos usuários	71
5	Conclusão	72

REGULAMENTAÇÃO DO *FREE FLOW* NO BRASIL: AVANÇOS, DESAFIOS E COOPERAÇÃO... 75
Felipe Fernandes Queiroz, Paulo Roberto de Oliveira Junior, Luana Azevedo Temponi Godinho... 75

1	Definição e funcionamento do sistema de cobrança em livre passagem	75
2	Benefícios e desafios do *free flow*	76
3	Cooperação, o início da jornada...	78
4	A Lei nº 14.157/2021 e o *free flow*..	82
5	A Resolução Contran nº 984/2022	85
	Considerações finais...	88
	Referências..	89

INFRAESTRUTURA E REGULAÇÃO: ANÁLISE DA AGENDA REGULATÓRIA DA AGÊNCIA NACIONAL DE TRANSPORTES TERRESTRES (ANTT) E O *FREE FLOW* 91
Allan Milagres, Carlos Eduardo Marques Silva, Guilherme Theo Sampaio.. 91

1	Introdução	91
2	Regulação e agências reguladoras no Brasil.......................	92
3	A infraestrutura de rodovias no Brasil e o seu papel para o desenvolvimento nacional	95
4	A agenda regulatória da ANTT e a implementação do *free flow*	99
5	Conclusão	102
	Referências..	103

EIXO II
EXPERIÊNCIA E PROJETOS NACIONAIS COM O *FREE FLOW*

O DESENHO REGULATÓRIO PARA O *FREE FLOW*: O CASO DO ESTADO DO RIO GRANDE DO SUL 107
Gabriel Ribeiro Fajardo, Pedro Maciel Capeluppi, Rafael Ramos, Napoleão Zettermann.. 107

1	Do *free flow* e da sua importância para o usuário	107
2	Do período experimental – *sandbox regulation*	109
3	O caso do estado do Rio Grande do Sul: desenho regulatório para implementação do *free flow*	112
3.1	Da compensação à concessionária pelo inadimplemento dos usuários	113
3.2	Das atribuições institucionais que compõem o desenho regulatório	117
3.2.1	AGERGS	117
3.2.2	SELT	119
3.2.3	DAER	120
4	Conclusão	123
	Referências	123

DESAFIO DO *FREE FLOW* NA CONCESSIONÁRIA CAMINHOS DA SERRA GAÚCHA 125
Ricardo Peres 125

1	A CSG e seu contexto	125
2	A busca da tecnologia MLFF	127
3	O início das tratativas do uso da tecnologia MLFF junto ao governo gaúcho	128
4	Negociações com a Kapsch	129
5	Planejamento do desenvolvimento do projeto-piloto do *free flow*	130
6	Desenvolvimento do aditivo temporário do *free flow*	131
7	Início da operação do primeiro pórtico de *free flow* em 15 de dezembro de 2023	135
8	Meios de pagamento e cobrança do sistema *free flow* instalado na CSG	137
9	Balanço do primeiro mês de operação do pórtico de *free flow* de Antonio Prado	139
10	Conclusões e perspectivas da CSG do sistema *free flow*	140

DA VINCULAÇÃO DA CONTA MULTA DE EVASÃO PARA A COMPENSAÇÃO DO *FREE FLOW* NAS CONCESSÕES RODOVIÁRIAS: O EXEMPLO DO ESTADO DO RIO GRANDE DO SUL 143
Carlos Eduardo da Silveira, César Kasper de Marsillac 143

1	Introdução	143
2	Da alocação do risco de evasão prevista no contrato	145
3	Da alteração do CTB	148
4	Da criação de conta multa para mitigar o risco de evasão	151
5	Considerações finais	156
	Referências	157

RUMO AO FUTURO: DESAFIOS NA TRANSIÇÃO DE PRAÇAS DE PEDÁGIO PARA PÓRTICOS DE LIVRE PASSAGEM NA SERRA GAÚCHA 159
Maria Cristina Ferreira Passos 159

1	Introdução	159
2	Contextualização	160
3	Sobre as alterações no programa de exploração da rodovia (PER)	163
3.1	Item 3.2.2.1: obras de capacidade condicionadas ao volume de tráfego	163
3.2	Item 3.4.4.4: sistema de informações aos usuários (escopo produção)	164
3.3	Item 3.4.6: Sistemas de Pedágio e Controle de Arrecadação	164
3.3.1	Sistema de cobrança	164
3.3.2	Pórticos do sistema automático de livre passagem	166
3.4	Indicadores de desempenho	167
4	Considerações finais	169
	Referências	170

O SISTEMA AUTOMÁTICO LIVRE NOS CONTRATOS DE CONCESSÃO E PPPS DO ESTADO DE SÃO PAULO................ 171
Raquel França Carneiro, Santi Ferri, Leandro Cardoso Trentin 171

1	Introdução	171
2	Histórico da cobrança por meio pórticos no programas de concessões paulistas	172
2.1	Ponto a Ponto	172
2.2	Quarta etapa do Programa de Concessões Paulistas	173
2.3	Quinta etapa do Programa de Concessões Paulistas	175
3	Sistema automático livre	176
3.1	Trecho de Cobertura de Pedágio (TCP)	176
4	Descontos tarifários	177
4.1	Desconto pela utilização do AVI	177
4.2	Desconto de Usuário Frequente (DUF)	177
5	Alocação de riscos	179
6	Fiscalização	180
7	Programa Siga Fácil SP	181
8	Desafios	181
9	Conclusão	183
	Referências	183

FREE FLOW NO RODOANEL DA REGIÃO METROPOLITANA DE BELO HORIZONTE.................. 185
Fernanda Alen, Vítor Costa 185

1	O Rodoanel da Região Metropolitana de Belo Horizonte	185
2	Os desafios da estruturação do projeto e a âncora do *free flow*	187
2.1	O custo do sistema do sistema *free flow*	192
2.2	A modelagem jurídica do Rodoanel Metropolitano de Belo Horizonte e o sistema *free flow*	193
2.2.1	O mecanismo de cobrança do usuário	195
2.2.2	Matriz de risco do projeto	195
2.2.3	Cobrança administrativa	198

2.3	A modelagem econômica do Rodoanel Metropolitano de Belo Horizonte e o sistema *free flow*	199
2.3.1	Contraprestações e manutenção da viabilidade para da concessão nos primeiros anos de amadurecimento tecnológico/operacional	201
2.3.2	Conta contingência e mecanismo de reembolso automático para bancar risco de receita e de evasão	204
3	Lições aprendidas e desafios para implantação	204
	Referências	205

O PRIMEIRO *FREE FLOW* NO BRASIL: *SANDBOX* REGULATÓRIO COMO INTRODUÇÃO À COBRANÇA AUTOMÁTICA E PROPORCIONAL DE PEDÁGIO EM RODOVIAS FEDERAIS CONCEDIDAS ... 207

Luciano Lourenço da Silva, Fernando Barbelli Feitosa, Josineide Oliveira Monteiro, Herik Souza Lopes ... 207

1	Introdução	207
2	Experiência Internacional (*benchmarking*)	208
2.1	Chile	209
2.2	Colômbia	213
2.3	Equador	214
2.4	Canadá e Estados Unidos – operação da Cintra Highways	215
2.5	Considerações parciais	217
3	Experiência brasileira – *sandbox* regulatório da ANTT e ciclos de pagamentos na BR-101/RJ (CCR RioSP)	219
4	Considerações finais	224
	Referências	226

FREE FLOW: A TRANSFORMAÇÃO DE MOBILIDADE NA RIO-SANTOS ... 229

Carla Fornasaro ... 229

Referências ... 234

EIXO 3
SOLUÇÕES TECNOLÓGICAS E VISÃO DOS ESTRUTURADORES

A EXPERIÊNCIA DA KAPSCH COM A TECNOLOGIA DE PEDÁGIO *FREE FLOW* E AS TENDÊNCIAS PARA O FUTURO ... 237

Carlos Wiedmaier, Antonio Carlos Miró ... 237

1	Introdução	237
2	Breve descrição da tecnologia de pedágio *free flow*	238
3	Tecnologias para a detecção e classificação dos veículos	240
4	Tarifas e categorias de veículos	242
5	Tipos de tecnologia de pedágio *free flow*	242
6	*Back-office*	244

7	Implementações da tecnologia *free flow* no mundo	246
8	Austrália: evolução constante para uma rede de estradas com pedágio bem-sucedida	246
9	Áustria: 2.200 km de pedágio *free flow*	247
10	Sistema de pedágio *free flow* para a autoridade viária do estado de Nova York (NYSTA), EUA	248
11	Grécia: um sistema híbrido de pedágio	249
12	Chile: interoperabilidade que garante 20 anos de sucesso com pedágio *free flow*	249
13	Equador: Pórtico bidirecional para a via de acesso ao Túnel de Guayasamín, em Quito	251
14	Brasil: transferência de conhecimento entre vários países	252
15	O *free flow* como alternativa sustentável	253
16	Evolução e tendências para o futuro	253

FREE FLOW: RUMO A UMA MOBILIDADE CONVENIENTE E SUSTENTÁVEL NO BRASIL 255
André Turquetto 255

1	Uso de *tags* será impulsionado pelo *free flow*	256
2	A importância da interoperabilidade no avanço do *free flow* no Brasil	257
3	Incentivos financeiros: repensando benefícios em tarifas para expandir a inovação	259
4	Vantagens do *free flow*: de redução de tempo ao cuidado com o meio ambiente	260
5	Conclusão	261

A EXPERIÊNCIA CHILENA COM O *FREE FLOW*: LIÇÕES PARA O BRASIL 263
Pablo Pereira dos Santos, Rodrigo Rosa da Silva Cruvinel 263

1	Introdução	263
2	O que é *free flow*?	266
3	Infraestrutura tecnológica	270
4	Evolução do *free flow* no Chile	274
4.1	Estrutura tarifária das vias urbanas	277
4.2	Inadimplência	279
4.3	Alocação e mitigação do risco de inadimplência	282
4.4	Vias interurbanas	283
5	Impactos econômico-financeiros	285
6	Lições para o Brasil	288
	Referências	291

SOBRE OS AUTORES 295

PREFÁCIO

Quando assumi a presidência do Sistema Transporte, em 2019, havia, entre os transportadores, vigoroso debate sobre a cobrança de pedágios nas rodovias privatizadas. Em regra, os transportadores eram contra essa cobrança, pois alegavam que encareceria os fretes.

Outra discussão ainda hoje presente é sobre a localização das praças de pedágio. Todo prefeito deseja melhorias nas rodovias que dão acesso ao município, mas ninguém quer arcar com o ônus político dessa cobrança.

Como é sabido, o Brasil carece de investimentos em infraestrutura de transporte. Precisamos reverter isso e aprender com o exemplo de outros países. Certa vez, em Portugal, aluguei um carro e observei que, nas rodovias, pagava-se por quilômetro rodado. Na hora, pensei que essa poderia ser, também, uma solução para o Brasil, de modo que os transportadores e os habitantes da região pagassem apenas pela quilometragem percorrida. Não sabia o nome da tecnologia, porém foi assim que descobri o – e me entusiasmei pelo – *free flow*.

Em diálogo com o então Ministério da Infraestrutura e com a Agência Nacional de Transportes Terrestres (ANTT), o Sistema Transporte debateu a legislação necessária para implementar essa inovação. Posteriormente, nosso ordenamento jurídico reconheceu a sistemática do *free flow*, o que abriu passagem para a transformação de nossas rodovias. E, como um dos primeiros reflexos dessa mudança, colheu-se a renovação da concessão da emblemática Via Dutra (BR-101), a partir do momento em que a possibilidade de implantação do *free flow* foi prevista no edital.

Hoje, as concessionárias ainda resistem parcialmente à ideia, sob o argumento de que poderá ocorrer muita evasão ou de que não existe tecnologia para a implantação. Essa não é uma alegação que se sustenta. Por exemplo, há shopping centers que cobram pelo uso de estacionamentos a partir da leitura das placas dos veículos. Sabe-se exatamente o tempo em que ficaram estacionados. Portanto, afirmo que, com pequenos ajustes, a tecnologia pode ler a placa na entrada da rodovia e, também, na saída.

Assim é o *free flow* dos meus sonhos. Quando o pedágio for cobrado de todos os usuários na exata proporção em que cada um utiliza, teremos o pedágio com uma cobrança mais justa. Isso permite, ainda, tornar interessantes à iniciativa privada aquelas rodovias pouco atrativas em razão da baixa quantidade de pagantes. A título de exemplo, apenas 10% dos usuários da Dutra pagam pedágio – esse pode ser um dos motivos de o pedágio ser caro.

Conhecer as experiências internacionais nos traz a convicção de que é possível implantarmos a tecnologia no Brasil. Ela promete reduzir custos operacionais, pois não necessita de operadores físicos; contribui para o meio ambiente, ao evitar as filas de veículos parados com os motores ligados; e aumenta a vida útil dos pavimentos, ao evitar freadas e arranques. As normas estão prontas. Agora, precisamos aplicá-las, conscientes de que aprimoramentos serão necessários e muito bem-vindos.

Riscos existem e precisam ser corridos para alcançarmos a melhor forma – mais moderna e eficiente – de explorarmos as rodovias. Nesse ponto, tendo em vista a legislação vigente no Brasil, são indispensáveis o apoio e a colaboração da força policial brasileira, seja ela estadual ou federal.

Os artigos aqui presentes foram escritos por pessoas competentes, que dominam os temas sugeridos, e merecem uma atenta leitura. Este livro, com certeza, ajudará na implantação do *free flow* no Brasil.

Vander Costa
Presidente da Confederação Nacional de Transportes
(CNT)

APRESENTAÇÃO

No panorama atual da infraestrutura brasileira, a qualidade das rodovias surge como um pilar essencial para o desenvolvimento sustentável e contínuo do país. Este livro reúne uma série de artigos que abordam com profundidade a implantação da cobrança automática de pedágios, o chamado sistema *free flow*, em nossas estradas. Nesta compilação, pretendemos não apenas mapear os avanços e desafios nessa área, mas também proporcionar uma análise crítica sobre as políticas públicas e a burocracia que orbitam esse processo transformador.

Desde o início das concessões de rodovias, na década de 1990, temos testemunhado uma evolução significativa na gestão e manutenção de nossas estradas. O setor privado, ao assumir a responsabilidade por esses trechos, demonstrou uma capacidade notável de investir e gerir com eficiência que raramente se observa no setor público. As rodovias concedidas são facilmente reconhecidas por sua qualidade superior: pavimento liso, sinalização clara e disponibilidade de serviços de apoio são apenas alguns dos indicadores de seu sucesso.

O sistema *free flow* representa mais um avanço significativo nesse contexto, abrindo caminho para um modelo de cobrança mais justo e eficiente. As praças de pedágio físicas requerem que todos os usuários que passem por elas paguem uma tarifa que não depende da distância percorrida. Esse método, embora simples, não reflete necessariamente o uso justo da infraestrutura, e gera insatisfação na população.

Por outro lado, o *free flow*, quando implementado de forma completa, permitirá cobrança por trecho percorrido, assegurando que os usuários paguem proporcionalmente ao uso da rodovia. Esse modelo promoverá a justiça na cobrança e também trará outros benefícios ambientais e operacionais, como a redução da emissão de poluentes e dos congestionamentos.

O estado do Rio Grande do Sul orgulha-se de ser pioneiro na implementação do *free flow* em rodovias estaduais. As estradas da Serra Gaúcha e do Vale do Caí são as primeiras rodovias estaduais do Brasil a terem pórticos de cobrança automática em funcionamento.

O contrato de concessão, que já havia sido assinado, estava às vésperas de se iniciar quando o Conselho Nacional de Trânsito (Contran), enfim, regulamentou o sistema de livre passagem no país, em dezembro de 2022.

Naquele momento, enxergávamos no *free flow* uma oportunidade de enfrentar o desafio de abrir caminho para a cobrança por trecho percorrido, especialmente na ERS-122, rodovia que liga a Região Metropolitana a importantes cidades na Serra Gaúcha. É evidente que esse é um problema a ser enfrentado em qualquer contrato de concessão existente, mas as discussões recentes que envolviam a definição do local da praça de pedágio de São Sebastião do Caí, assim como o valor da tarifa, tornavam o clima de início do contrato ainda mais tenso.

Manifestações acaloradas do prefeito, vereadores e alguns setores da sociedade civil acrescentavam complexidades para o já difícil início de trabalho da Caminhos da Serra Gaúcha, formada a partir de empresas experientes na construção e manutenção de rodovias, mas que estava iniciando sua primeira jornada em concessões.

O local escolhido para instalação da praça de pedágio levou em consideração diversos pontos tradicionalmente utilizados nesse tipo de definição, fatores técnicos, considerando elementos de engenharia para garantir funcionalidade e segurança para os motoristas e famílias que exercem suas atividades no entorno, e, claro, fatores relacionados ao equilíbrio econômico-financeiro do contrato de concessão.

Embora fique distante 12 km da sede do município, havia alguns bairros e vários pequenos comércios no entorno do local escolhido para a instalação da praça. Tais características nos levariam a enfrentar a insatisfação daqueles que precisariam passar com elevada frequência pelo pedágio em razão de seus negócios e, claro, das famílias que não gostariam de ter seus terrenos desapropriados.

A Lei nº 14.157, que criou as condições para a utilização do *free flow* no Brasil, foi promulgada em 1º de junho de 2021. Desde então, todo gestor público passou a ter que explicar para a população a razão pela qual não estava incluindo o sistema nas estruturações de suas concessões. Se para nós, técnicos, a razão era o simples fato de não haver ainda uma regulamentação pelo Contran, condição exigida pela própria legislação, para a sociedade essa parecia não ser uma explicação aceitável.

A Resolução saiu em dezembro de 2022, quase um ano e meio após a entrada em vigor da lei, e nos deu a oportunidade de aprimorar esse contrato de concessão e abrir caminho para o sistema em nossos outros projetos que ainda estão em estruturação.

A jornada para implementar tal inovação foi permeada por diversos desafios, muitos dos quais comuns a qualquer projeto desenvolvido pelo setor público, e ainda outros que advinham do fato de estarmos fazendo algo novo, sem precedentes. Transformar uma boa ideia em realidade no contexto do serviço público é um exercício de navegação por uma burocracia muitas vezes intrincada e resistente a mudanças.

A definição de todos os elementos que deveriam constar no aditivo contratual, os fatores críticos para a confiabilidade da tecnologia de identificação dos veículos, o fluxo de informações com a autoridade de trânsito, a criação dos mecanismos de proteção do equilíbrio econômico-financeiro do contrato e, claro, a preocupação em comunicar as mudanças para os usuários das rodovias são alguns dos desafios que precisam ser enfrentados para o sucesso do sistema.

E a chave para o sucesso foi a colaboração de diversos órgãos públicos e agentes privados. Com a Agência Nacional de Transportes Terrestres (ANTT), começamos uma jornada de colaboração por meio do programa ANTT Coopera, que nos permitiu utilizar a experiência que já estava sendo realizada na rodovia BR 101/RJ. A partir daquele momento, foi possível utilizar o conhecimento de muitos profissionais competentes em diversas áreas para podermos avançar e chegar ao objetivo final.

A formulação de políticas públicas envolve múltiplas etapas, desde a concepção da ideia, passando pela análise de viabilidade, até a implementação e avaliação. Cada uma dessas etapas é acompanhada por um escrutínio rigoroso, debates e, não raro, embates políticos.

A burocracia, com suas exigências extensas, processos de discussão prolongados e a necessidade de coordenação entre diversos órgãos governamentais, pode desacelerar significativamente o progresso de ideias inovadoras como o *free flow*. Além disso, a complexidade das regulamentações e a necessidade de garantir a conformidade com as leis existentes adicionam outra camada de dificuldade ao processo. Tudo isso sem mencionar a enorme tarefa de alinhar interesses variados.

Este livro busca, portanto, lançar luz sobre essas complexidades, oferecendo *insights* sobre como as barreiras burocráticas foram enfrentadas e superadas no caminho para a adoção do *free flow* no Brasil. Ao fazer isso, esperamos não apenas informar, mas também inspirar os leitores a apreciar o valor da perseverança, da colaboração entre agentes públicos e privados e do compromisso com a inovação na administração pública.

Que este livro não apenas enriqueça seu entendimento, mas também estimule uma reflexão sobre como podemos, juntos, superar desafios para construir um futuro melhor.

Boa leitura.

Pedro Capeluppi
Secretário de Estado de Parcerias e Concessões do Estado do Rio Grande do Sul. Foi Secretário Especial de Desestatização, Desinvestimento e Mercados do Governo Federal

EIXO I
HISTÓRICO E DISCUSSÕES RECENTES SOBRE O *FREE FLOW*

OS IMPACTOS DO *FREE FLOW* SOBRE A MATRIZ DE RISCO DOS CONTRATOS DE CONCESSÃO DE RODOVIAS

LETÍCIA QUEIROZ DE ANDRADE
JULIANA MOITAS NOGUEIRA DE MENEZES

1 Introdução

Desde o princípio, a concessão de rodovias à iniciativa privada foi catalizadora do processo de introdução de inovações tecnológicas no setor. A política pública de concessões, aliada à significativa evolução das tecnologias da informação nas últimas décadas, possibilitou o desenvolvimento de diferentes soluções e ferramentas para aprimoramento da gestão e operação das rodovias.

Nesse contexto, a evolução dos sistemas eletrônicos para cobrança de tarifa levou ao surgimento do pedagiamento sem barreiras, conhecido como *free flow*,[1] ou sistema de livre passagem, no qual a cobrança do usuário é realizada por meio de pórticos instalados na rodovia, com identificação automática e eletrônica dos veículos.

No Brasil, o conceito do pedagiamento sem barreiras foi primeiro introduzido no âmbito do programa "Ponto a Ponto", instituído em 2012 pelo governo do estado de São Paulo, que possibilitou a cobrança eletrônica do pedágio com base na distância do trecho percorrido pelo

---

[1] "Fluxo livre", em tradução livre do inglês.

usuário, por meio de pórticos fixados em pontos estratégicos da via. O sistema, que coexiste com a cobrança em barreiras, está implantado em quatro rodovias (SP-360, SP-075, SP-340 e SP-332) e é destinado, sobretudo, a usuários de grupos específicos, como moradores de determinado município ou de bairros próximos às praças de pedágio, sem eliminá-las.

Quase 10 anos mais tarde, em 1º de junho de 2021, foi sancionada a Lei nº 14.157, também chamada de Lei do Free Flow, que estabeleceu "condições para a implementação da cobrança pelo uso de rodovias e vias urbanas por meio de sistemas de livre passagem, com o intuito de possibilitar pagamentos de tarifas que guardem maior proporcionalidade com o trecho da via efetivamente utilizado".

A lei determinou que caberia ao Poder Executivo regulamentar o sistema de livre passagem (artigo 1º, §2º), e promoveu alterações nas leis nº 9.503/1997 (lei de criação do Código de Trânsito Brasileiro – CTB) e nº 10.233/2001 (lei de criação da Agência Nacional de Transportes Terrestres – ANTT).[2]

O CTB foi alterado para (i) tipificar como infração grave "evadir-se da cobrança pelo uso de rodovias e vias urbanas para não efetuar o seu pagamento, ou deixar de efetuá-lo na forma estabelecida" (artigo 209-A); (ii) estabelecer que caberá ao Conselho Nacional de Trânsito (Contran) definir os "meios técnicos, de uso obrigatório, para garantir a identificação dos veículos que transitarem por rodovias e vias urbanas com cobrança de uso pelo sistema de livre passagem" (artigo 115, §10); e (iii) determinar que o "valor total destinado à recomposição das perdas de receita das concessionárias, em decorrência do não pagamento de pedágio, não poderá ultrapassar o montante total arrecadado por meio das multas aplicadas com fundamento no artigo 209-A deste Código, ressalvado o previsto em regulamento do Poder Executivo" (artigo 320, §3º).

E outras duas alterações relevantes foram introduzidas na Lei nº 10.233/2001. A primeira atribui competências de órgão executivo de fiscalização de trânsito à ANTT, para que possa, quanto à infração

---

[2] Também ficou estabelecido que, para os contratos de concessão de rodovias e vias urbanas firmados anteriormente à sua publicação, nos quais não seja possível implementar o sistema de livre passagem, deverá ser possibilitada a celebração de termo aditivo para viabilizar a concessão de benefícios tarifários a usuários frequentes, os quais serão condicionados e limitados ao abatimento de tributos municipais incidentes sobre a receita de exploração da rodovia (art. 1º, §3º).

prevista no artigo 209-A do CTB, diretamente ou mediante convênio, "autuar, aplicar as penalidades de advertência, por escrito, e ainda as multas e medidas administrativas cabíveis, notificando os infratores e arrecadando as multas que aplicar" (artigo 24). A segunda, impõe à agência o dever de "utilizar sistema tarifário que guarde maior proporcionalidade com o trecho da via efetivamente utilizado" (artigo 26), na elaboração dos editais de licitação.

A Lei nº 14.157/2021 foi sucedida por outros diplomas normativos elaborados com objetivo de regulamentar e viabilizar a implementação de sistemas de cobrança *free flow* em rodovias.

A Resolução Contran nº 984, de 15 de dezembro de 2022, dispõe sobre a implementação do sistema de livre passagem *free flow* em rodovias e vias urbanas e sobre os meios técnicos a serem utilizados para garantir a identificação dos veículos que transitem por essas vias.

Dentre outras medidas,[3] o normativo estabelece que o não pagamento da tarifa de pedágio em *free flow* após o prazo de 15 dias, iniciado no dia seguinte ao da passagem do veículo pelo ponto de leitura, configura infração de trânsito prevista no artigo 209-A do CTB (artigo 8º).

Também está posto na resolução que é "obrigação do usuário que transitar pela via dotada de *free flow* assegurar-se do pagamento da tarifa de pedágio, que pode ser realizado por meio de sistema de autopagamento ou outra forma de pagamento estabelecida pelo órgão ou entidade de trânsito com circunscrição sobre a via", sendo obrigatório que se assegure ao usuário a possibilidade de pagamento da tarifa de pedágio em momento posterior ao trânsito, na forma estabelecida pelo gestor da via (artigo 7º, *caput* e §1º).

O Contran ainda alterou o *Manual brasileiro de fiscalização de trânsito*[4] para regulamentar os procedimentos e definições que deverão ser

---

[3] A Resolução Contran nº 984/2022 também (i) dispõe sobre a instalação de placas de sinalização vertical de indicação nos acessos e ao longo da via, de forma a garantir a informação prévia ao usuário de que o trecho é dotado de *free flow* (art. 5º); (ii) prevê que a identificação de veículos que transitem por rodovias ou vias urbanas equipadas com sistema de *free flow* será realizada por meio de tecnologia OCR, sendo que para efeitos de redundância ou para viabilizar a vinculação a sistemas de autopagamento, poderão ser empregados outros meios tecnológicos de identificação automática de veículos, de forma isolada ou conjunta (art. 6º); e (iii) determina que, para fins de análise e constatação do cometimento da infração de trânsito, o gestor da via deve conceder ao órgão ou entidade de trânsito com circunscrição sobre a via acesso direto e integrado ao sistema de informações (art. 8º, §4º).

[4] BRASIL. Ministério da Infraestrutura. Conselho Nacional de Trânsito. *Manual brasileiro de fiscalização de trânsito*. Brasília, DF: Ministério dos Infraestrutura. Conselho Nacional, 2022. Disponível em: https://www.gov.br/transportes/pt-br/assuntos/transito/conteudo-contran/resolucoes/mbvt20222.pdf. Acesso em: 18 mar. 2024.

considerados quando da fiscalização do cumprimento do artigo 209-A do CTB. Ficou definido que (i) a data da infração relativa à evasão de pagamento em sistema de livre passagem é o dia seguinte ao vencimento do prazo regulamentado pelo Contran; e que, (ii) quando o condutor deixar de efetuar pagamento em relação à passagem por mais de um ponto de leitura em via dotada de *free flow* que esteja sob a gestão da mesma concessionária e em intervalo inferior a duas horas, será lavrado apenas um auto de infração referente à primeira passagem.

Recentemente, a ANTT também deu início à sua regulamentação do uso de *free flow* em rodovias federais concedidas. A partir da aprovação da 3ª Etapa do Regulamento de Concessões Rodoviárias[5] (RCR 3), por meio da Resolução ANTT nº 6.032, de 21 de dezembro de 2023, as concessionárias passam a ter a prerrogativa de implementar a cobrança de tarifa de pedágio em fluxo livre (artigo 58). Adicionalmente, o RCR 3 estabeleceu critérios mínimos para a apresentação das propostas de projetos iniciais à agência (artigo 59) e assegurou que, para implementação da cobrança de tarifa de pedágio em fluxo livre, o contrato de concessão estabelecerá a alocação de riscos e eventual consideração na equação econômico-financeira (artigo 63).

Desde a Lei nº 14.157/2021, já foram leiloados 4 projetos de concessão com obrigação de implementação de *free flow*.

No âmbito do Programa de Concessões de Rodovias Federais (PROCROFE), a nova concessão da Via Dutra, *BRs-116/101/RJ/SP*, leiloada ainda em 2021, foi o primeiro projeto a prever a utilização de *free flow*[6] em parte do sistema rodoviário. Mais especificamente, o contrato traz a previsão de implantação, a partir do 25º mês da concessão, de

---

[5] O Regulamento de Concessões Rodoviárias (RCR) consiste em uma remodelagem do marco regulatório setorial de rodovias. Dada a complexidade da criação de um regulamento que contemple todos os aspectos das concessões, a ANTT optou pela preparação do normativo em cinco etapas: (i) regras gerais e direitos de usuários (RCR 1); (ii) bens, obras e serviços e adequação dos procedimentos de execução de obras e serviços (RCR 2); (iii) equilíbrio econômico-financeiro (RCR 3); (iv) fiscalização e penalidades (RCR 4) e (vi) meios de encerramento contratual (RCR 5).

[6] Vale mencionar que o contrato do Lote Piracicaba-Panorama da Agência de Transporte do Estado de São Paulo (ARTESP), assinado em 2020, já trazia como obrigação da concessionária "promover todas as atividades necessárias à implantação de sistema de arrecadação de tarifas de pedágio na modalidade *free flow*" (conforme cláusula 16ª, xlvii). Não obstante, cuida-se de obrigação indicada pelo contrato no rol das "alterações futuras", sem que tenham sido fixados quaisquer prazos para o início de uma migração para o sistema de livre passagem.

sistema de gerenciamento de tráfego no trecho metropolitano da cidade de São Paulo, com base em sistema *free flow*.[7]

O sistema rodoviário das *BRs-116/493/465/RJ/MG*, que liga a cidade do Rio de Janeiro-RJ a Governador Valadares-MG, leiloado em maio de 2022, traz modelo similar ao da Via Dutra, com previsão de utilização de *free flow*, exclusivamente, no âmbito do sistema de gerenciamento de tráfego no trecho metropolitano da cidade do Rio de Janeiro, a partir do 61º mês da Concessão.[8]

Já no âmbito dos programas de concessões estaduais, a PPP do *Rodoanel da Região Metropolitana de Belo Horizonte*, leiloada em agosto de 2022, foi a primeira a prever cobrança integral por meio de sistema *free flow*, que será iniciada após a conclusão das primeiras etapas de construção do projeto.

No estado de São Paulo, o projeto do *Lote Noroeste Paulista*, leiloado também em 2022, trouxe a obrigação de implantação de *free flow*, chamado de "Sistema Automático Livre", em todo o sistema rodoviário. As 10 praças que já existem na malha serão, gradativamente, desativadas e substituídas por 10 pórticos, o que deve ocorrer entre o 2º e o 7º ano de contrato.

Já a PPP do *Rodoanel Norte de São Paulo*, leiloada em março de 2023, prevê que, desde o início da operação dos trechos que serão construídos, o *free flow* deverá ser implementado como mecanismo único de cobrança da tarifa de pedágio.

Nada obstante, a implementação dos sistemas *free flow*, da forma como prevista originalmente nos contratos, ainda não foi efetivada em nenhum dos projetos acima citados, de modo que as duas únicas experiências atualmente em operação foram instituídas no âmbito de ambientes regulatórios experimentais, também conhecidos como *sandbox regulatório*.[9]

---

[7] O modelo de pedagiamento sem barreiras em questão foi desenvolvimento para atender as necessidades particulares dessa concessão, não havendo, a princípio, uma autorização ampla para a adoção do mecanismo no sistema rodoviário, mas sim a indicação exata do trecho em que deverá ocorrer a cobrança de pedágio pelo *free flow* (trecho concedido que passa pela região metropolitana da cidade de São Paulo).

[8] O contrato prevê que a cobrança por *free flow* também poderá ser instituída nos demais trechos do sistema rodoviário (subcláusula 19.6.5), sendo atribuído ao poder concedente os riscos pelos impactos positivos ou negativos decorrentes de sua implantação (subcláusula 22.2.18).

[9] O *sandbox* ("caixa de areia", em tradução livre do inglês) *regulatório* é um ambiente regulatório experimental instituído para permitir o teste de inovações e avaliar os benefícios e riscos que essas inovações podem trazer a um determinado setor econômico/projeto. O modelo

A primeira experiência de *sandbox regulatório* foi implementada pela ANTT[10] no âmbito do contrato de concessão da *BR-116/101/RJ/SP*. Em fevereiro de 2023, a agência aprovou a minuta de "Termo de Referência de Ambiente Regulatório Experimental" (*sandbox regulatório*) para o teste de sistema de cobrança de pedágio eletrônico em *free flow* na *BR 101/RJ* (nos municípios de Itaguaí, Mangaratiba e Paraty).

Um termo aditivo[11] ao contrato de concessão foi celebrado entre as partes para regulamentar os efeitos da implementação experimental do *free flow* na Rodovia BR-101/RJ. As obrigações contratuais referentes à implantação das praças de pedágio foram suspensas e novas obrigações, relacionadas ao sistema de livre passagem, foram incluídas no contrato por período determinado.

Também ficou estabelecido que um novo termo aditivo será celebrado com o encerramento do *sandbox regulatório*, no qual constará eventual reequilíbrio devido (i) em função da diferença entre os custos operacionais das praças de pedágio suspensas e os custos operacionais do sistema *free flow* e (ii) dos valores decorrentes dos riscos acumulados de evasão, inadimplemento e fraude cometidos pelos usuários em razão da não quitação da tarifa.

A segunda experiência de *sandbox regulatório* foi implementada pelo estado do Rio Grande do Sul, a partir do Decreto nº 57.149, de 21 de agosto de 2023, que autorizou a realização de período experimental para a substituição das praças físicas de pedágio por sistema *free flow* nas rodovias concedidas no Estado.

Adicionalmente, o decreto determinou que, durante a fase de testes, serão conduzidas novas análises para eventual expansão do número de pórticos, com o propósito de promover uma equitativa estrutura tarifária. Tal medida busca assegurar a proporcionalidade

---

do *sandbox regulatório* foi primeiro desenvolvido pela entidade reguladora britânica Financial Conduct Authority, no final de 2015, como forma de acelerar a implementação de regulamentações inovadoras no âmbito do mercado financeiro. No Brasil, a primeira instituição a autorizar o uso da figura do *sandbox regulatório* foi a Comissão de Valores Mobiliários (CVM), com a aprovação da Instrução CVM nº 626, em maio de 2020. Na sequência, a Lei Complementar nº 182/2021, conhecida como Lei das Startups e do Empreendedorismo Inovador, trouxe critérios para utilização dessa ferramenta pelas *startups* brasileiras de forma geral (BRASIL. Tribunal de Contas da União. Sandbox *regulatório*. Brasília, DF: Tribunal de Contas da União, 5 out. 2022. Disponível em: https://portal.tcu.gov.br/data/files/86/75/3F/4B/669A38102DFE0FF7F18818A8/SandBox%20Regulatorio.pdf. Acesso em: 18 mar. 2024).

[10] Resolução ANTT nº 5.999/2022 regulamenta o uso do *sandbox regulatório* no âmbito da agência.

[11] 3º Termo Aditivo ao Contrato de Concessão do Edital nº 003/2021.

entre a tarifa de pedágio e a extensão da quilometragem efetivamente percorrida pelo usuário, visando, desse modo, aprimorar a equidade no sistema de cobrança.

A primeira concessionária a propor ao Estado a migração para o *free flow* foi a *Caminhos da Serra Gaúcha* (ERS-122, ERS-240, ERS-446, RSC-453 e BR-470), que já está operando, integralmente, em sistema de livre passagem.[12] As partes assinaram, em dezembro de 2023, o termo aditivo[13] que regulamenta as condições técnicas, operacionais e econômicas para a realização do ambiente regulatório experimental.[14]

A tendência, nos próximos anos, é que cada vez mais projetos sejam leiloados já com a previsão de cobrança via *free flow*, ou que concessões vigentes migrem para esse sistema, como nas experiências de *sandbox regulatório* acima relatadas. Nesse sentido, o próprio governo do Rio Grande do Sul já indicou que pretende que os próximos lotes de rodovias a serem leiloados no estado tenham o *free flow* como único modelo de cobrança da tarifa de pedágio.[15]

A adoção do sistema *free flow* por projetos em modelagem ou concessões em curso foi expressamente mencionada como diretriz a ser seguida na nova política de outorgas rodoviárias definida pelo Ministério dos Transportes na Portaria MT nº 995, de 18 de outubro de 2023.[16]

A portaria prevê que os contratos de concessão federal devem priorizar a implantação de sistemas de pedagiamento automático de livre passagem desde o "início do pedagiamento, ou, na impossibilidade, dentro de prazo razoável definido contratualmente, preferencialmente, até o 5º ano" (artigo 13, §4º).

A norma também prevê que as cláusulas contratuais relativas ao compartilhamento de riscos devem, no mínimo, disciplinar os impactos

---

[12] Vale mencionar que o contrato de concessão do Bloco 3 já trazia mecanismos para a implantação do *free flow* ao longo da sua execução, sem prazos definidos para tanto.

[13] 3º Termo Aditivo ao Contrato nº 50/2022, referente ao Edital nº 001/2022.

[14] CAPELUPPI, P. M. *et al*. *Free flow* em rodovias brasileiras: *sandbox* regulatório e o Rio Grande do Sul como a primeira experiência de funcionamento integral do sistema. *Agência Infra*, Brasília, DF, 2023. Disponível em: https://www.agenciainfra.com/blog/free-flow-em-rodovias-brasileiras-sandbox-regulatorio-e-o-rio-grande-do-sul-como-a-primeira-experiencia-de-funcionamento-integral-do-sistema/#_ftn1. Acesso em: 18 mar. 2024.

[15] Disponível em: https://parcerias.rs.gov.br/rodovias-649f2b1de5fe5. Acesso em: 18 mar. 2024.

[16] Tendo como foco a migração de concessões existentes para sistema de livre passagem, o governo do estado de São Paulo criou o Programa Siga Fácil SP, que tem o objetivo de promover a implementação do *free flow* no estado. Nesse contexto, em outubro de 2023, a Secretaria de Parcerias em Investimentos, por meio da ARTESP, abriu consulta pública para colher contribuições para a minuta de portaria que regulamentará a implementação e operação da livre passagem de veículos em concessões de rodovias no estado.

financeiros decorrentes de eventuais "evasões de pedágio" em projetos que preveem o pagamento via *free flow* (artigo 14, III).

O *free flow* já é, portanto, uma realidade no setor e sua implantação é uma política pública expressa em Lei e em diversos outros atos normativos.

Nota-se, contudo, que os impactos da adoção de sistema *free flow* sobre a *matriz de riscos* dos contratos vão além dos efeitos das evasões de pedágio, esperadas para a transição de um sistema de pedagiamento com barreiras para um modelo de livre passagem.

Para que seja assegurada a viabilidade e atratividade de projetos com *free flow*, ou mesmo a continuidade das concessões que vierem a enfrentar um processo de migração de pedágios físicos para pórticos, os contratos devem estabelecer de forma clara os riscos e responsabilidades atribuídos a cada uma das partes, considerando as particularidades técnicas e jurídicas dessa nova forma de cobrança.

Desse modo, este artigo pretende explorar as implicações da implementação do *free flow* na *matriz de risco* dos contratos de concessão de rodovias no Brasil, identificando as possíveis estratégias para tratamento e mitigação dos riscos identificados, além dos caminhos até então adotados pelas experiências acima destacadas.

2   A matriz de risco nos contratos de concessão de rodovias

As experiências contemporâneas no campo das contratações públicas, notadamente as de grande porte e caráter estratégico, como as concessões de rodovias, têm evidenciado que a correta alocação dos riscos é fundamental para o sucesso de um projeto,[17] independentemente

---

[17] Conforme preconizado pelo *Guia de avaliação e alocação de riscos para gestão da construção de rodovias*, do Departamento de Transportes da Administração Federal de Rodovias dos Estados Unidos da América, "a inadequada distribuição de riscos entre as partes figura como a principal origem de controvérsias contratuais naquele país. Por isso é recomendado que a celebração de contratos seja precedida da realização de um cuidadoso procedimento composto por: (i) mapeamento de riscos; (ii) análise dos riscos identificados, abrangendo avaliações qualitativas (probabilidade de ocorrência) e quantitativas (mensuração do impacto) e (iii) identificação de possíveis medidas para evitar ou mitigar a materialização do risco" (ASHLEY, D. B.; DIEKMANN, J. E.; MOLENAAR, K. R. *Guide to Risk Assessment and Allocation for Highway Construction Management (Report)*. Washington, D.C.: U.S. Department of Transportation; Federal Highway Administration, Oct. 2006. Tradução nossa. Disponível em: https://international.fhwa.dot.gov/pubs/pl06032/guide_to_risk_assessment_allocation_for_highway.pdf. Acesso em: 18 mar. 2024).

do regime jurídico escolhido para disciplinar a contratação, por permitir contratações mais eficientes, tanto do ponto de vista da economicidade, quanto da adequabilidade dos serviços oferecidos aos usuários.

A alocação eficiente dos riscos importa em atribuir responsabilidade pelo evento à parte que terá maiores condições e incentivos para evitar sua ocorrência ou, ao menos, que demonstra uma capacidade superior para mitigar os potenciais efeitos danosos advindos do episódio.

Assim, para assegurar a alocação eficiente dos riscos num contrato de concessão, dois critérios basilares devem ser observados: (i) a atribuição do risco à parte que, a um custo mais reduzido, pode mitigar as probabilidades de materialização do evento indesejado ou incrementar as possibilidades de realização do evento desejável e (ii) a alocação dos riscos à parte que possua maior capacidade para gerenciar as consequências prejudiciais, caso o evento indesejado se materialize.[18]

Igualmente, a descrição correta dessa alocação de riscos no contrato revela-se essencial tanto para o sucesso do leilão como do projeto em si, como bem leciona Milton Carvalho Gomes:[19]

> (...) a descrição contratual de contingências futuras e a distribuição expressa dos riscos possui maior capacidade de gerar incentivos positivos às partes no cumprimento contratual, além de possibilitar a redução dos preços propostos no leilão. Conhecidas as responsabilidades, cada parte buscará otimizar sua conduta, adotando medidas preventivas do risco ou mitigadoras de suas consequências. O não conhecimento desses riscos, por outro lado, exerce efeito oposto.

Em que pese sua importância, a repartição objetiva de riscos entre as partes contratuais se tornou imperativa no Brasil apenas com a edição da Lei nº 11.079/2004, aplicável às Parcerias Público-Privadas (PPPs), em que figura como diretriz desse regime de contratação (artigo 4º, VI).[20]

E somente com a recente edição da nova Lei Geral de Licitações e Contratações Públicas, Lei nº 14.133/2021, a elaboração de uma *matriz*

---

[18] RIBEIRO, M. P. *Concessões e PPPs.* melhores práticas em licitações e contratos. São Paulo: Atlas, 2016 p. 78-81.
[19] GOMES, M. C. Riscos e incertezas em contratos públicos de concessão: uma análise econômica da repartição de responsabilidades. *Revista Jurídica Luso-Brasileira*, Lisboa, ano 6, n. 4, 2020.p. 2224.
[20] "Art. 4º Na contratação de parceria público-privada serão observadas as seguintes diretrizes: (...) VI – repartição objetiva de riscos entre as partes (...)".

de risco passou a ser obrigatória para quaisquer contratos públicos que se refiram a obras e serviços de grande vulto (artigo 22, §3º).[21] [22]

Assim, em linha com as melhores práticas e normas internacionais de contratação, a Lei nº 14.133/2021 apresenta, no inciso XXVII de seu artigo 6º, a seguinte definição de *matriz de risco*:

> XXVII - matriz de riscos: *cláusula contratual definidora de riscos e de responsabilidades entre as partes e caracterizadora do equilíbrio econômico-financeiro inicial do contrato*, em termos de ônus financeiro decorrente de eventos supervenientes à contratação, contendo, no mínimo, as seguintes informações:
> a) listagem de possíveis eventos supervenientes à assinatura do contrato que possam causar impacto em seu equilíbrio econômico-financeiro e previsão de eventual necessidade de prolação de termo aditivo por ocasião de sua ocorrência;
> b) no caso de obrigações de resultado, estabelecimento das frações do objeto com relação às quais haverá liberdade para os contratados inovarem em soluções metodológicas ou tecnológicas, em termos de modificação das soluções previamente delineadas no anteprojeto ou no projeto básico;
> c) no caso de obrigações de meio, estabelecimento preciso das frações do objeto com relação às quais não haverá liberdade para os contratados inovarem em soluções metodológicas ou tecnológicas, devendo haver obrigação de aderência entre a execução e a solução predefinida no anteprojeto ou no projeto básico, consideradas as características do regime de execução no caso de obras e serviços de engenharia.

Mais adiante, ao tratar da correlação entre a *matriz de risco* e o valor da contratação, o artigo 22, §1º, da mesma lei estipula que:

> § 1º A matriz de que trata o caput deste artigo deverá promover a alocação eficiente dos riscos de cada contrato e *estabelecer a responsabilidade*

---

[21] "Art. 22. O edital poderá contemplar matriz de alocação de riscos entre o contratante e o contratado, hipótese em que o cálculo do valor estimado da contratação poderá considerar taxa de risco compatível com o objeto da licitação e com os riscos atribuídos ao contratado, de acordo com metodologia predefinida pelo ente federativo. (...) § 3º Quando a contratação se referir a obras e serviços de grande vulto ou forem adotados os regimes de contratação integrada e semi-integrada, o edital obrigatoriamente contemplará matriz de alocação de riscos entre o contratante e o contratado."

[22] Importante ressaltar, ademais, que o artigo 42, inciso X, da Lei das Estatais (Lei nº 13.303/2016) já havia determinado a necessidade de elaboração de uma matriz de riscos durante os processos licitatórios e na contratação de obras e serviços por empresas públicas e sociedades de economia mista.

que caiba a cada parte contratante, bem como os mecanismos que afastem a ocorrência do sinistro e mitiguem os seus efeitos, caso este ocorra durante a execução contratual.

Não obstante, antes mesmo de imposição legal taxativa nesse sentido, o Tribunal de Contas da União (TCU)[23] já valorizava a cuidadosa elaboração da *matriz de risco* dos contratos administrativos, adotando a seguinte definição:

> Instrumento que define a repartição objetiva de responsabilidades advindas de eventos supervenientes à contratação, na medida em que é informação indispensável para a caracterização do objeto e das respectivas responsabilidades contratuais, como também essencial para o dimensionamento das propostas por parte das licitantes, é elemento essencial e obrigatório do anteprojeto de engenharia, em prestígio ao definido no artigo 9º, § 2º, inciso I, da Lei 12.462/2011, como ainda nos princípios da segurança jurídica, da isonomia, do julgamento objetivo, da eficiência e da obtenção da melhor proposta.[24]

Assim, apesar de ser recente a efetiva positivação da matriz de risco como conjunto de cláusulas essencial dos contratos públicos de grande vulto, na prática, *os contratos de concessão de rodovia passaram por gradativa evolução no que tange ao tratamento dos riscos assumidos por cada parte contratante*. É o que destacaremos a seguir.

---

[23] As seguintes decisões da Corte de Contas contêm, ainda, algumas diretrizes que devem nortear a elaboração da matriz de risco dos contratos administrativos:
"No que concerne à estimativa de receitas e despesas com alto grau de incerteza e com valores relevantes, considera-se oportuno que os responsáveis por essas estimativas mensurem, avaliem e ordenem os eventos de risco que possam afetar o seu alcance e, por conseguinte, apresentem ações de controle em resposta a esses riscos". [Acórdão nº 2783/2017 – Plenário];
"(...), a matriz de riscos deve ser constituída de modo tão meticuloso quanto possível, abarcando a maior quantidade de situações previamente vislumbráveis". [Acórdão nº 1441/2015 – Plenário];
"O mapeamento dos riscos não deve se restringir a uma tabela com o detalhamento dos riscos, devendo estar presentes ao menos: a) o estabelecimento do contexto (objetivos organizacionais, análise das partes interessadas, critérios mais importantes para avaliar os riscos, níveis de risco aceitáveis, diretrizes para priorização e tratamento dos riscos); b) a forma de identificação dos riscos; c) a forma de avaliação dos riscos; d) a forma de priorização dos riscos avaliados; e) forma de tratamento dos riscos priorizados; e f) forma de monitoração dos riscos ao longo da execução do contrato da PPP" (TC 003.043/2017-7).
[24] BRASIL. Tribunal de Contas da União (Plenário). Acórdão 1510/2013. *e-TCU*: Brasília, DF, 2013.

2.1 Evolução da repartição de riscos no âmbito de contratos de rodovia

Nos primórdios das concessões de rodovias no Brasil, as cláusulas que disciplinavam a alocação de riscos, quando muito, limitavam-se a exemplificar os riscos integralmente assumidos pela concessionária, ressalvando, apenas, as situações passíveis de recomposição por parte do poder concedente.

Tais contratos não contêm o que as boas práticas, jurisprudência e legislação atuais definem como *matriz de risco* e, também, não estavam disponíveis, à época, os recursos e modelos que hoje se utiliza para adequado mapeamento e mensuração de riscos.

Essa abordagem reflete a arraigada aversão ao compartilhamento de riscos que caracterizou os primeiros contratos do PROCROFE e do Programa de Concessões Rodoviárias do Estado de São Paulo, respaldada, em parte, na literatura especializada, que, majoritariamente, preconizava a atribuição prioritária de riscos ao setor privado, considerado o executor especializado do empreendimento.

A redação da Lei nº 8.987/1995 contribuiu para essa perspectiva ao prever que a transferência do serviço público ao ente privado, por meio de concessão, deveria ocorrer "por sua conta e risco". Essa disposição, incialmente, suscitou a interpretação segundo a qual o regime de concessão implicaria a transferência dos riscos operacionais do negócio à concessionária, incumbindo-lhe a responsabilidade pelas incertezas e desafios inerentes à gestão do projeto.

Todavia, com a progressão dos contratos de concessão e a evolução doutrinária e legislativa no caminho do reconhecimento da necessidade de uma alocação objetiva de riscos, observa-se uma alteração nessa abordagem.

Nesse sentido, Letícia Queiroz de Andrade,[25] uma das autoras deste artigo, ressalta que a expressão "por conta e risco", utilizada pela Lei Federal nº 8.987/95, deve ser interpretada no sentido de que a concessionária, enquanto executora do contrato, também atua para angariar os recursos necessários à sua execução:

> Como cediço, a função jurídico-econômica do instituto da concessão de obras e serviços públicos é propiciar a realização de empreendimentos

---

[25] ANDRADE, L. Q. *Teoria das relações jurídicas da prestação de serviço público sob regime de concessão*. São Paulo: Malheiros, 2015. p. 146-147.

públicos com recursos angariados pelo mesmo sujeito incumbido de sua execução, por isso se dizer que o faz por sua conta e risco. *Isso não significa que o prestador assuma todos os riscos pertinentes à concessão, até porque nosso direito positivo é claro ao atribuir certos riscos ao poder concedente.* Mas, é certo que incumbe ao prestador buscar por si mesmo parcela substancial dos recursos necessários para cumprir as obrigações que lhe foram atribuídas. (D/n)

Gradativamente, passa-se então a notar um maior detalhamento das cláusulas de alocação de risco, com consequente ampliação das hipóteses em que o poder concedente assume os efeitos da materialização de determinados eventos de reequilíbrio. Esse ajuste na abordagem demonstra maior flexibilidade e sofisticação na gestão contratual, adaptando-se à complexidade dinâmica das concessões de rodovias.

A partir da 4ª Etapa do PROCROFE[26] e da licitação do Lote Piracicaba-Panorama, da ARTESP, o tratamento da alocação de riscos nos contratos de rodovia atingiu um novo patamar, com a implementação e consolidação de mecanismos de compartilhamento de risco, a exemplo do mecanismo de proteção cambial e do mecanismo de compartilhamento do risco de receita.

O último estágio dessa evolução está refletido na Audiência Pública nº 13/2022 da ANTT,[27] que discutiu proposta de revisão da cláusula de alocação de riscos a ser aplicada nos contratos da 5ª Etapa do PROCROFE, ainda não licitados.

As principais inovações constantes do modelo aprovado pela Diretoria da Agência[28] são: (i) organização das cláusulas de alocação de risco por temas; (ii) compartilhamento entre o poder concedente e a concessionária dos efeitos extraordinários de eventos de risco relacionados exclusivamente a variações nos preços de insumos e na receita tarifária da concessão; (iii) aperfeiçoamento dos riscos de variação dos

---

[26] Em 2018 foi inaugurada a 4ª Etapa de concessões de rodovias, com o leilão da concessão da Rodovia de Integração do Sul (trechos das rodovias BR-101/290/386/448/RS), que incluiu importantes avanços no modelo regulatório. Não obstante, foi com o leilão da BR-153/414/080/TO/GO que inovadores mecanismos de compartilhamento de risco foram incorporados ao modelo federal, como o mecanismo de proteção cambial e o mecanismo de compartilhamento de risco de receita.

[27] Documentos disponíveis em: https://participantt.antt.gov.br/Site/AudienciaPublica/VisualizarAvisoAudienciaPublica.aspx?CodigoAudiencia=518. Acesso em: 18 mar. 2024.

[28] Conforme o art. 3º da Deliberação nº 441, de 21 de dezembro de 2023, da Diretoria da ANTT, ficou aprovado o "novo modelo proposto de alocação de risco, permitindo, assim, a construção de uma nova modelagem contratual de governança de riscos nos contratos de concessão de infraestrutura rodoviária, no âmbito da ANTT".

custos para cumprimento de condicionantes ambientais, desapropriações e desocupações; (iv) inclusão de compartilhamento de risco para acidentes geotécnicos; (v) inclusão da figura dos riscos residuais e (vi) novos anexos para o mecanismo de mitigação do risco de demanda e o mecanismo de compartilhamento de risco de preço de insumo.

A identificação da tendência de ampliação do compartilhamento de riscos, incluindo aqueles vinculados à demanda e aos custos da concessão, emerge como um sinal favorável em um cenário de notória expansão do emprego do sistema *free flow*, que apresenta como maior preocupação o impacto direto na arrecadação da concessionária.

Conforme será abordado no capítulo subsequente, as experiências nacionais de pedágio sem barreiras já evidenciam uma preocupação com a alocação dos riscos inerentes à implementação do *free flow*. Entretanto, é imperativo que esse delineamento dos riscos seja minuciosamente detalhado, a fim de que a introdução de cobranças por meio do sistema *free flow* não acarrete uma crise econômico-financeira para as concessões de rodovias.

3 Impactos do *free flow* sobre a matriz de risco dos contratos de concessão de rodovias

O processo de implementação de sistemas *free flow* em rodovias brasileiras já tem demandado adaptações significativas na *matriz de risco* dos contratos de concessão.

Neste capítulo abordaremos alguns dos principais riscos atrelados ao processo de adoção do pedagiamento sem barreiras e as alternativas para seu tratamento.

3.1 Risco de inadimplemento do pagamento da tarifa

O risco de inadimplemento do pagamento da tarifa é o principal risco associado ao pedagiamento sem barreiras.[29] Tanto é assim que, em outros países, a implantação do sistema *free flow* veio acompanhada

---

[29] Os contratos de concessão de rodovias anteriores ao *free flow* já traziam o termo "evasão de pedágio" para classificar os casos em que o motorista passava pela praça de pedágio sem efetuar pagamento. Com o advento da Lei nº 14.157/2021, e suas alterações no CTB, esse terno termo passou a contemplar a inadimplência do usuário nos casos de *free flow*: "Art. 209-A. Evadir-se da cobrança pelo uso de rodovias e vias urbanas para não efetuar o seu pagamento, ou deixar de efetuá-lo na forma estabelecida" (CTB); "evasão: não pagamento da tarifa de pedágio pelo usuário, observado o prazo estabelecido nesta Resolução" (Resolução

de garantias contratuais ou legais para o não pagamento da tarifa de pedágio pelo usuário.[30]

Isso ocorre porque o principal mecanismo de incentivo ao pagamento do pedágio nos moldes atuais é, justamente, a barreira física das praças de cobrança.

Logo, antes mesmo da definição da alocação do risco correspondente ao inadimplemento do pagamento, deve-se ter em mente que o sucesso da implementação do *free flow* depende da adoção de medidas para conscientização do usuário e da criação de uma nova relação com a cobrança do pedágio. As medidas possíveis vão desde a concessão de descontos substanciais para os veículos equipados com *tags* para cobrança eletrônica automática, até a aplicação de multas pesadas ao usuário evasor.[31]

Quanto à alocação objetiva do risco de inadimplemento do pagamento da tarifa na *matriz de risco* dos contratos, vislumbra-se a possibilidade de este ser alocado (i) integralmente ao poder concedente, à (ii) concessionária ou (iii) compartilhado entre as partes.

A alocação integral do risco ao poder concedente pode ter como vantagens maior atratividade de investidores, menor impacto sobre a tarifa e a garantia de previsibilidade para os fluxos financeiros da concessão. Por outro lado, traz como desvantagens a oneração significativa de recursos públicos, por vezes inviável, e o custo regulatório associado aos processos de auditoria da inadimplência reportada e consequente compensação da receita perdida.

A alocação integral de tal risco à concessionária, por sua vez, traz como vantagem, justamente, a diminuição do custo regulatório para o poder concedente, que também não terá que arcar com eventual compensação pela perda de receita. Como desvantagens, porém, temos o aumento do valor das tarifas propostas em leilão, menor atratividade

---

Contran nº 984/2022). Não obstante, a maioria das experiências já instituídas optaram pelo uso dos termos "inadimplência" ou "não pagamento", ao invés de evasão.

[30] Exemplos do Chile e da Áustria estão mencionados no artigo de André Castro Carvalho (*Free flow* precisa de garantias jurídicas no Brasil. *ConJur*, 17 abr. 2013. Disponível em: https://www.conjur.com.br/2013-abr-17/andre-carvalho-free-flow-garantias-juridicas-brasil/. Acesso em: 18 mar. 2024).

[31] Essas medidas já vêm sendo implementadas nas experiências instituídas no Brasil, além de outras como a obrigação de disponibilizar plataformas e aplicativos para facilitar a experiência de pagamento do usuário não equipado com *tags*, ou mesmo a previsão de fornecimento obrigatório de *tags* pela concessionária (caso do contrato do Rodoanel da Região Metropolitana de Belo Horizonte).

dos projetos e o possível comprometimento da financiabilidade dos contratos.

Já o compartilhamento do risco entre as partes traz como benefício a limitação do impacto sobre o valor da tarifa a ser cobrada do usuário e a previsibilidade para os fluxos financeiros da concessão, restando como desvantagens a necessidade de compensação de eventual inadimplência com efeitos compartilhados e o custo regulatório associado ao seu processamento.

O compartilhamento entre as partes, em sua própria concepção, é a alternativa que carrega maior percepção de justiça ou paridade entre as partes. No caso do inadimplemento do pagamento da tarifa, o compartilhamento pode ser feito de modo quantitativo, com um sistema de bandas ou a indicação de percentual fixo de perda de receita que deverá ser suportado pela concessionária, ou de modo qualitativo, quando são especificadas e descritas na matriz as hipóteses em que o risco não será suportado pela parte a que foi originalmente alocado.[32]

Não obstante, é essencial que o projeto comporte, do ponto de vista econômico-financeiro, a perda de receita que se pretende alocar à concessionária, sob pena do comprometimento da concessão a longo prazo. Isso quer dizer que não existe uma fórmula única para compartilhamento do risco de inadimplemento do pagamento da tarifa, sendo importante que se considere, a cada caso, os percentuais de risco que poderão ser assumidos por cada parte e/ou as circunstâncias que irão excepcionar a alocação realizada.

Destaca-se a seguir o tratamento dado ao risco de inadimplemento do pagamento da tarifa de pedágio por algumas das experiências de *free flow* já instituídas no país.[33]

---

[32] Inclusive, nesse caso, a materialização de outros riscos pode constituir uma ressalva à alocação do risco de inadimplemento. É o caso do risco de fraude do usuário, que será tratado na sequência. Se ele for alocado ao poder concedente, por exemplo, mesmo que exista um compartilhamento do risco de evasão, os casos de fraude deverão ser desconsiderados no cômputo da inadimplência que a concessionária deverá suportar.

[33] Não foram consideradas para essa análise os casos das concessões das BRs-116/101/RJ/SP e BRs-116/493/465/RJ/MG, vez que o modelo de pedagiamento sem barreiras nelas previsto foi desenvolvido para atender as necessidades particulares dessas concessões, notadamente quanto ao gerenciamento de tráfego em pistas expressas de trechos metropolitanos. Nesses casos, a receita decorrente do *free flow* será igualmente dividida entre as partes, e não foi considerada no cálculo da tarifa.

Quadro 1 - Tratamento dado ao risco de inadimplemento
do pagamento da tarifa de pedágio

Rodoanel da Região Metropolitana de Belo Horizonte	Lote Noroeste Paulista	Rodoanel Norte de São Paulo	Sandbox regulatório da BR 101/RJ	Sandbox regulatório da Caminhos da Serra Gaúcha
Incorporado ao Mecanismo de Compartilhamento de risco de receita, com sistemas de bandas (+/- 10% - risco da concessionária)	Poder concedente	Poder concedente	A concessionária e o poder concedente assumirão respectivamente 50% do risco quando forem superados os percentuais de evasão, inadimplemento e fraude integralmente assumidos pela concessionária[34]	Compartilhado, sendo 5% para a concessionária e 95% do poder concedente

Fonte: Elaboração das autoras.

Vale mencionar, ainda, que, apesar de a Resolução Contran nº 984/2022 ter classificado evasão como o não pagamento da tarifa de pedágio pelo usuário, dentro do prazo de 15 dias descrito na norma, existe, na prática, uma distinção entre a evasão categorizada como infração de trânsito nos termos do artigo 209-A do CTB e a inadimplência do usuário.

Isso porque é possível que o usuário evasor aos olhos da legislação de trânsito, ou seja, aquele que não realizou o pagamento dentro do período de 15 dias indicado na resolução do Contran e que deve ser autuado com base no artigo 209-A do CTB, venha a realizar o pagamento da tarifa com atraso, deixando de ser inadimplente.

Esse cenário já tem sido observado nas experiências em operação. Conforme reportado pela ANTT no relatório de análise técnica da

---

[34] Conforme o 3º Termo Aditivo ao Contrato, a concessionária assume o risco exclusivamente para si desde que não sejam superados os seguintes percentuais acumulados de evasão, inadimplemento e fraude sobre o tráfego equivalente: a) 40% do tráfego equivalente, no 1º mês de cobrança; b) 30% do tráfego equivalente, no 2º mês de cobrança; c) 20% do tráfego equivalente, do 3º ao 12º mês de cobrança; d) 10% do tráfego equivalente, do 13º ao 18º mês de cobrança e e) 5% do tráfego equivalente, do 19º ao 24º mês de cobrança.

comissão do *sandbox* da BR 101/RJ, divulgado em dezembro de 2023, a média de evasão experimentada nos pórticos, entre março e dezembro de 2023, teria sido de 20,78%, enquanto a inadimplência teria ficado na casa de 11,23%[35].

Por isso, sugere-se que novos contratos tenham cuidado especial na caracterização do risco de inadimplemento do pagamento da tarifa, para que fique claro (i) o que constitui o inadimplemento (se inadimplemento se refere ao não pagamento da tarifa após um determinado período ou se é conceito equivalente à evasão posta no artigo 209-A do CTB); e (ii) qual será o tratamento dado às tarifas pagas após o prazo para constituição da evasão à luz da Resolução Contran nº 984/2022.

3.2 Risco de fraude do usuário

O risco de fraude do usuário, em sistemas *free flow*, materializa-se quando este atua diretamente para impedir o registro de sua passagem pelos pórticos, como em casos de ocultação da placa do veículo. É um exemplo de risco não gerenciável pela concessionária, que não detém poder de polícia para fiscalizar e coibir a prática pelos usuários.

Logo, se consideradas as melhores práticas regulatórias quanto à alocação objetiva dos riscos, já destacadas no Capítulo II deste artigo, seria recomendável que este risco fosse alocado integralmente ao poder concedente.

Não obstante, pelo baixo impacto percentual que a fraude teria sobre a receita da concessão,[36] alguns entes defendem que este risco deveria ser alocado integralmente à concessionária, como forma de reduzir o custo regulatório associado ao processo de fiscalização das fraudes reportadas.

---

[35] Conforme o relatório, o tempo médio de pagamento seria de 18.5 dias, ultrapassando o prazo regulamentar para a configuração da infração de trânsito prevista no artigo 209-A do CTB. Disponível em: https://www.gov.br/antt/pt-br/acesso-a-informacao/acoes-e-programas/ambiente-regulatorio-experimental-sandbox-regulatorio/arquivos/2RelatrioTrimestral1RelatrioSemestraldeAnliseTcnicadaComissodeSandbox.pdf. Acesso em: 18 mar. 2024.

[36] A ANTT reportou no relatório de análise técnica da comissão do *sandbox* da BR 101/RJ que o índice de comportamento fraudulento teria ficado na casa de 0,18%. Disponível em: https://www.gov.br/antt/pt-br/acesso-a-informacao/acoes-e-programas/ambiente-regulatorio-experimental-sandbox-regulatorio/arquivos/2RelatrioTrimestral1RelatrioSemestraldeAnliseTcnicadaComissodeSandbox.pdf. Acesso em: 18 mar. 2024.

Foi esse o entendimento adotado no *sandbox* regulatório instituído pelo governo do estado do Rio Grande do Sul, no qual não devem ser computadas, no cálculo da evasão a ser compensada, eventuais fraudes cometidas por usuários.

Nesse caso, porém, abre-se caminho para que, na eventualidade de o percentual de fraude se revelar significativo, a concessionária seja prejudicada pela materialização de um risco que não está apta, legalmente, a gerenciar.

Por isso, recomenda-se que haja, ao menos, um limitador do impacto financeiro que poderia ser tolerado pela concessionária em razão da fraude dos usuários, a partir do qual lhe seria assegurada a devida recomposição do equilíbrio econômico-financeiro do contrato.

Destaca-se a seguir o tratamento dado ao risco de fraude do usuário por algumas das experiências de *free flow* já instituídas no país.

Quadro 2 - Tratamento dado ao risco de fraude do usuário

BRs-116/101/ RJ/ SP e BRs-116/493/ 465/RJ/MG	Rodoanel da Região Metropolitana de Belo Horizonte	Lote Noroeste Paulista	Rodoanel Norte de São Paulo	*Sandbox* regulatório da BR 101/ RJ	*Sandbox* regulatório da Caminhos da Serra Gaúcha
Não especificado	Não especificado	Atribuído à concessionária até o limite de 5% da receita bruta anual	Atribuído ao poder concedente	Considerado no compartilhamento do risco de evasão, fraude e inadimplência	Atribuído à concessionária

Fonte: Elaboração das autoras.

3.3 Risco de falha na detecção de veículo

De forma geral, o risco de falha na detecção de veículo, já considerado nos contratos desde o início das cobranças automáticas, é reputado como um risco gerenciável, que deve, portanto, ser atribuído integralmente à concessionária.

Em projetos que contam com sistemas *free flow* esse risco ganha maior relevância, já que, na ausência de barreiras, eventual falha na detecção do veículo implicará, necessariamente, na perda daquela receita tarifária. Nada obstante, segue sendo um risco gerenciável e afeto às atividades da concessionária, cuja materialização depende, entre outros fatores, de suas escolhas de fornecedores, da capacitação técnica de sua equipe e da qualidade da manutenção realizada nos equipamentos e sistemas.

Seguindo essa lógica, o risco de falha na detecção de veículo foi alocado integralmente à concessionária nas experiências brasileiras que especificam um tratamento para a alocação desse risco em seus contratos (ou aditivos).

3.4 Risco de atualização e inovação tecnológica

Considerando a constante evolução das tecnologias da informação e a essencialidade do bom funcionamento do *free flow* para o sucesso das concessões em que é o único sistema de cobrança tarifária, seria importante que os contratos delimitassem a responsabilidade das partes no que se refere a *atualização* e *inovação tecnológica* dos equipamentos e sistemas pertinentes ao pedagiamento sem barreiras.

Entretanto, esse risco ainda não vem sendo tratado de forma específica nas experiências brasileiras de *free flow*.

Os contratos da ARTESP são os únicos, dentre os que preveem implantação de *free flow*, que trazem algum tratamento para o tema, ainda que não direcionado, especificamente, aos sistemas de livre passagem.

A responsabilidade pela *atualização tecnológica*, caracterizada nos contratos dessa agência como a preservação da modernidade e atualidade dos equipamentos, das instalações e das técnicas da prestação dos serviços de operação e manutenção do sistema rodoviário, é atribuída, de forma ampla, à concessionária.[37]

Já a responsabilidade pela *inovação tecnológica*, assim considerada a tecnologia que constitua o estado da arte tecnológica e não tenha uso difundido no setor de infraestrutura rodoviária nacional,[38] poderá ser

---

[37] Conforme cláusula 15.1 do Contrato do Lote Piracicaba-Panorama (mantida nos contratos dos Lotes Noroeste Paulista e Rodoanel Norte): "A Concessionária deverá observar a atualidade tecnológica na execução das obras e serviços objeto deste CONTRATO, assim caracterizada pela preservação da modernidade e atualização dos equipamentos, das instalações e, (...), também das técnicas da prestação dos serviços de operação e manutenção do SISTEMA RODOVIÁRIO, desde que a atualidade tecnológica seja necessária diante da (i) obsolescência dos bens da CONCESSÃO previstos na Cláusula Décima Segunda ou (ii) necessidade de cumprimento dos INDICADORES DE DESEMPENHO e demais exigências estabelecidas no CONTRATO e ANEXOS."

[38] Conforme cláusula 15.9 do Contrato do Lote Piracicaba-Panorama (mantida nos contratos dos Lotes Noroeste Paulista e Rodoanel Norte): "(...) são consideradas inovações tecnológicas,

atribuída ao poder concedente, exclusivamente, quando sua incorporação for determinada pela ARTESP ou pelo poder concedente, caso em que ensejará a recomposição do equilíbrio econômico-financeiro do contrato.[39] Ou seja, se a *inovação tecnológica* não partir de imposição do Estado, também será inteiramente de responsabilidade da concessionária.

Assim, partindo da lógica empregada pela ARTESP em seus contratos, sugere-se que os projetos que preveem o *free flow* como mecanismo de cobrança da tarifa de pedágio tragam em sua matriz tratamento específico para os casos de *atualização* e *inovação tecnológica*.

O risco *atualização tecnológica* do *free flow*, isto é, o dever de manter o sistema de arrecadação em conformidade com os parâmetros de desempenho do contrato e razoável nível de modernidade, poderia ser alocado inteiramente à concessionária.[40]

Ao passo que o risco de *inovação tecnológica* do *free flow*, materializado nos casos em que houver necessidade ou imposição de implantação de tecnologia disruptiva no sistema de arrecadação – como na eventualidade de uma substituição dos pórticos do *free flow* por sistema de cobrança mais avançado que venha a surgir – deveria ser atribuído ao poder concedente ou, no máximo, compartilhado entre as partes.

3.5 Risco de notificação do usuário inadimplente

Outro risco essencial ao processo de implementação do *free flow* envolve a notificação do usuário inadimplente.

O artigo 7º, §1º, da Resolução Contran nº 984/2022, estipula que "deve ser assegurada ao usuário a possibilidade de pagamento da

---

para os fins do CONTRATO, as tecnologias que, à época de sua eventual adoção e incorporação pela CONCESSIONÁRIA, constituam o estado da arte tecnológica e não tenham uso difundido no setor de infraestrutura rodoviária nacional, e cuja utilização, não obstante tenha potencial de proporcionar ganhos de eficiência e produtividade no âmbito da CONCESSÃO, seja prescindível para o atendimento dos INDICADORES DE DESEMPENHO e demais elementos inicialmente previstos no CONTRATO e respectivos ANEXOS (Cl. 15.9)."

[39] Conforme cláusula 15.11 do Contrato do Lote Piracicaba-Panorama (mantida com redação similar nos contratos dos Lotes Noroeste Paulista e Rodoanel Norte): "A incorporação de inovações tecnológicas pela CONCESSIONÁRIA quando por determinação da ARTESP ou PODER CONCEDENTE ensejará a recomposição do equilíbrio econômico-financeiro da CONCESSÃO, conforme a metodologia do Fluxo de Caixa Marginal, nos termos da subcláusula 22.3.2, observado o disposto na subcláusula 15.14."

[40] Nesse sentido, vale mencionar que os contratos do PROCROFE já alocam à concessionária a responsabilidade pelos "investimentos e custos decorrentes da tecnologia empregada nas obras e serviços da Concessão" (conforme cláusula 22.1.11 do Contrato da BR-116/101/RJ/SP).

tarifa de pedágio em momento posterior ao trânsito, na forma estabelecida pelo gestor da via". As experiências nacionais trazem algumas obrigações relacionadas a esse pagamento posterior, que vão desde o dever de disponibilizar sites e aplicativos para pagamento, até a instalação de pontos de arrecadação e o envio de notificação aos usuários inadimplentes.

Essas obrigações, por si só, já representam a incorporação de novas atividades às concessionárias, que precisarão desenvolver produtos e processos internos[41] para administrar a cobrança e arrecadação posterior das tarifas de pedágio. Contudo, a tarefa mais desafiadora talvez seja a de enviar notificações ao usuário inadimplente, seja pelo distanciamento dessa atividade das funções até então atribuídas às concessionárias de rodovias, seja pelo custo que representa.

Além do mais, conforme as experiências nacionais,[42] o envio de notificação ao usuário inadimplente pode incluir, ainda, o envio dos autos de infração pela multa de evasão de pedágio prevista no artigo 209-A do CTB. Nesse caso, um novo complicador é adicionado: a necessidade de criação de fluxos e compartilhamento de dados entre a autoridade de trânsito/poder concedente e a concessionária para preenchimento e envio do auto de infração.

A CCR RioSP, concessionária responsável pelo *sandbox regulatório* da BR 101/RJ divulgou[43] que, até o presente momento, os custos para compartilhamento de dados e cobrança dos usuários estão elevados, e que a dificuldade para obter informações/dados sobre o usuário tem sido um empecilho à comunicação prévia à constituição da evasão.

Diante desse cenário, é fundamental que a modelagem de novos projetos, bem como eventuais futuros *sandboxes regulatórios*, levem em consideração os custos que essas atividades representam para a concessionária quando da definição da alocação do risco de notificação

---

[41] Inclusive para proteção e tratamento dos dados dos usuários em conformidade com a Lei de Proteção de Dados (Lei nº 13.709/2018).

[42] Todas as experiências mencionadas nesse artigo trazem alguma obrigação referente ao pagamento posterior pelo usuário que não possui *tag*. Contudo, apenas os *sandboxes regulatórios* da ANTT e do Governo do Rio Grande do Sul trazem, de forma expressa, a obrigação de envio de notificação física para o usuário inadimplente.

[43] As informações foram divulgadas em evento promovido pela ANTT para apresentação dos dados relativos ao 1º ano de operação do *free flow* na concessão. Segundo a concessionária, os custos de relacionamento e cobrança seriam: R$ 0,72 WhatsApp; R$ 1,08 Notificação Carteira Digital de Trânsito; R$ 0,04 SMS; R$ 2,52 Carta; R$ 1,31 Consulta Serviço Federal de Processamento de Dados (Disponível em: https://www.youtube.com/watch?v=FVR5T5ntYzM. Acesso em: 18 mar. 2024).

do usuário inadimplente, especialmente quando envolver o envio de autos de infração ou cobranças físicas de tarifas a pagar. A falta do devido tratamento do tema poderá, inclusive, impactar a atratividade de projetos ou comprometer a saúde financeira da concessão, se não tiver sido devidamente contemplado no modelo econômico-financeiro e/ou na proposta da licitante vencedora.

4 Considerações finais

O *free flow* é uma realidade no setor de rodovias e sua implantação, além de tendência para os próximos projetos, já é uma política pública expressa em normativos federais e estaduais.

O usuário, sem sombra de dúvidas, será o grande beneficiário desse movimento, que tem como vantagens: (i) a promoção de maior equidade e justiça tarifária, em caso de cobrança proporcional à distância efetivamente percorrida na rodovia; (ii) a diminuição do número de acidentes ocasionados pela aceleração e desaceleração de veículos e circulação de pessoas próximas às praças de pedágio; (iii) a redução do tempo de deslocamento dos usuários; (iv) a eliminação dos custos necessários para a construção e operação da praça de pedágio e (v) benefícios ao meio-ambiente, pela redução da emissão de gases contaminantes emitidos no processo de aceleração e desaceleração dos veículos.

Não obstante, para garantir a viabilidade de concessões com *free flow*, é essencial que os contratos e/ou instrumentos que instituírem o sistema estabeleçam, de forma objetiva, os riscos e responsabilidades de cada parte no processo de implementação e operação.

No mínimo, é importante que a matriz de risco dos projetos traga um tratamento claro para os riscos de (i) *evasão do pagamento da tarifa*; (ii) *fraude do usuário*; (iii) *falha na detecção de veículo*; (iv) *atualização e inovação tecnológica* do free flow e (v) *notificação do usuário inadimplente*.

O *risco de inadimplemento do pagamento da tarifa* pode ser alocado integralmente ao poder concedente, à concessionária ou compartilhado entre as partes. O compartilhamento pode, ainda, seguir abordagens quantitativas, como sistemas de bandas ou percentual fixo de perda de receita que serão assumidos pela concessionária, ou qualitativas, quando são especificadas e descritas na matriz as hipóteses em que o risco não será suportado pela parte a que foi originalmente alocado.

Não há, portanto, uma fórmula certa para a alocação de inadimplemento do pagamento da tarifa, sendo fundamental que se avalie, caso a caso, a alternativa que melhor se adequa ao perfil da concessão e às capacidades do poder concedente. Quanto ao *risco de fraude do usuário*, se consideradas as melhores práticas regulatórias referentes à alocação objetiva dos riscos, seria recomendável que fosse alocado integralmente ao poder concedente, vez que é risco não gerenciável pela concessionária. Não obstante, pelo baixo impacto percentual que a fraude teria sobre a receita da concessão, alguns entes defendem que este risco deveria ser alocado integralmente à concessionária, como forma de reduzir o custo regulatório associado ao processo de fiscalização das fraudes reportadas.

Pelo elemento não gerenciável inerente a esse risco, recomenda-se que haja um limitador do impacto financeiro que poderia ser tolerado pela concessionária em razão da fraude dos usuários, a partir do qual lhe seria assegurada a devida recomposição do equilíbrio econômico-financeiro do contrato.

O *risco de falha na detecção de veículo*, por sua vez, já vem sendo alocado integralmente à concessionária nas experiências brasileiras e sugere-se que assim deve seguir, vez que é risco gerenciável pela contratada.

No que diz respeito ao *risco de atualização e inovação tecnológica do free flow*, por outro lado, sugere-se que seja incluído nos contratos tratamento diferenciado para os casos de *atualização* e *inovação tecnológica*.

O risco de atualização tecnológica, relacionado à manutenção da conformidade com os parâmetros de desempenho do contrato e de razoável nível de modernidade do sistema, poderia ser alocado inteiramente à concessionária. Enquanto o *risco de inovação tecnológica do* free flow, materializado nos casos em que houver necessidade ou imposição de implantação de tecnologia disruptiva no sistema de arrecadação, deveria ser atribuído ao poder concedente ou, no máximo, compartilhado entre as partes.

Finalmente, quanto ao *risco de notificação do usuário inadimplente*, é essencial que os custos relacionados ao envio de notificações, especialmente de autos de infração e cobranças físicas de tarifas, sejam considerados quando da definição da alocação do risco de novos projetos e *sandboxes regulatórios*. Isso se justifica porque, diante dos autos valores experimentados no caso da CCR RioSP, a alocação indiscriminada desse risco à concessionária poderá impactar a atratividade de projetos, ou mesmo comprometer a saúde financeira da concessão.

Referências

ANDRADE, L. Q. *Teoria das relações jurídicas da prestação de serviço público sob regime de concessão*. São Paulo: Malheiros Editores, 2015.

ASHLEY, D. B.; DIEKMANN, J. E.; MOLENAAR, K. R. *Guide to Risk Assessment and Allocation for Highway Construction Management (Report)*. Washington, D.C.: U.S. Department of Transportation; Federal Highway Administration, Oct. 2006. Disponível em: https://international.fhwa.dot.gov/pubs/pl06032/guide_to_risk_assessment_allocation_for_highway.pdf. Acesso em: 18 mar. 2024.

BRASIL. Ministério da Infraestrutura. Conselho Nacional de Trânsito. *Manual brasileiro de fiscalização de trânsito*. Brasília, DF: Ministério dos Infraestrutura. Conselho Nacional, 2022. Disponível em: https://www.gov.br/transportes/pt-br/assuntos/transito/conteudo-contran/resolucoes/mbvt20222.pdf. Acesso em: 18 mar. 2024.

BRASIL. Tribunal de Contas da União (Plenário). Acórdão 1510/2013. *e-TCU*: Brasília, DF, 2013.

BRASIL. Tribunal de Contas da União. Sandbox *regulatório*. Brasília, DF: Tribunal de Contas da União, 5 out. 2022. Disponível em: https://portal.tcu.gov.br/data/files/86/75/3F/4B/669A38102DFE0FF7F18818A8/SandBox%20Regulatorio.pdf. Acesso em: 18 mar. 2024.

CAPELUPPI, P. M. *et al. Free flow* em rodovias brasileiras: *sandbox* regulatório e o Rio Grande do Sul como a primeira experiência de funcionamento integral do sistema. *Agência Infra*, Brasília, DF, 2023. Disponível em: https://www.agenciainfra.com/blog/free-flow-em-rodovias-brasileiras-sandbox-regulatorio-e-o-rio-grande-do-sul-como-a-primeira-experiencia-de-funcionamento-integral-do-sistema/#_ftn1. Acesso em: 18 mar. 2024.

CARVALHO, A. C. *Free flow* precisa de garantias jurídicas no Brasil. *ConJur*, 17 abr. 2013. Disponível em: https://www.conjur.com.br/2013-abr-17/andre-carvalho-free-flow-garantias-juridicas-brasil/. Acesso em: 18 mar. 2024.

GOMES, M. C. Riscos e incertezas em contratos públicos de concessão: uma análise econômica da repartição de responsabilidades. *Revista Jurídica Luso-Brasileira*, Lisboa, ano 6, n. 4, 2020.

RIBEIRO, M. P.; PRADO, L. N. *Comentários à Lei de PPP*: fundamentos econômicos-jurídicos. São Paulo: Malheiros Editores, 2007.

RIBEIRO, M. P. *Concessões e PPPs*. Melhores práticas em licitações e contratos. São Paulo: Atlas, 2016.

Informação bibliográfica deste texto, conforme a NBR 6023:2018 da Associação Brasileira de Normas Técnicas (ABNT):

ANDRADE, Letícia Queiroz de; MENEZES, Juliana Moitas Nogueira de. Os impactos do *free flow* sobre a matriz de risco dos contratos de concessão de rodovias. *In*: FAJARDO, Gabriel; SAMPAIO, Guilherme Theo (coord.). Free flow *em concessões de rodovias*. Belo Horizonte: Fórum, 2024. p. 21-45. ISBN 978-65-5518-724-3.

AS PERSPECTIVAS E OS DESAFIOS PARA MODELAGEM DE PROJETOS DE CONCESSÕES RODOVIÁRIAS COM O USO DO SISTEMA DE ARRECADAÇÃO *FREE FLOW*

CRISTIANO DELLA GIUSTINA
LARISSA WENDLING
TIAGO LOURENÇO DE LIMA TORQUATO
FERNANDO JOSÉ PIVA

1 Introdução

Na década de 1990, originaram-se as primeiras concessões de rodovias no Brasil, que hoje somam cerca de 26 mil km de extensão de malha federal, estadual e municipal, sob responsabilidade de operação, manutenção e conservação pela iniciativa privada (CNT, 2023).

O modelo de estruturação dos projetos, o qual se denomina de Estudo de Viabilidade Técnica, Econômica e Ambiental (EVTEA), passa por diversos atores e fases de aprimoramentos ao longo do processo, até a definição do seu modelo final, que será considerado como referencial para a tarifa teto no certame licitatório.

Para a estruturação de um projeto, em uma descrição suscinta e objetiva, são necessários inúmeros *input* de base de dados sobre o cadastro e situação da rodovia em estudo, assim como levantamentos dos veículos que trafegam no referido segmento. Com esses dados, a partir das premissas e parâmetros de desempenho a serem exigidos no referido contrato, são estimados os custos, despesas e investimentos necessários, além da receita projetada. Incorporam-se a esse fluxo de caixa todas as premissas regulatórias e econômicas, e a partir desse modelo econômico-financeiro, é definida a tarifa referencial do projeto.

O modelo de concessões destes últimos 30 anos consistia na cobrança aos usuários, em pontos fixos denominados praças de pedágio, pela circulação na rodovia. Nesses casos, o cálculo da tarifa de face por praça é obtido a partir da multiplicação da Tarifa Quilométrica (TKM), que corresponde a um valor fixo unitário, pelo Trecho de Cobertura da Praça (TCP). Com essa metodologia, independentemente da extensão a ser percorrida, o usuário deve efetuar o pagamento da tarifa cheia em todas as praças interceptadas.

Do ponto de vista da estruturação, esse modelo de praças fixas consiste, basicamente, no fracionamento da arrecadação total necessária para a adequada remuneração do projeto. Em contrapartida, as praças são alocadas geralmente em pontos estratégicos, a fim de arrecadar o maior volume de usuários que trafegam em determinados segmentos, os quais acabam por subsidiar a remuneração de toda a extensão da referidas TCP.

Nos últimos 4 anos, surgiram no Brasil os primeiros estudos de concessão com arrecadação automática, denominado de *free flow*, cujo sistema de cobrança e operação, além da estratégia de alocação dos pontos, consiste em tecnologia avançada com diversas características que o diferem do modelo usual.

Com a célere procura pela implementação desse sistema de cobrança automática nas rodovias brasileiras, identificaram-se diversas variáveis, premissas e definições que devem ser consideradas no projeto, principalmente por se tratar de uma tecnologia ainda em desenvolvimento no território nacional.

A partir dessa contextualização, este artigo tem o objetivo de avaliar as perspectivas e principais desafios que envolvem a estruturação de um estudo de viabilidade técnica de concessão de rodovia que contemple a cobrança por meio do sistema *free flow*, além de apresentar as principais caraterísticas e premissas técnicas que devem ser levadas em consideração na estruturação dos projetos.

2 Definição do sistema de pedágio eletrônico – *free flow*

A cobrança de pedágios em rodovias tem como finalidade principal a arrecadação de recursos financeiros para fins de remuneração do concessionário em contrapartida à execução de obras de ampliação de capacidade, manutenção e conservação da infraestrutura, melhoria na segurança viária e operação por meio da prestação de serviços de atendimento aos usuários. O sistema *free flow* não contempla a utilização de barreiras físicas, como praças de pedágio convencionais. A cobrança é realizada por meio da implementação de pórticos, dispostos transversalmente na rodovia, com equipamentos que não causam interferência no tráfego da rodovia. São instalados nos pórticos, leitores de dispositivos adesivos colados no interior do veículo (*tags*), além de câmeras identificadoras de placas e classificadoras dos veículos.

Mundialmente, esse tipo de cobrança automática de pedágio é utilizado desde o final da década de 1980, com origem na Noruega, que hoje conta com mais de 45 rodovias com esse sistema. Em 1989, no Texas, foi inaugurado o primeiro sistema de pedágio *free flow* dos Estados Unidos, sendo expandido, a partir de 2002, nas vias com mais de três faixas por sentido. Na América do Sul, o Chile é um dos pioneiros em cobranças automáticas de pedágio, cuja operação iniciou em 2004.

No Brasil, em 2000, foi iniciada a cobrança eletrônica em praças de pedágio convencionais, destinando algumas cabines de pedágio para a cobrança através de *tags* instaladas no veículo. Entretanto, nesses casos, ainda há a presença da cancela eletrônica que é aberta apenas quando detectada a presença da *tag*, havendo a necessidade de desaceleração do veículo na sua aproximação.

Quatro rodovias concedidas no estado de São Paulo possibilitam a cobrança em pórticos similares ao sistema *free flow*, sendo denominado sistema ponto a ponto. Porém, a cobrança é feita automaticamente para apenas alguns tipos de veículos e as operadoras do sistema automático devem ser informadas da intenção do usuário em utilizar essa forma de pagamento.

Com a necessidade de atualização tecnológica e avanços na regulação, a Agência Nacional de Transportes Terrestres (ANTT) aprimorou estudos de novas concessões com a implementação da cobrança por meio do *free flow* em segmentos rodoviários, em especial trechos metropolitanos com elevado fluxo de veículos na pista principal e marginais, como é o caso das rodovias BR-116/SP na chegada de São Paulo e BR-116/RJ na chegada do Rio de Janeiro. Nos demais segmentos destas concessões, estava mantida a implantação de praça de pedágio convencional.

Após o leilão das rodovias, cujos contratos foram assinados no ano de 2022, considerando a nova obrigação de implantação desse sistema de cobrança automática nos segmentos específicos, previstas para o ano 5 após assinatura dos contratos, de forma a antecipar as possíveis dificuldades operacionais, regulatórias e financeiras, a agência reguladora institucionalizou junto à concessionária responsável pelo trecho, um *sandbox* regulatório, que visa criar um ambiente experimental para avaliar a implantação do referido sistema, por meio da substituição das praças de pedágios físicas, previstas para serem implantadas no trecho da BR-101/RJ, por pórticos para a cobrança por meio do *free flow*. Essa experiência está subsidiando estudos específicos sobre o tema, além de identificar pontos que merecem urgência de tratamento do ponto de vista regulatório e normativo.

Ato mais recente, por meio da Portaria nº 995, de 17 de outubro de 2023, instituiu-se a Política Nacional de Outorgas Rodoviárias no âmbito do Ministério dos Transportes e de suas entidades vinculadas, a qual estabeleceu, em seu artigo 16, §3, item I a obrigatoriedade de implantação de inovações tecnológicas, incluindo o pedagiamento automático de livre passagem (*free flow*) nos novos projetos de concessão.

A atual carteira de projetos de concessão do governo federal conta com cerca de 20.268 mil km de rodovias em estudo, localizados em todas as regiões do Brasil. Alguns desses segmentos já foram objeto de concessão, os quais possuem histórico de tráfego consolidado, além da existência de praças de pedágio fixas edificadas.

A decisão sobre a conversão das praças existentes por cobrança automática desde o início do novo período de concessão necessita de uma análise de riscos, principalmente devido à cultura do usuário frequente do trecho, que atualmente utiliza o modelo de pagamento convencional nos pontos conhecidos. A conversão do modelo de cobrança ensejaria a necessidade de demolição das praças existentes e implantação do novo sistema de cobrança, causando a necessidade de um prazo adicional para o início da cobrança. Além disso, no caso de mudança da metodologia, do ponto de vista da estimativa de receita, é necessária a ponderação adicional da fuga e inadimplência até a nova consolidação cultural ao usuário.

Para esses casos, portanto, considera-se mais segura a conversão do modelo de arrecadação de forma gradativa, conforme o avanço da tecnologia, assim como dos regramentos regulatórios e normativos sobre o tema, de modo a garantir melhor segurança jurídica ao setor privado.

Nos casos de estudos em trechos novos, sem concessão vigente, pelo fato de ainda não haver praças de pedágio implantadas e conhecimento claro do tráfego consolidado com o pagamento de pedágio, os riscos envolvidos quando da implementação de uma nova concessão do trecho, sobretudo de quantificação da demanda, se aproxima, independente do modelo de arrecadação adotado. Dessa forma, é necessário detalhar o estudo de tráfego, para obtenção do carregamento passante pelo sistema *free flow* e estimar a receita captada ao longo do período de concessão.

3 Estudos de tráfego e estimativa da receita

Para subsidiar a decisão de implantação do sistema *free flow*, devem ser levados em consideração as características físicas do segmento e do volume de tráfego. Atualmente, existem duas formas de cálculo de tarifa: (1) tarifa fixa para todas as praças de pedágio e (2) tarifa proporcional ao TCP. No primeiro caso, divide-se a extensão total da rodovia pela quantidade de praças de pedágio e multiplica-se pela TKM da rodovia. No segundo, multiplica-se o TKM da rodovia pela extensão do TCP de cada praça, o que resulta na cobrança de forma proporcional à extensão percorrida, observando-se, obviamente, o trecho correspondente à cada praça de pedágio. Com a implantação do sistema *free flow*, podem-se dividir os trechos de cobertura de cada cobrança em extensões menores, chegando à divisão em trechos homogêneos da rodovia. Além disso, em trechos urbanos, consegue-se dividir cada trecho com extensão de poucos quilômetros. Isso tende a aumentar a chamada justiça tarifária, uma vez que o usuário efetuará o pagamento apenas do trecho utilizado da rodovia.

Com isso, a partir da tomada de decisão de implantação do sistema *free flow*, as disciplinas de um EVTEA de rodovias que são mais impactadas consistem nos estudos de tráfego e o operacional. No que tange aos estudos de tráfego, que são a base para a estimativa da receita de um projeto de concessões de rodovias, são utilizadas coletas de campo, como contagens volumétricas classificadas (CVC), pesquisas de origem destino (POD) e entrevistas de preferência declarada (PD) para a levantamento de dados primários.

Nos estudos com cobrança de pedágio com praças convencionais, as CVCs, PODs e PDs são realizadas próximas a cruzamentos com rodovias de grande relevância e cidades com grande população. De forma geral, essas pesquisas buscam caracterizar a demanda de tráfego na região da rodovia estudada, obtendo como resultados a quantidade de veículos que utilizam o sistema, a caracterização das origens e destinos das viagens, os custos de tempo, etc. Para estudos com o uso do sistema de arrecadação *free flow*, uma vez que a quantidade de pórticos deverá ser maior do que a quantidade de praças de pedágio, estima-se que a quantidade de CVCs seja maior. Isso procura diminuir a incerteza da quantidade de veículos nas localizações de implantação dos pórticos de cobrança, reduzindo o risco do erro em relação à receita obtida pelo sistema.

Outra variável importante no cálculo da receita é referente à fuga gerada pela implantação da cobrança da tarifa. Estudos de tráfego realizados atualmente calculam as porcentagens de fuga de pedágios utilizando valores de custo do tempo e alocando as viagens em modelos de simulação de tráfego. Os modelos com o sistema *free flow* são similares aos atualmente utilizados, ou seja, são usados os mesmos métodos e variáveis. Porém, a principal diferença está na maior quantidade de pórticos em relação às praças de pedágio. Nesse caso, como a TCP é menor e, por consequência, a tarifa absoluta cobrada também é menor, os valores de fuga locais tendem a apresentar percentuais menores de fuga.

Dessa forma, a realização de um estudo de tráfego adequado se torna fundamental para obter a quantidade de veículos pagantes, estimando com acurácia a receita do sistema. Obter CVCs nas prováveis localizações dos pórticos, estimar a fuga com o cálculo do valor do tempo com as PDs e incorporar novas tecnologias de coletas, como dados de celulares para auxiliar nas matrizes origem-destino, é essencial para diminuir os riscos do projeto. A inadimplência do sistema *free flow* também pode afetar a receita, e suas estimativas estão sendo verificadas com estudos internacionais e com dados coletados do *sandbox* regulatório atualmente em curso na BR-101/RJ, conforme já dito.

As localizações dos pórticos normalmente são definidas por duas características lindeiras diferentes. Em trechos rurais, em que existem poucas entradas e saídas da rodovia, os pórticos podem ser posicionados conforme premissa a ser adotada pelo estruturador para o caso específico, podendo ser, por exemplo, um a cada segmento homogêneo (quando à característica uniforme de tráfego). Ou seja, os pórticos podem ser localizados entre a interseção de rodovias ou acessos a municípios que interfiram na demanda de veículos da rodovia. Porém, ressalta-se a importância da implantação de pórticos em pontos estratégicos da rodovia, como o cruzamento com outra rodovia ou município, por se tratar de pontos suscetíveis à fuga ou até mesmo à arrecadação de novos usuários. Em trechos urbanos, com elevada quantidade de acessos, é desejável que esses pórticos sejam posicionados em todas as entradas e saídas da rodovia, ou, pelo menos, nas principais, com maior volume de tráfego.

Quanto aos sistemas de cobrança *free flow*, existem dois tipos que podem ser caracterizados: (1) sistema aberto, em que a tarifa pode ser baseada em um trecho fixo da cobertura de um único pórtico e (2) sistema fechado, no qual a tarifa pode ser baseada em um trecho compreendido entre dois pórticos subsequentes. Comparando os dois sistemas, o fechado poderia substituir as praças de pedágio, enquanto o sistema aberto poderia ser adotado em regiões metropolitanas, equilibrando o tráfego dos troncos rodoviários e das marginais.

Outra vantagem da utilização do sistema *free flow* é a possibilidade de cobranças diferenciadas por dias da semana, horários diferentes no dia e até mesmo devido ao congestionamento da rodovia. Isso permite incentivar o uso da rodovia em horários com menor demanda para usuários que tem flexibilidade nas viagens. Como exemplo, na concessão RioSP, na BR-101/RJ, existe uma cobrança adicional para fins de semana em relação aos dias de semana. Além disso, nas regiões metropolitanas de São Paulo e Rio de Janeiro, serão aplicadas tarifas diferenciadas em horários com alto congestionamento, definido como *manage lanes*.

Referente à justiça tarifária do sistema *free flow*, existe uma discussão sobre o aumento da TKM geral da concessão, em virtude da cobrança de segmentos homogêneos com menores volumes de tráfego. Suponhamos um exemplo de carregamento idêntico mas sistemas de cobranças diferentes, conforme apresentado nas figuras 1 e 2.

O primeiro exemplo, apresentado na Figura 1, pode ser caracterizado como pedágio convencional, em que se alocam as praças de pedágio nos locais mais carregados. Nesse exemplo, o carregamento médio de cada praça é de 10.000 veículos equivalentes/dia. Além disso, o TCP seria os 50 km/praça. Supondo um TKM de R$ 0,10/km, teríamos uma tarifa de R$5,00 por eixos e uma receita total da concessão de R$ 100 mil/dia.

Figura 1 - Exemplo de rodovia com praças de bloqueio

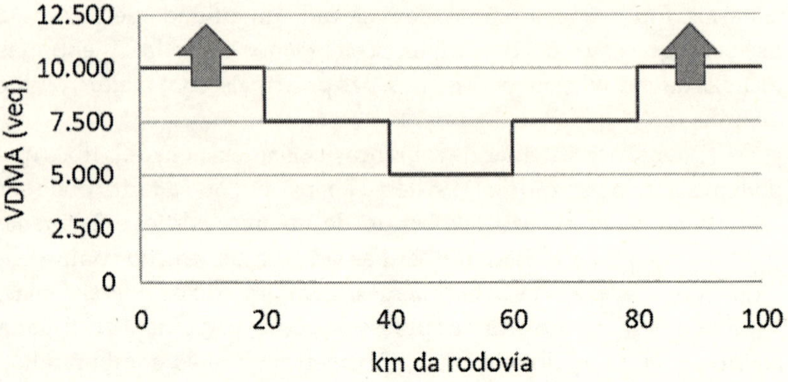

[Gráfico: VDMA (veq) × km da rodovia, mostrando segmentos de 10.000 (0-20 km), 7.500 (20-40 km), 5.000 (40-60 km), 7.500 (60-80 km) e 10.000 (80-100 km), com setas indicando praças de bloqueio em aproximadamente 10 km e 90 km.]

Fonte: Elaboração dos autores.

No caso de alocação de um pórtico a cada segmento homogêneo, como acontece no exemplo da Figura 2, os carregamentos seriam de 2 pórticos de 10.000 veículos equivalentes/dia, 2 pórticos de 7.500 v_{eq}/dia e 1 pórtico com carregamento de 5.000 v_{eq}/dia. Nesse caso, os TCPs seriam de 20 km/pórtico. Para termos a mesma receita entre os dois exemplos, é necessário um TKM de R$ 0,125/km para chegar ao valor de R$100 mil/dia no exemplo 2. Ou seja, uma tarifa geral do sistema 25% superior ao TKM do sistema das praças de pedágio. Porém, a tarifa unitária de cada pórtico seria de R$ 2,50/pórtico. Ou seja, a equidade da cobrança dos pórticos é maior do que das praças de pedágio; porém, para motoristas que percorram toda a rodovia, o valor pago é maior.

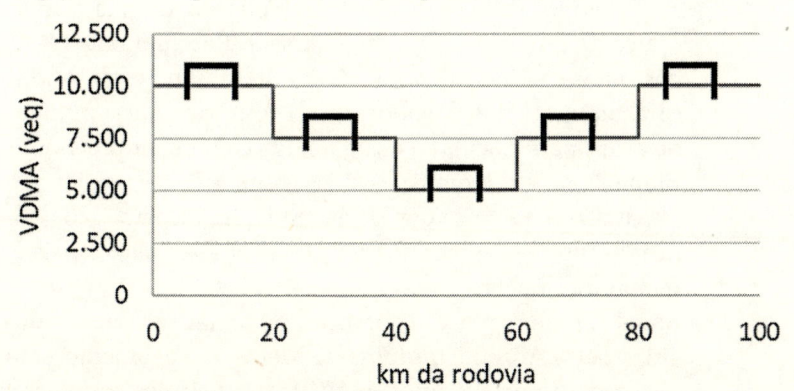

Figura 2 - Exemplo de rodovia com pórticos de cobrança automática

[Gráfico: VDMA (veq) vs km da rodovia, mostrando valores que variam entre aproximadamente 6.000 e 11.000 ao longo de 100 km]

Fonte: Elaboração dos autores.

A modelagem de tráfego ora apresentada tem como objetivo garantir níveis satisfatórios de precisão que culminam, ao fim e ao cabo, na melhor projeção de receita para o alcance do equilíbrio econômico-financeiro do projeto. Uma vez que o projeto da concessão venha a ser efetivamente implementado pela licitante vencedora do certamente licitatório, no que compete do *free flow*, merece destaque o sistema operacional para a coleta das informações dos veículos pagantes, tanto aqueles que utilizam *tags*, quanto os que necessitam da leitura de placas para realizar a cobrança da tarifa e garantir a arrecadação da receita de pedágio, o qual será descrito no tópico a seguir.

4 Sistema operacional de arrecadação automática

No que tange ao fluxo operacional do sistema de arrecadação automática, o processo de cobrança de cada usuário pode ser dividido em 4 etapas: (1) a passagem física sob o pórtico; (2) a identificação e registro do veículo; (3) o tratamento da passagem e (4) a cobrança. Essas serão descritas em ordem de ocorrência na sequência.

- Etapa 1: inicialmente, o usuário em deslocamento da via concedida atravessa pórticos ostensivamente identificados, sem a necessidade de desaceleração ou parada do veículo. Esse veículo poderia portar, ou não, *tags*.

- Etapa 2: a passagem é registrada e o veículo é identificado por meio das *tags*, fixadas no para-brisa e/ou pelo reconhecimento óptico de caracteres (Optical Character Recognition – OCR) nas placas de identificação. Além disso, são armazenadas características dos veículos, como comprimento e número de eixos, para calcular a tarifa devida com maior precisão.
- Etapa 3: após o registro da passagem, as informações são processadas e a tarifa devida é gerada. Nessa etapa são verificadas inconsistências dos registros com bases nacionais e/ou internacionais.
- Etapa 4: finalmente, as cobranças, ou tentativas, são conduzidas pelas Administradoras de Meios de Pagamento para Arrecadação de Pedágio (AMAP) para veículos com *tags* e pelos sistemas da concessionária do trecho para veículos sem *tags*.

Atualmente no Brasil, as concessionárias oferecem diversas formas de pagamento, incluindo cartão de crédito ou PIX, os quais podem ser efetuados virtualmente pelo *site*, aplicativo, WhatsApp ou presencialmente em rede credenciada.

Com relação aos equipamentos que contemplam todo o sistema *free flow*, cabe salientar que estes não se limitam aos pórticos visíveis aos usuários. Existem sistemas locais de processamento de viagens e de conexão com a rede de dados, além da geração de energia elétrica (para regiões com fornecimento instável). A Figura 3 apresenta um esquema típico de distribuição de equipamentos para um trecho em sentido único de tráfego com duas faixas de rodagem.

Figura 3 - Equipamentos presentes nos pórticos de *free flow*

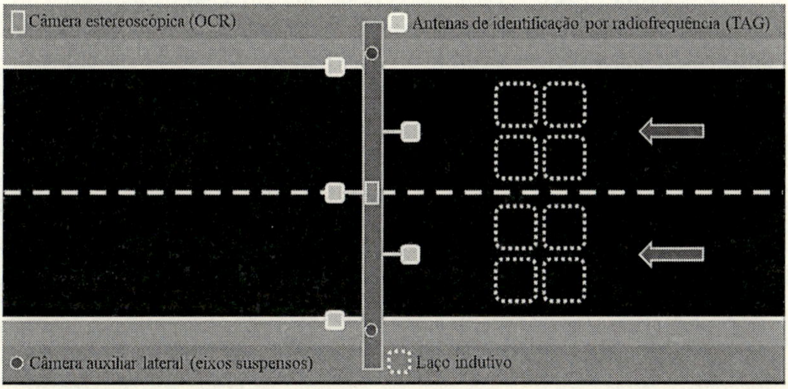

Fonte: Elaboração dos autores.

Nos pórticos, destacam-se 4 equipamentos: (1) as antenas de identificação por radiofrequência; (2) as câmeras estereoscópicas; (3) as câmeras auxiliares e (4) os laços indutivos. Na sequência, cada um desses equipamentos será detalhado:

1) Antenas de identificação por radiofrequência: são os equipamentos responsáveis pela captação os sinais das *tags* instaladas nos veículos. Essas antenas, a partir da tecnologia do Radio Frequency Identification (RFID), ou Identificação por Radiofrequência, possibilitam a recepção de informações enviadas pelas etiquetas eletrônicas a fim de identificar os veículos passantes.

2) Câmeras estereoscópicas: são os equipamentos responsáveis por captar as imagens tridimensionais dos veículos e placas de identificação. Esses equipamentos são o principal componente da reconstrução virtual das passagens dos veículos. As imagens geradas possibilitam a confrontação das informações advindas das etiquetas eletrônicas e placas de identificação com as características dos veículos. Esses equipamentos trabalham a partir da composição de imagens por mais de uma fonte de registro, os seja, a construção do modelo 3D dos veículos é possibilitada pela captação ordenada de imagens de mais de uma câmera, e por consequência, por mais de um foco de registros.

3) Câmeras auxiliares: são os equipamentos instalados nas laterais dos pórticos que possibilitam a captura de imagens laterais dos veículos. Esse registro é fundamental para a identificação dos eixos suspensos.

4) Laços indutivos: são equipamentos instalados no pavimento que possibilitariam a categorização dos veículos, tanto em comprimento quanto em peso, podendo ser substituídos por câmeras auxiliares. A adoção de laços indutivos poderia aumentar a necessidade de manutenção do sistema em função da interface com os serviços de pavimentação da rodovia, sendo que para cada novo serviço dessa disciplina, os sensores deveriam ser recalibrados.

O sistema de arrecadação atualmente utilizado na relevante maioria das concessionárias, tanto federais como estaduais brasileiras, por meio das praças físicas de cobrança, cujo método é consagrado e costumeiro aos usuários acaba por alcançar uma taxa média de evasão de 0,5%, ou seja, a arrecadação é quase total. Entretanto, esse sistema tem problemas crônicos, principalmente de segurança viária, em praças já existentes, e ambientais, em praças a construir.

O sistema de arrecadação automática por *free flow*, por sua vez, registra, em outros países (como o Chile), taxas de evasão significativamente maiores que as praças físicas de cobrança, chegando próximo de 10% dos usuários pagantes. O tratamento e análise das passagens, feito em *back-office* específico, tem a possibilidade de melhorar essas taxas.

No *back-office*, as passagens são ratificadas e/ou ratificadas por assistentes técnicos em turno administrativo. Experiências práticas indicam que cada colaborador da equipe do centro de controle de arrecadação estaria apto a validar aproximadamente 600 passagens por hora. Esses centros de controle possibilitariam ainda a rechecagem das passagens com os registros existentes, isso aumentar a assertividade do sistema e a correção de falhas futuras.

5 Perspectivas e desafios da implantação do sistema *free flow*

o mercado de concessões brasileiras, observa-se o crescimento exponencial pelo uso do modelo de cobrança automática *free flow*, seja meio da necessidade de inovação tecnológica que o mercado competitivo impõe, pelo incentivo da nova política pública, ou pelos inúmeros benefícios que esse sistema apresenta, seja para os usuários na fluidez da rodovia e segurança viária, para toda a população devido redução de impactos ambientais e até à própria Concessionária, com possível eficiência operacional.

A fluidez do tráfego com o uso do *free flow* tende a melhorar, pois, com a cobrança automática por meio dos pórticos, elimina-se a necessidade de paralização dos veículos nas áreas de praças de pedágio, que geram filas e congestionamentos nas suas proximidades, em especial em horários de pico.

A segurança viária se beneficia muito com o uso do *free flow*, pois são eliminados acidentes causados nas proximidades das praças de pedágio, devido à frenagem brusca de alguns veículos, congestionamentos ou até mesmo tentativas de evasão pelos motoristas próximas às cabines.

Ganhos ambientais também são gerados com o uso do *free flow*, tais como a redução de emissão de poluentes devido à ausência de frenagem para desaceleração na aproximação dos pórticos, ou devido à ausência de áreas desmatadas e/ou desapropriadas, pela não necessidade de implantação das praças.

Além disso, o sistema *free flow* incrementa a chamada "justiça tarifária", uma vez que os usuários passam a pagar proporcionalmente aos trechos efetivamente percorridos, uma vez que as TCP de cada pórtico são menores e cada vez mais ajustadas aos trechos homogêneos de rodovia.

Para as empresas concessionárias, o sistema *free flow* pode gerar eficiência operacional, pois as equipes administrativas e operadores que antes eram necessários nas praças de pedágio, tendem a reduzir significativamente. São necessários profissionais para operar o sistema, porém com nível de qualificação superior, podendo operar de maneira remota. Com o uso do sistema automático, eliminam-se os custos e riscos no transporte de valores em espécie das praças de pedágio aos bancos.

As perspectivas para o uso do sistema de cobrança automática no Brasil são positivas e tendem a mobilizar o mercado de fornecedores do sistema e seus equipamentos, atraindo novas empresas ao mercado nacional, intensificando a criação de novas tecnologias e agregando positivamente na concorrência do setor e consequente redução dos seus custos de implantação, operação e manutenção.

Em contrapartida, ainda há muitos desafios que precisam ser mais bem compreendidos e solucionados para sua utilização com a máxima vantajosidade. Todavia, grande esforço tem sido empregado para equacionar os riscos e incertezas de implementação do sistema *free flow* no Brasil, a exemplo do *sandbox* regulatório pela ANTT, além de outras experiências no país.

Do ponto de vista da estruturação dos projetos, é fundamental que se empreenda soluções efetivas a fim de garantir a confiabilidade na estimativa do volume de tráfego de veículos, em especial em cada trecho de implantação dos pórticos, levando em consideração, com destaque, às fugas e evasões não previsíveis. Isso garantirá, sobremaneira, a sustentabilidade econômico-financeira da concessão.

Perpassa, nesse processo de estruturação, a definição de premissas claras de projeto, bem como o desenvolvimento de especificações normativas e regulatórias visando se obter uma modelagem mais aderente às regras contratuais a serem exigidas e à prática esperada.

Importante mencionar que devido à inovação do *free flow* no uso nacional, ainda são necessárias importações dos principais equipamentos e sistemas, o que incrementa seus custos de implantação. O conhecimento de operação e manutenção do sistema ainda está em desenvolvimento, por isso, ainda é necessário apoio e mão de obra especializada internacional. Devido a isso, os investimentos e custos operacionais orçados nos projetos são elevados, e refletem às cotações de preços do mercado concentrado ainda em desenvolvimento.

Ademais, conforme abordado neste artigo, a escolha do sistema de cobrança a ser modelado no projeto, seja por meio de barreira física, seja de automática, ou, no último caso, podendo ser do tipo sistema aberto ou fechado, com tarifa uniforme ou proporcional, deve ser avaliada com base nas características do segmento em estudo, de modo a incrementar seus benefícios.

Por fim, deve-se ainda levar em consideração o avanço normativo e regulatório do uso dessa nova tecnologia, de modo a garantir melhor aderência às premissas a serem adotadas no projeto em estruturação, além de minimizar seus riscos, garantindo maior segurança jurídica aos *players* interessados no projeto e consequente maior atratividade e concorrência no certame licitatório, com menores tarifas a serem ofertadas aos usuários da rodovia.

6 Conclusões

Este artigo apresentou uma análise da evolução do sistema de concessão de rodovias no Brasil, com foco na introdução do inovador sistema de cobrança *free flow*, o qual, diferentemente do modelo usual, substitui as praças físicas de pedágio por pórticos com identificação automática do usuário. O texto explora o processo de estruturação de projetos, desde a elaboração do EVTEA até a definição da tarifa referencial, com uma atenção especial às premissas que devem ser consideradas e principais desafios enfrentados na implementação do *free flow*.

Nos últimos anos, o *free flow* emergiu como um modelo promissor, exigindo estudos minuciosos para sua aplicação eficaz. Foram abordados aspectos técnicos, de tráfego e receita, além dos custos de implantação e operacionais relacionados à cobrança automática, particularmente quando comparada às tradicionais praças de pedágio.

Apesar dos benefícios substanciais em termos de fluidez do tráfego, segurança rodoviária e redução dos impactos ambientais, a implementação do *free flow* no contexto brasileiro é confrontada com desafios complexos. A ausência de normativas e regulamentações específicas, custos elevados associados à necessidade de importação de tecnologia e incertezas na estimativa de tráfego são desafios que vem sendo enfrentados e equacionados no cenário nacional, buscando o dimensionamento adequado de um projeto em estudo.

Não obstante aos desafios atuais, considerando as perspectivas de incremento ao uso desse sistema no territórios nacional, seja decorrente da necessidade de atualização tecnológica do setor ou devido aos incentivos gerados por meio de política pública, há a tendência do mercado fabricante se autodesenvolver devido ao aumento da demanda pela tecnologia, assim como das entidades governamentais desenvolverem os normativos e regulamentos necessários para a adequada regulação do setor, minimizando as incertezas e garantindo maior aderência nos estudos em estruturação.

Referências

CNT. *Boletim unificado*, [S. l.], dez. 2023. Disponível em: https://cdn.cnt.org.br/diretorioVirtualPrd/6536406c-df8c-4ddf-abd8-10f7a0558228_CorteDocumento.png. Acesso em: 18 mar. 2024.

Informação bibliográfica deste texto, conforme a NBR 6023:2018 da Associação Brasileira de Normas Técnicas (ABNT):

DELLA GIUSTINA, Cristiano; WENDLING, Larissa; TORQUATO, Tiago Lourenço de Lima; PIVA, Fernando José. As perspectivas e os desafios para modelagem de projetos de concessões rodoviárias com o uso do sistema de arrecadação *free flow*. *In*: FAJARDO, Gabriel; SAMPAIO, Guilherme Theo (coord.). Free flow *em concessões de rodovias*. Belo Horizonte: Fórum, 2024. p. 47-62. ISBN 978-65-5518-724-3.

REFLEXÕES SOBRE A APLICAÇÃO DO *FREE FLOW* EM CONTRATOS DE CONCESSÃO DE RODOVIAS VIGENTES

MARCO AURÉLIO DE BARCELOS SILVA

1 Introdução

O *free flow*, ou sistema de livre passagem, instituído pela Lei nº 14.157/21, traduz uma metodologia disruptiva de cobrança de tarifas nas rodovias brasileiras. Diz-se que ela é disruptiva porque marca a possibilidade de substituição das tradicionais praças de pedágio – figuras icônicas nas rodovias sob concessão no país – por pórticos modernos de detecção de passagem. Como o próprio nome indica, ao invés da retenção física do veículo nas cabines arrecadadoras, o usuário tem a oportunidade de seguir viagem sem interrupções, promovendo o pagamento da tarifa devida de forma automática, ou mesmo posteriormente via sítios eletrônicos ou pontos de arrecadação dentro e fora da rodovia.

Não é difícil apontar as potenciais vantagens do modelo, as quais englobam, entre outras: a maior fluidez do tráfego rodoviário; a redução do tempo de viagem dos usuários nas vias; a redução da emissão de poluentes; a redução do risco de acidentes nas proximidades das cabines arrecadadoras; e a promoção do que se entende por "equidade" tarifária. Sobre esse último aspecto, ele decorre da perspectiva de os pórticos do *free flow* (que, em princípio, são menos custosos e cuja instalação é menos complexa) serem esparramados em maior quantidade nas rodovias, elevando-se a base de pagantes dos pedágios – de modo que mais usuários pagam, e pagam menos. O efeito, em especial, seria sentido pelos usuários de longo curso e mais frequentes, que passariam a dividir a conta com outros usuários, os quais eventualmente usam via, mas não chegam a atravessar as cabines tradicionais existentes (como quando realizam percursos entre duas praças de pedágio).

Veja-se que o sistema do *free flow* tanto pode ser concebido para futuras rodovias pedagiadas, quanto pode ser incorporado a concessões vigentes. No primeiro caso – e como não poderia deixar de ser –, a distribuição dos pórticos será um dos itens da modelagem e repercutirá sobre o valor das tarifas de pedágios a partir das projeções de demanda de tráfego (incluídas possíveis impedâncias). A estrutura tarifária, nesse caso, poderá ser estruturada até mesmo para fazer frente ao risco de evasão, no "momento zero" do empreendimento.

Situação distinta, contudo, é aquela em que já existe a concessão, e há a decisão de se alterar o modelo de cobrança convencional pelo da livre passagem. Nessa hipótese, a inclusão de novos pórticos pode trazer perturbação para o comportamento consolidado do tráfego, catalisado, por exemplo, pelo ruído que a cobrança do pedágio junto a novos usuários possa gerar. A medida, ao fim, pode se mostrar bem mais complexa e isso impõem reflexões detidas a respeito dos desafios que a implantação do *free flow*, em tal circunstância, venha a enfrentar.

Esse é, pois, o objetivo do presente artigo. Almeja-se avaliar e propor medidas que contribuam para a implementação eficaz do *free flow* nos contratos de concessão em curso. Serão sopesados, sob esse contexto, os desdobramentos que uma iniciativa dessa natureza ocasionaria, em pelo menos três dimensões: a regulatória, a econômico-financeira e a social – sendo a última orientada a compreender os impactos da introdução do sistema de livre passagem sob a ótica dos usuários.

Muito mais do que listar problemas ou óbices, no entanto, buscar-se-á apresentar contribuições de cunho prático para a sua superação. Algumas propostas, é verdade, pressuporão modificações sobre a legislação, a fim de garantir o máximo da sua efetividade. Outras, todavia, implicarão ajustes sobre os próprios contratos de concessão, ou adaptações dedicadas sobre a estrutura tarifária que se fará viável a partir do advento, na rodovia, do *free flow*. Passemos a todos esses desdobramentos e proposições.

2 A dimensão regulatória

É inevitável trazer à tona, sob o pano de fundo do *free flow*, a questão do risco de evasão ou inadimplemento do usuário. De fato, não existindo mais a barreira física das praças de pedágio, o que fará com que alguém que transite por uma rodovia pedagiada promova o seu pagamento? Esse problema parece ínsito ao modelo da livre passagem, quer se trate da sua instalação em um contrato novo de concessão de rodovia, quer em uma concessão já existente. Todavia, em face de um e outro caso, há diferença. É que na nova concessão, o fator "risco de não pagamento" será integrado ao negócio desde o início, sendo possível que a modelagem do contrato preveja, na largada, mecanismos para a sua mitigação. Por exemplo: pode ser prevista a alocação do risco de evasão ao poder concedente; e, não sendo essa a opção empregada no contrato, é certo que os licitantes interessados no projeto precificarão o mesmo risco nas suas propostas, o que fará, em qualquer caso, que os efeitos dele possam ser neutralizados.

Numa concessão em curso, por sua vez, o concessionário está acostumado a lidar com as taxas de inadimplemento consolidadas nas praças físicas. O eventual aumento de evasores com o *free flow* não poderia ser suportado por ele, já que isso desmantelaria as premissas negociais que ele considerou lá atrás, quando ingressou no certame do qual saiu vencedor. Esse, portanto, é um dos primeiros desdobramentos a serem ponderados na hipótese de aplicação do *free flow* em concessões existentes: o risco do inadimplemento (relacionado à livre passagem) há de ser suportado pelo poder público, com a respectiva inscrição jurídica no clausulado contratual.

Como, entretanto, endereçar o possível aumento de evasões, ainda que ele seja suportado pelo concedente? A resposta parece óbvia, mas não é. Decerto, a queda na receita pelo inadimplemento de tarifas no *free flow* haverá de ser compensada com o correspondente reequilíbrio econômico-financeiro contratual em favor do concessionário. Mas é precisamente aí que reside o problema: saber de onde virão os recursos necessários para tanto. Tais recursos virão dos demais usuários? Esses usuários (os ainda adimplentes) estão dispostos a suportar tarifas mais caras (já que terão também de pagar pelos não pagadores)? Os mesmos usuários, arcando com tarifas mais caras, não se tornarão, em breve, não pagadores?

Para fazer frente a esse embaraço, pode-se pensar em pelo menos quatro alternativas. E todas elas valem, em verdade, para a hipótese de incorporação do *free flow* a concessões rodoviárias vigentes, como também para futuras concessões.

As duas primeiras medidas destinam-se a atacar a raiz do problema, qual seja: o incremento das taxas de inadimplemento dos usuários. Nesse sentido, vale apostar na pulverização dos dispositivos eletrônicos de detecção de passagem e cobrança – as *tags*. Há múltiplas empresas que lidam com esse tipo de dispositivo, as quais, muito mais do que apenas comercializar as etiquetas coláveis no para-brisa, cuidam da operacionalização do pagamento e cobrança das tarifas, até a sua liquidação junto aos concessionários. Quanto mais veículos com *tags* em funcionamento houver, menor a chance de evasão, já que a passagem no pórtico implicará o pronto pagamento do pedágio. Ressalte-se que tanto os concessionários quanto o poder concedente e, ainda, as empresas de pagamento automático têm condições de se engajar em campanhas para a adesão de novos usuários à *tag* nos trechos abrangidos com o *free flow*, sendo essa uma providência que, embora não aniquile na integralidade o problema das evasões, é de custo baixo e pode contribuir com alguns resultados interessantes.

Outra medida tendente a minimizar as inadimplências traduz-se na mobilização das autoridades de fiscalização nas rodovias, entre fiscais de trânsito e polícias rodoviárias. É presumível, por exemplo, que a presença de viaturas nas proximidades dos pórticos de cobrança no *free flow* gere um efeito psicológico e preventivo em relação aos não pagantes, sobretudo os contumazes. *Blitze* também podem contribuir de forma educativa, até para reforçar junto aos usuários as informações necessárias ao pagamento, inclusive posterior, das tarifas devidas. É claro que se trata de uma ação a ser executada com inteligência, preservando a eficiência dos recursos disponíveis, e mediante a articulação entre poder concedente, forças do Estado e do concessionário. Em qualquer caso, os custos são, à primeira vista, reduzidos, *vis-à-vis* os resultados positivos esperados.

Em outra frente, têm-se as providências que lidam com a evasão já materializada e as respostas concebidas para os prejuízos sofridos pelo administrador da rodovia com o *free flow*. De um lado, pode-se pensar na criação de uma espécie de "fundo-multa", que reuniria os valores provenientes das multas aplicadas aos evasores. O fundo funcionaria como fonte de recursos para o reequilíbrio econômico-financeiro dos contratos, minimizando os eventuais impactos sobre a tarifa dos usuários ainda pagantes. Tal fundo, entretanto, demandaria tratamento legal, que, no plano federal, poderia advir da alteração do artigo 320 do Código de Trânsito Brasileiro (CTB), com a inserção de um § 4º destinado à criação dessa figura, com a menção expressa de vinculação das multas provenientes da infração indicada no artigo 209-A a ele. No âmbito infranacional, cada estado poderia cuidar do seu respectivo fundo, igualmente mediante processo legislativo.

O fundo-multa, mesmo que criado, teria de contornar desafios residuais para operar plenamente. Primeiro, seria necessário que os valores que ele arrecadasse fossem aptos a responder pelos créditos das concessionárias beneficiárias. Isso significa dizer que o total de multas reunido precisaria superar o montante das tarifas em aberto – o que pode não acontecer, dado que a multa prevista para a evasão do pedágio, atualmente fixada em R$ 195,23, poderia ser inferior ao que um veículo de 9 eixos devesse, por exemplo, em uma praça com tarifa de R$ 22,00 ou mais.

Adicionalmente, sempre haverá o risco de contingenciamento dos valores financeiros consolidados no fundo, tendo em mente que ele segue sendo um fundo público de natureza orçamentária. Ocorrendo isso, a fonte para o reequilíbrio dos contratos concessórios minguará e será preciso construir alternativas para tratar as evasões relacionadas ao *free flow*. Uma forma de endereçar tal adversidade poderia se dar com a criação de entidades apartadas para recepcionar o numerário das multas, tais como empresas públicas mobilizadoras de ativos, as quais se incumbiriam de atuar como garantidoras nos contratos de concessão de rodovias frente ao risco de inadimplência alocado ao poder concedente. Uma solução como essa, ainda assim, demandaria operação legislativa pouco usual.

Para além de um fundo-multas, outra saída seria a criação de uma espécie de "colchão-garantidor", instituído no âmbito do próprio contrato (por meio de uma conta vinculada), com recursos oriundos das tarifas cobradas dos usuários. Para o mecanismo funcionar, no entanto, os valores aportados a tal colchão haveriam de suplantar a receita ordinária da concessionária – o que pressuporia algum tipo de excedente. A alternativa, nesse caso, rodaria bem quando o *free flow* fosse introduzido em um contrato de concessão já em curso, mediante a instalação de novos pontos de cobrança, em quantidade superior às praças de pedágio originalmente previstas. Com o ingresso de novos usuários à base de pagantes, a tarifa resultante em cada pórtico seria estipulada com um pequeno excedente, necessário para alimentar a conta garantia. Comparativamente, continuaria havendo maior equidade tarifária; porém, a redução sentida no preço do pedágio pelos usuários que já pagavam seria menor, em face da parcela adicional que haveria de ser preservada no novo valor tarifário.

De qualquer maneira, o funcionamento do mecanismo seria simples: os excedentes tarifários alimentariam uma conta vinculada aberta pelo concessionário, conforme sistema de contas previsto no contrato. Poder-se-ia definir um valor acumulado máximo na conta, que orbitaria em torno do total das evasões projetadas na rodovia, com a adoção do *free flow*. A inadimplência verificada dentro de uma periodicidade (mês a mês ou anualmente) dispararia a liberação dos recursos retidos em favor do concessionário. E o que sobrasse poderia ser utilizado para novos investimentos, ou ser devolvido aos usuários por meio da redução tarifária, a cada revisão ordinária (ou quinquenal).

Por certo, nenhum dos expedientes sugeridos são autossuficientes, tampouco traduzem respostas definitivas para o desafio da evasão no contexto do *free flow*. O ideal, assim, é que todas fossem manejadas de forma articulada e complementar, sendo desejável que outras ações aflorassem para assegurar a higidez financeira dos contratos de concessão a partir desse modelo inovador de cobrança de tarifas no Brasil.

3   A dimensão econômico-financeira

Esta segunda dimensão diz respeito ao impacto que a incorporação do *free flow* nas concessões de rodovias existentes traz sobre o modelo econômico-financeiro sobre o qual elas se estruturam. Como se sabe, uma concessão é um negócio cujas premissas são avaliadas pelos investidores no momento de se decidirem por seguir, ou não, na sua implementação. E entre as premissas levadas em conta em uma concessão rodoviária, destaca-se a projeção da demanda. Veja-se que não se está a falar, aqui, da taxa de inadimplência (que foi ventilada no subitem anterior), mas do total de veículos que transitarão na rodovia e que estarão sujeitos, portanto, à cobrança do pedágio.

Ora, é possível que a inclusão de novos pontos de cobrança por meio do *free flow* leve ao aumento da base de veículos pagantes nas rodovias (sendo esse, inclusive, um dos elementos que conduziria ao que se referiu como equidade tarifária). Sobre esse ponto, contudo, paira uma questão: quantos novos usuários pagantes, de fato, serão introduzidos no sistema, quando o *free flow* e os pórticos adicionais estiverem em funcionamento?

Para melhor ilustrar a dúvida, vale ter em mente que muitas das rodovias concedidas no País possuem altíssima concentração de tráfego em trechos não pedagiados. É o que acontece, entre outras, em regiões urbanas (como em São Paulo e Belo Horizonte) nas quais segmentos de rodovias relevantes são transferidos à gestão privada, com fluxo intenso de veículos não suscetíveis a qualquer cobrança tarifária (simplesmente por não haver praças de pedágio). A instalação de pórticos nessas frações elevaria significativamente o número de usuários pagadores, reduzindo, em contrapartida, os valores suportados pelos demais. Contudo, quem garante que os veículos que hoje circulam nesses trechos sem cobrança continuarão a transitar depois que um pórtico vier a ser implantado?

Com efeito, a criação de um custo novo (como a cobrança pela passagem) pode deflagrar o fenômeno conhecido como impedância, o qual, em linhas gerais, traduz-se na resistência de um motorista em trafegar em uma dada rodovia. Nesse sentido, a incidência do pedágio com o pórtico do *free flow* pode, na verdade, levar à redução das viagens que antes eram corriqueiras no segmento (resultado da impedância).

Qual é, então, o impacto sobre o tráfego em uma rodovia gerado pela instalação de um novo pórtico? E como calcular isso? Ora, em princípio, bastaria instalar o pórtico e recontar o volume de passantes! Porém, aí é onde reside o problema. Decerto, quando o pórtico for colocado, a tarifa correspondente já deve estar definida. E será um erro estipular o valor da tarifa com base no número total de veículos que costumavam passar nos segmentos rodoviários, já que ele pode sofrer redução com a impedância.

Nesses termos, para se evitar frustração de receita, deve-se, ao modelar a estrutura tarifária do *free flow* com os pontos extras de cobrança, antever eventual perda de demanda. É conveniente, então, incorporar algum excedente na tarifa resultante, apto a fazer frente aos efeitos da impedância – o que significa dizer que o valor resultante da nova tarifa com os novos pórticos não pode ser mero fruto da divisão da arrecadação anterior sobre o histórico de veículos que circulavam no trecho.

Tal como visto anteriormente, o excedente tarifário transitaria em uma conta vinculada, dentro do sistema de contas da concessão. A cada período previamente estipulado, calcular-se-ia o volume efetivo de tráfego de veículos nos trechos pedagiados, *vis-à-vis* a série histórica anterior. A diferença para menos dispararia a liberação dos valores em favor do concessionário, a título de reequilíbrio econômico-financeiro do contrato. Não havendo diferença, os valores poderiam ser utilizados para novos investimentos na rodovia ou implicar a redução da tarifa de pedágio. Observe-se que esse mecanismo – voltado a fazer frente ao risco de impedância – justifica-se quando a adoção do *free flow* se fizer acompanhar da ampliação de pontos de cobrança, sendo desnecessário quando se der a mera substituição das praças convencionais existentes pelos pórticos da livre passagem.

Outro desafio envolvendo a modelagem do *free flow* nas rodovias concedidas em vigor é a eventual aplicação do desconto pela utilização da *tag* (chamada, no jargão, de "desconto AVI", referente à "automatic vehicle identification"). Nos contratos de concessão mais recentes no Brasil, é práxis fixar um diferencial tarifário para o usuário que trafega com aquele tipo de dispositivo, até para incentivar os demais a aderir ao seu uso. Trata-se de um desconto sobre o valor do pedágio devido na praça, tradicionalmente prescrito em 5%.

Sobre esse tópico, cabe refletir sobre duas variantes. A primeira delas é sobre o patamar do desconto, em si. Nas rodovias pedagiadas convencionais, o usuário aderente à *tag* acaba fazendo jus a outro benefício, para além do redutor da tarifa. A sua decisão, portanto, é também motivada pelo fato de se poder transitar em cabines mais rápidas, nas quais a cancela abre, bastando a detecção do dispositivo eletrônico. O motorista não precisa, assim, parar completamente o veículo para interagir com um atendente e lhe passar o dinheiro, ou efetivar o pagamento via cartão bancário.

No *free flow*, entretanto, a parada necessária para o pagamento do pedágio simplesmente deixa de existir. Os pórticos, como o próprio nome indica, são de livre passagem. Daí, pergunta-se: 5%, a título de desconto, seria suficiente para estimular o usuário a rodar com o sistema AVI (sabendo-se que, em muitos casos, ele precisa contratar uma empresa que administra esse método de pagamento)?

Presume-se que não. Ou seja: parece razoável que se contemplem descontos mais generosos, em especial quando se sabe que a adesão à *tag* é uma das medidas desejáveis para se reduzir o risco de evasão. É desafiador, em tal cenário, precisar que percentual seria conveniente (30%, 40% etc.). Apesar disso, é certo que, quanto maior o desconto for, maior a probabilidade de mais usuários trafegarem na rodovia em condições de quitar seus débitos automaticamente.

A segunda variante – pressupondo-se que algum desconto passe a ser aplicado – envolve as hipóteses nas quais a rodovia sobre a qual o sistema *free flow* será incorporado não previa originalmente o redutor tarifário para o uso da *tag* (o que é comum em concessões mais antigas). É difícil fazer com que o concessionário suporte o ônus desses descontos (mormente quando eles forem elevados), já que tais descontos não foram levados em consideração na modelagem originária do projeto. Então, de onde advirão as fontes para fazer frente a eles?

Uma alternativa viável é, de novo, recorrer-se ao excedente tarifário a ser inserido no cômputo da tarifa resultante da implementação do *free flow* na rodovia (com todos os seus consectários, a saber: conta vinculada, liberação periódica etc.). Mas, para tanto, há de se pressupor a distribuição de pórticos adicionais na via, aptos a amplificar a base de pagantes. Nas situações em que apenas forem substituídas praças de pedágio existentes pelos pórticos de livre passagem, a inclusão do desconto AVI remanescerá um desafio. O concessionário, por certo, não estará propenso a (ou sequer poderá) abrir mão de parcela sensível da sua receita, tampouco os usuários concordarão com uma tarifa maior que aquela que já pagam, para compensar os descontos instituídos aos motoristas que aderirem ao AVI.

4   A dimensão dos usuários

A maior fluidez na viagem, a redução do risco de acidentes e, notadamente, a aludida "equidade" tarifária fazem parte da faceta auspiciosa do *free flow*. Tratando-se de concessões em curso (e para as quais novos pórticos de cobrança fossem incorporados na rodovia), dir-se-ia que essas são as vantagens percebidas pelos usuários que já vivem a experiência do pagamento de pedágio nas praças comuns.

Outra perspectiva se apresenta, no entanto, àqueles usuários que passarão a transitar pelos novos pórticos, tendo de pagar pelo uso que, em alguma medida, sempre fizeram da rodovia. Esse grupo de pessoas não está acostumada a desembolsar pedágios (ao menos nos segmentos cuja cobrança se inicie a partir do *free flow*). E, para esses entrantes no sistema de pagamento, seria pertinente um zelo extra, com destaque para a comunicação.

Com efeito, campanhas massivas de instrução e sensibilização, audiências públicas, canais reforçados de atendimento, tudo pode ser útil para minimizar a fricção que o *free flow* eventualmente cause aos novos pagantes. Pode-se, igualmente, pensar no funcionamento progressivo dos novos pórticos implantados, postergando-se por alguns meses (e de forma articulada com o poder concedente) o lançamento de multas, numa espécie de "piloto" ou curva de aprendizagem. O desconto AVI, por fim, pode ter um apelo relevante nessas situações, sinalizando redução nos dispêndios a serem tolerados pelos usuários em geral, merecendo, portanto, ser considerado.

Em última análise, cada caso há de ser pensado conforme suas peculiaridades, não havendo fórmula única a ser observada para esse fim. O ideal é concessionário e poder público coordenarem-se constantemente para uma estratégia efetiva, que pode suscitar a participação de outros atores, como a imprensa local.

5 Conclusão

Existem perspectivas animadoras advindas da criação do sistema de livre passagem nas rodovias pedagiadas no Brasil. Os benefícios projetados são patentes, alcançando horizontes que transcendem os usuários das vias, abrangendo até mesmo a população em geral (quando se tem em mente, por exemplo, a previsão de redução de emissões de carbono, fruto da extinção de frenagens, paradas e reacelerações nas praças de pedágio tradicionais).

Subsistem, apesar disso, questões penosas sobre o tema, a mais notável envolvendo as evasões e os mecanismos de *enforcement* necessários para contorná-las. Esse, sem dúvida, é um problema que se abate sobre as rodovias que virão a ser concedidas com o *free flow*, assim como as concessões ora existentes, para as quais o *free flow* seja instaurado com a finalidade de modernizar o modelo antigo de cobrança.

Nesse último caso, em especial, outros desafios ainda despontam, que se explicam pela introdução de elementos novos de risco sobre o contrato de concessão assinado. Deveras, nas concessões futuras, esses riscos serão sopesados na modelagem do projeto, compondo, ao final, a equação risco-retorno refletida no preço da tarifa. Em uma concessão vigente, por outro lado, os riscos emergentes alteram as bases originais do negócio e demandam, por isso mesmo, respostas específicas para balancear a relação econômico-financeira travada entre concessionário e poder concedente.

Grosso modo, para além do risco de evasão, o *free flow* nas concessões em curso implica o risco de impedância, que é a possibilidade de veículos que então trafegavam em trechos sem pedágio deixarem de fazê-lo, ante a instalação dos pórticos de livre passagem. Tanto um quanto o outro risco podem repercutir negativamente nas projeções de receita do concessionário, o que requer redobrada atenção na estipulação das tarifas a serem praticadas em cada ponto de cobrança que passar a funcionar na rodovia doravante.

Diante desse panorama, embora seja factível que a redistribuição de pórticos induza à equidade tarifária (com a expectativa, inclusive, de que os usuários paguem valores mais próximos ao quanto tenham percorrido nas rodovias), a realidade é que dita equidade variará projeto a projeto. Ela estará condicionada não só à ordenação dos novos pórticos segundo critérios de viabilidade técnica, mas também conforme elementos políticos e econômicos, restando demonstrado, a esta altura, que haverá entrantes não acostumados com o pagamento de pedágios na rodovia, e que a tarifa por eles suportada poderá conter alguma parcela excedente, destinada a fazer frente aos riscos acima indicados.

Todos esses itens, ao fim, conduzem a uma certa parcimônia em relação aos anúncios relacionados à implantação do *free flow* no Brasil, sendo adequado, por isso mesmo, bem administrar as expectativas que usuários e demais atores depositam sobre o instituto. De fato, para vingar em todas as concessões de rodovias do país, o *free flow* suscita reflexões e análises complementares – sendo essa, ao fim, a mensagem que este artigo, de modo muito breve, buscou ressaltar.

Informação bibliográfica deste texto, conforme a NBR 6023:2018 da Associação Brasileira de Normas Técnicas (ABNT):

SILVA, Marco Aurélio de Barcelos. Reflexões sobre a aplicação do *free flow* em contratos de concessão de rodovias vigentes. *In*: FAJARDO, Gabriel; SAMPAIO, Guilherme Theo (coord.). Free flow *em concessões de rodovias*. Belo Horizonte: Fórum, 2024. p. 63-73. ISBN 978-65-5518-724-3.

REGULAMENTAÇÃO DO *FREE FLOW* NO BRASIL: AVANÇOS, DESAFIOS E COOPERAÇÃO

FELIPE FERNANDES QUEIROZ
PAULO ROBERTO DE OLIVEIRA JUNIOR
LUANA AZEVEDO TEMPONI GODINHO

1 Definição e funcionamento do sistema de cobrança em livre passagem

O sistema de cobrança em livre passagem inova o processo de cobrança de pedágio através da aplicação de tecnologias mais avançadas, já disponíveis para as empresas e governos, no que tange à identificação de usuários e possibilidade de processamento do pagamento de forma automática.

Ao contrário dos sistemas tradicionais, que exigem a parada ou redução de velocidade dos veículos para o pagamento, o *free flow* permite que os veículos transitem pelos pórticos de pedágio sem a necessidade de parar ou interromper seu fluxo de trânsito. Normalmente, isso é feito por meio da instalação, nesses pórticos de passagem, de equipamentos específicos, como câmeras de vídeo, sensores e leitores de placas, os quais têm a função de identificar o veículo, sua categoria, conectando com o dispositivo embarcado (transponder – *tag* 1) ou, caso indisponível, promover a leitura da placa 2, viabilizando o processamento da cobrança da tarifa de forma automática.

2 Benefícios e desafios do *free flow*

O sistema de cobrança em livre passagem traz uma série de benefícios para os usuários e para as concessionárias de rodovias. Para os usuários, o *free flow* oferece maior fluidez do tráfego, maior justiça tarifária, redução dos tempos de viagem e maior conveniência, já que não é necessário parar ou lidar com dinheiro físico. Já para as concessionárias, o sistema permite uma gestão mais eficiente do pedágio, redução dos custos operacionais e maior segurança na arrecadação.

Existem outras externalidades importantes, como redução da área utilizada, menor probabilidade de acidentes e redução nas emissões para implantação da infraestrutura. A seguir falamos detalhadamente dos principais benefícios:

- *Fluidez do tráfego* – uma das principais vantagens do *free flow* é a melhoria da fluidez do tráfego nos pontos de cobrança. Ao eliminar a necessidade dos veículos pararem para o pagamento, como feito em praça convencional, o sistema permite que os veículos passem de forma contínua, reduzindo. A fluidez do tráfego leva naturalmente a outros três benefícios importantes:
  1. *Redução dos tempos de viagem* – com o *free flow*, os condutores economizam tempo nas viagens, já que não precisam acelerar e desacelerar, ou eventualmente esperar em filas para o pagamento do pedágio. Isso contribui para uma experiência mais rápida e conveniente nas rodovias, especialmente em períodos de alta demanda.
  2. *Conveniência e segurança* – o sistema de cobrança em livre passagem oferece maior conveniência para os usuários, eliminando a necessidade de ter dinheiro em mãos ou parar para efetuar o pagamento. Além disso, com diminuição das situações de parada e aceleração, reduz-se as chances de acidentes no entorno dos pontos de cobrança.
  3. *Redução das emissões de gases do efeito estufa* – a melhoria da fluidez, com a consequente eliminação do ciclo de parada e aceleração, bem como redução dos períodos em marcha lenta, contribui para a diminuição das emissões de gases do efeito estufa gerados pela combustão dos motores dos veículos.

- *Redução dos custos operacionais* – para as concessionárias de rodovias, o *free flow* pode resultar em redução dos custos operacionais. Com a eliminação das cabines de pedágio tradicionais e a automação do processo de cobrança, há uma diminuição da necessidade de pessoal e de infraestrutura física, o que pode levar a uma operação mais eficiente e econômica.
- *Diminuição da área afetada pela operação da rodovia* – a implantação de pórticos ocupa uma área de terreno substancialmente menor do que aquela necessária para instalação de praças de pedágio convencionais. Na verdade, os equipamentos dos pórticos podem ser instalados integralmente dentro da faixa de domínio original da via. Além de ser ambientalmente mais eficiente, gera economia processual por ensejar menos desapropriação e desocupação.
- *Aumento da equidade tarifária entre usuários da rodovia* – o aumento da base de usuários pagantes é a principal premissa de sucesso para implantação de um sistema de livre passagem em relação àquele de praças de pedágio convencional. A inserção do *free flow* apenas como mero substituto das praças de pedágio não concretiza a potencialidade dessa tecnologia. Uma rodovia com sistema de *free flow* tem como premissa a ampliação da base de usuários pagantes, de modo que "quando todos pagam, todos pagam menos".

No que tange aos desafios de implementação do *free flow*, destacam-se os aspectos culturais, de proteção de dados, interoperabilidade entre os sistemas, segurança patrimonial e durabilidade dos equipamentos.

- *Segurança dos dados* – o sistema de cobrança em livre passagem envolve a captura e o processamento de informações sobre os veículos e seus proprietários. É fundamental garantir a segurança cibernética e a proteção desses dados contra possíveis violações ou acessos não autorizados, ao mesmo tempo assegurar a capacidade das operadoras em alcançar os inadimplentes de modo ágil.
- *Investimento inicial* – a implementação do sistema *free flow* requer um investimento significativo em infraestrutura e tecnologia. A instalação de câmeras, sensores e leitores de placas, bem como a integração dos sistemas de cobrança,

demandam recursos financeiros consideráveis que são os mesmos, ou superiores, aqueles para construção das praças de pedágio convencionais. Os formuladores de política pública e os órgãos reguladores precisam avaliar cuidadosamente os custos e os benefícios antes de adotar o sistema.

- *Conscientização dos usuários* – a transição para o sistema de cobrança em livre passagem requer a adaptação cultural dos usuários, que estão acostumados com os modelos tradicionais de pagamento de pedágio. É necessário educar e conscientizar os motoristas sobre o funcionamento do *free flow*, bem como fornecer suporte adequado para a adesão ao sistema.
- *Interoperabilidade* – para que o sistema *free flow* seja eficaz, é importante que haja interoperabilidade entre as diferentes operadoras de rodovias e sistemas de cobrança. Isso significa que os usuários devem ser capazes de utilizar um único dispositivo ou método de pagamento em diferentes trechos de rodovias, independentemente da concessionária responsável. A garantia da interoperabilidade é um desafio que requer a cooperação e a coordenação entre as partes envolvidas.

3 Cooperação, o início da jornada

Em março de 2021, o Ministério da Infraestrutura (atual Ministério dos Transportes) e a Associação Brasileira de Concessionárias de Rodovias (ABCR), com o intuito de contribuir para o aprimoramento do modelo de concessões rodoviárias no Brasil, assinaram Acordo de Cooperação Técnica (Processo SEI nº 50000.038759/2020-95) para tratar acerca de 10 temas prioritários, dentre eles o *free flow*.

Foi estabelecido um modelo de governança para o ACT, composto por três esferas de atuação (equipe de trabalho, coordenação e comitê estratégico), as quais se reuniram ao longo do projeto com atribuições e frequências de encontros distintas e complementares, como segue:

Figura 1 - Modelo de governança ACT

Esfera	Encontros	Frequência	Principais atribuições
Comitê estratégico	Reunião de Comitê	Mensal	• Diretrizes para o desenvolvimento dos trabalhos • Validação dos conteúdos e produtos apresentados • Eventuais deliberações quanto a entraves e riscos • Alinhamentos das solicitações de mudanças
Equipe de coordenação	Reunião de monitoramento	Quinzenal	• Coordenação das equipes de trabalho • Gerenciamento do plano de trabalho • Monitoramento do cronograma • Sistematização e consolidação das entregas
Equipe de trabalho	Reuniões de equipe	Semanal / Quinzenal	• Implementação do plano de trabalho • Estudo da regulação e compatibilidade de propostas • Desenvolvimento do conteúdo técnico dos projetos

Fonte: Elaboração dos autores.

As equipes de trabalho contaram com a participação, além de representantes do MINFRA, da ABCR e das associadas da ABCR, de agentes públicos das áreas técnicas possivelmente impactadas da ANTT, Conselho Nacional de Trânsito (Contran) e EPL, assim como referências técnicas do mercado de concessões de rodovias, do mercado de Administradoras de Meios de Pagamento para Arrecadação de Pedágio (AMAPs), e do mercado responsável pela instrumentalização tecnológica dos pórticos.

Para compor a esfera da "coordenação" prevista na governança acordada, foi designada uma dupla de lideranças, um representante de cada instituição (MINFRA e ABCR).

O comitê estratégico, por sua vez, que se reuniu bimestralmente para acompanhamento da evolução dos trabalhos, era composto pelo secretário nacional de Transportes Terrestres do Minfra e pela Diretoria da ABCR (diretor-presidente, diretor-executivo e diretor de Relações Institucionais).

Complementarmente, foi instituído um Project Management Office (PMO), responsável por fornecer as diretrizes, padrões e suporte para a gestão eficaz de projetos do ACT. Dentre suas funções cabe citar a gestão e operacionalização da governança pactuada, o desenvolvimento e implementação de metodologias de gerenciamento de projetos, o engajamento, gestão e comunicação entre as equipes de trabalho e outras partes interessadas, a coordenação dos recursos necessários para viabilização das entregas previstas para cada projeto e a garantia da conformidade com os objetivos estratégicos da empresa.

Após a definição das equipes, iniciou-se um extenso mapeamento de stakeholders para cada projeto. O mapeamento culminou numa estratégia de engajamento, que acompanhou as atividades até as entregas finais de cada tema. Especificamente para o projeto relacionado ao *free flow*, essa etapa foi primordial, pois, devido à profundidade técnica e o desafio de ultrapassar os limites da regulação, houve a necessidade de identificar com precisão as pessoas com maior potencial de contribuição para o desenho de um *workflow* que representasse todo o caminho percorrido desde o momento em que o usuário é identificado e passa por debaixo do pórtico na rodovia até o momento em que o usuário paga a tarifa de pedágio, identificando todos os entraves regulatórios e os potenciais riscos (de evasão ou inadimplemento, por exemplo).

Com as equipes estabelecidas e os stakeholders mapeados e engajados, foram realizadas reuniões iniciais para planejamento, definição de escopo e de entregas para o projeto, e após definidos os objetivos centrais do projeto e as entregas esperadas, foi pactuado junto ao comitê estratégico o cronograma para atingimento dos marcos críticos do projeto.

Figura 2- Pontos de partida preliminares

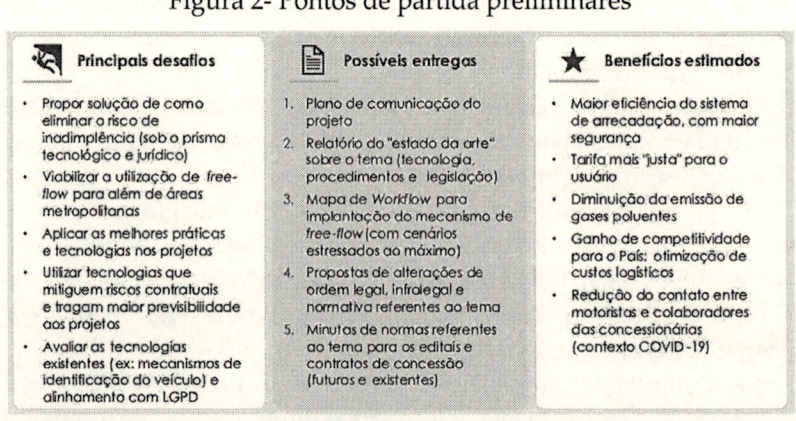

Principais desafios	Possíveis entregas	Benefícios estimados
• Propor solução de como eliminar o risco de inadimplência (sob o prisma tecnológico e jurídico) • Viabilizar a utilização de *free-flow* para além de áreas metropolitanas • Aplicar as melhores práticas e tecnologias nos projetos • Utilizar tecnologias que mitiguem riscos contratuais e tragam maior previsibilidade aos projetos • Avaliar as tecnologias existentes (ex: mecanismos de identificação do veículo) e alinhamento com LGPD	1. Plano de comunicação do projeto 2. Relatório do "estado da arte" sobre o tema (tecnologia, procedimentos e legislação) 3. Mapa de *Workflow* para implantação do mecanismo de *free-flow* (com cenários estressados ao máximo) 4. Propostas de alterações de ordem legal, infralegal e normativa referentes ao tema 5. Minutas de normas referentes ao tema para os editais e contratos de concessão (futuros e existentes)	• Maior eficiência do sistema de arrecadação, com maior segurança • Tarifa mais "justa" para o usuário • Diminuição da emissão de gases poluentes • Ganho de competitividade para o País: otimização de custos logísticos • Redução do contato entre motoristas e colaboradores das concessionárias (contexto COVID-19)

Fonte: Elaboração dos autores.

Nesse sentido, a equipe de trabalho se reuniu periodicamente para construção e validação dos entregáveis do projeto. Todas as reuniões foram gravadas e estão disponíveis para consultas futuras.

Foram estabelecidas agendas com reuniões quinzenais para monitoramento e controle dos conteúdos produzidos e do cronograma pré-estabelecido e, bimestralmente, os projetos passavam por avaliação da estrutura de governança. Foram determinados marcos de validação de conteúdo com ANTT e Contran, visando mitigar riscos de desalinhamento das minutas finais com as expectativas das instituições. As seguintes macroetapa foram percorridas:

Figura 3 - Macroetapas do projeto

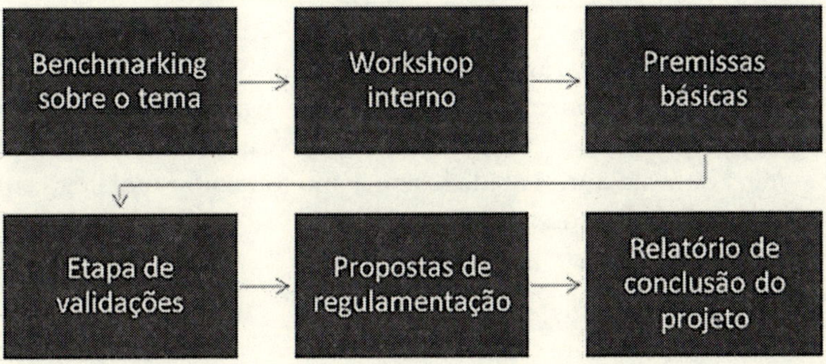

Benchmarking sobre o tema → Workshop interno → Premissas básicas → Etapa de validações → Propostas de regulamentação → Relatório de conclusão do projeto

Fonte: Elaboração dos autores.

Os trabalhos desempenhados pela equipe de trabalho no âmbito do ACT firmado entre MINFRA e ABCR permitiram aprofundar o debate e a troca de conhecimento relacionado ao *free flow*, por meio da avaliação das experiências internacionais, do comparativo com outros modos, bem como de considerações sobre o histórico e resultados do setor de concessões de rodovias. Foram elaboradas (e encaminhadas aos órgãos responsáveis) propostas concretas visando a aprimorar o ambiente jurídico, normativo e regulatório sobre a matéria. O objetivo principal da iniciativa foi a implementação eficaz do *free flow* no Brasil – diretriz que guiou a elaboração das sugestões contidas em relatório de conclusão elaborado pela equipe à época.

Por fim, pôde-se observar que a estratégia definida para o projeto de *free flow* mostrou-se adequada, pois as minutas foram incorporadas pelas instituições em seus respectivos processos internos, alcançando-se assim os resultados e benefícios esperados na etapa de planejamento.

Mostraram-se essenciais três fatores, que tornaram essa cooperação única e efetiva: a definição da governança e criação do PMO conjunto, o mapeamento e o engajamento dos principais stakeholders e a agenda de monitoramento e patrocínio do projeto.

A conclusão do projeto no âmbito do ACT MINFRA-ABCR possibilitou a detecção de fatores críticos de sucesso para a implementação eficaz do *free flow*: (i) a importância da eficiente identificação dos veículos que, conforme a experiência de vários países ocorre via transponder (*tag*); (ii) a utilização obrigatória de sistema que viabilize a cobrança eletrônica; (iii) o adequado compartilhamento de dados de registro de veículos para identificação dos usuários e (iv) a alocação do risco de inadimplência para o poder concedente.

Apesar de não ter havido unanimidade, no âmbito da equipe de trabalho, quanto a alguns dos pontos críticos e desafios assinalados, é certo que a regulamentação das diretrizes legais da implementação do *free flow* previstas na Lei nº 14.157/21 esteve atenta a todas as visões e pontos de vista apresentados, bem como fomentou o diálogo entre todos os possíveis atores interessados.

4 A Lei nº 14.157/2021 e o *free flow*

A legislação desempenha um papel crucial na difusão de qualquer nova tecnologia ou sistema a ser utilizado na prestação de serviço público, e o sistema *free flow* nas rodovias brasileiras não é exceção.

Em 1º de junho de 2021, foi promulgada a Lei nº 14.157/2021, o primeiro marco legal para a introdução e definição do *free flow* no Brasil. Mesmo sendo razoavelmente sucinta,[1] ela definiu as condições iniciais para implantação do sistema. Dessas citamos, em primeiro lugar, a premissa cristalizada em seu artigo 1º, a de cobrança de tarifas mais proporcionais ao trecho percorrido:

> Art. 1º Esta Lei estabelece condições para a implementação da cobrança pelo uso de rodovias e vias urbanas por meio de sistemas de livre passagem, *com o intuito de possibilitar pagamentos de tarifas que guardem maior proporcionalidade com o trecho da via efetivamente utilizado*.
> §1º Para os fins desta Lei, considera-se sistema de livre passagem a modalidade de cobrança de tarifas pelo uso de rodovias e vias urbanas

---

[1] A Lei nº 14.157/2021 possui apenas cinco artigos. Ver: BRASIL. Lei nº 14.157/2021. Altera as leis nº 9.503, de 23 de setembro de 1997 (Código de Trânsito Brasileiro), e 10.233, de 5 de junho de 2001, para estabelecer condições para a implementação da cobrança pelo uso de rodovias por meio de sistemas de livre passagem. *Diário Oficial da* União: Brasília, DF, 2021. Disponível em: https://www.planalto.gov.br/ccivil_03/_Ato2019-2022/2021/Lei/L14157.htm. Acesso em: 20 mar. 2024.

sem necessidade de praças de pedágio e com a *identificação automática dos usuários* (grifos nossos).

O parágrafo 1º do mesmo artigo traz de forma clara a premissa da forma em que será viabilizado essa maior proporcionalidade entre cobrança e trecho percorrido, qual seja, identificação automática dos usuários.

Além disso, a referida lei estabelece em seu artigo 2º o Contran como instância técnica para determinar padrões de identificação dos usuários. Outro ponto importante, foi a definição da sanção imposta aos usuários que não realizarem o devido pagamento conforme alteração do artigo 209 do Código Brasileiro de Trânsito (CTB).

> Art. 2º A Lei nº 9.503, de 23 de setembro de 1997 (Código de Trânsito Brasileiro), passa a vigorar com as seguintes alterações:
> (...)
> Art. 115 (...)
> (...)
> §10. *O Contran estabelecerá os meios técnicos, de uso obrigatório, para garantir a identificação dos veículos que transitarem por rodovias e vias urbanas com cobrança de uso pelo sistema de livre passagem.*
> (...)
> Art. 209-A. Evadir-se da cobrança pelo uso de rodovias e vias urbanas para não efetuar o seu pagamento, ou deixar de efetuá-lo na forma estabelecida:
> Infração – grave;
> Penalidade – multa.
> (...)
> Art. 320. (...)
> (...)
> §3 O valor total destinado à recomposição das perdas de receita das concessionárias de rodovias e vias urbanas, em decorrência do não pagamento de pedágio por usuários da via, não poderá ultrapassar o montante total arrecadado por meio das multas aplicadas com fundamento no art. 209-A deste Código, ressalvado o previsto em regulamento do Poder Executivo (NR).

Conforme pode ser visto, o parágrafo 3º do artigo 320 do Código de Trânsito Brasileiro (CTB) trouxe como diretriz a limitação do valor a ser recomposto às concessionárias de rodovias, em virtude de evasão de usuários ao pagamento do pedágio, ao valor arrecadado pelas multas. Um aspecto que, conquanto importantíssimo para o equilíbrio da modelagem, não foi tratado pela lei de forma específica e completa, gerando algumas dificuldades na operacionalização, no ambiente regulado federal, no sentido de fazer a comunicação de fluxo monetário entre os valores de multas, arrecadados pelo tesouro, e os de garantias aos investidores privados para cobertura das perdas de receita, arrecadadas pelas concessionárias. Não é um ponto que inviabilizará a modelagem financeira no ambiente federal, mas necessitará de técnicas adicionais, ainda em discussão para trazer segurança e efetividade a arrecadação.

Por fim, foi incorporado importante competência à ANTT, permitindo exercer diretamente, ou mediante convênio, as competências sancionadoras previstas no art. 209-A, apenas incluído, bem como traz diretrizes claras:

> Art. 3º Os arts. 24 e 26 da Lei nº 10.233, de 5 de junho de 2001, passam a vigorar com as seguintes alterações:
> Art. 24. (...)
> (...)
> XVII – exercer, diretamente ou mediante convênio, as competências expressas nos incisos VI, quanto à infração prevista no art. 209-A, e VIII do caput do art. 21 da Lei nº 9.503, de 23 de setembro de 1997 (Código de Trânsito Brasileiro), nas rodovias federais por ela administradas;
> (...)
> Art. 26. (...)
> (...)
> §2º Na elaboração dos editais de licitação, para o cumprimento do disposto no inciso VI do caput deste artigo, a ANTT promoverá a compatibilização da tarifa do pedágio com as vantagens econômicas e o conforto de viagem proporcionados aos usuários em decorrência da aplicação dos recursos de sua arrecadação no aperfeiçoamento da via em que é cobrado, bem como a utilização de sistema tarifário que guarde maior proporcionalidade com o trecho da via efetivamente utilizado.

A partir de uma leitura atenta, entretanto, extrai-se que lei passou a exigir uma integração entre a identificação do usuário com a capacidade de cobrança pelas operadoras, e de sanção pela ANTT.

A lei por si só não buscava exaurir o tema, de maneira que cabe ao Contran o próximo passo infralegal, que foi essencial para a completa viabilização do desenho jurídico e tático do *free flow* no Brasil.

5 A Resolução Contran nº 984/2022

Cabe relembrar que o Contran é o órgão máximo executivo do Sistema Nacional de Trânsito, responsável pela coordenação de todas as atividades de trânsito no Brasil. Em cumprimento ao seu papel definido na Lei nº 14.157/2021, o Contran emitiu em 15 de dezembro de 2022 a Resolução Contran nº 984/2022,[2] complementando de forma importante a referida lei, e estabelecendo diretrizes técnicas e operacionais para a implementação do sistema de *free flow* no Brasil.

A norma define os requisitos para os equipamentos de identificação veicular, a forma de cobrança, a integração com os sistemas de fiscalização e a necessidade de interoperabilidade entre diferentes concessionárias.

Em seus artigos 1º a 3º, a resolução limita seu escopo e uniformiza os conceitos para operação do *free flow*, bem como designa os agentes responsáveis por sua implementação. Valem destaque os conceitos sobre a tecnologia de identificação primária a ser empregada, de leitura ótica das placas, e a forma automática, e a delimitação do conceito de usuário ao condutor ou proprietário do veículo:

> Art. 2º Para os efeitos desta Resolução, adotam-se as seguintes de
> (...)
> Reconhecimento Óptico de Caracteres (OCR): tecnologia que permite o reconhecimento de caracteres a partir de uma imagem, utilizada para decodificação dos caracteres alfanuméricos das placas de identificação de veículos (PIV);
> (...)
> sistema de identificação automática: conjunto de softwares e hardwares voltados à identificação automática de veículo
> sistema de informação do gestor da via: conjunto de softwares e hardwares e links de comunicação, incluindo aqueles disponíveis nos meios tecnológicos existentes, a ser implantado pelo órgão ou entidade de trânsito com circunscrição sobre a via, pela agência reguladora correspondente, ou ainda pela concessionária para a realização da gestão dos dados sob sua responsabilidade;

---

[2] BRASIL. Ministério da Infraestrutura. Conselho Nacional de Trânsito. Resolução Contran nº 984, de 15 de dezembro de 2022. Dispõe sobre a implementação do sistema de livre passagem (*free flow*) em rodovias e vias urbanas e sobre os meios técnicos a serem utilizados para garantir a identificação dos veículos que transitem por essas vias. *Diário Oficial da União*: seção 1, Brasília, DF, n. 242-B, p. 2, 26 dez. 2022. Disponível em: https://www.gov.br/transportes/pt-br/assuntos/transito/conteudo-contran/resolucoes/Resolucao9842022.pdf. Acesso em: 18 mar. 2024.

sistema de livre passagem (*free flow*): modalidade de cobrança de tarifas pelo uso de vias sem necessidade de praças de pedágio, por meio da identificação automática de veículos; e

usuário: pessoa física ou jurídica relacionada ao veículo identificado pelo sistema de identificação automática, podendo ser o condutor ou o proprietário do veículo, que assume a obrigação do pagamento da tarifa de pedágio nas vias dotadas de *free flow*.

Os artigos 4º e 5º são assegurados aos usuários a comunicação prévia, com um conjunto mínimo de informações. Entretanto, estão nos artigos 6º a 8º as principais diretrizes para a modelagem do *free flow*, e valem a atenção pela sua repercussão nas experiências nacionais até o momento, bem como nos contornos de seu futuro e expansão para todo o sistema de pedagiamento nacional.

A tecnologia primária para identificação dos veículos e, por consequência, dos usuários, é a Optical Character Recognition (OCR), de identificação ótica dos caracteres das placas dos veículos (PIV). No entanto, em seu §2º, a resolução traz a possibilidade de serem empregados outras tecnologias complementares de identificação dos veículos, abrindo espaço para operação de *tags*. Nesse caso, a adesão do usuário deve ser prévia e voluntária, nos termos do §3º.

> Art. 6º A identificação de veículos que transitem por rodovias ou vias urbanas equipadas com sistema de *free flow* será *realizada por meio de tecnologia OCR*.
> (...)
> §2º Para efeitos de redundância ou para viabilizar a vinculação a sistemas de autopagamento disponíveis na via, poderão ser empregados, *de forma complementar* à tecnologia OCR de identificação da PIV, outros meios tecnológicos de identificação automática de veículos, de forma isolada ou conjunta.
> §3º A possibilidade de utilização do sistema de identificação automática complementar referido no §2º depende da *adesão prévia, expressa e voluntária do usuário, sendo livre sua escolha de quaisquer das tecnologias disponíveis na via*.
> §4º Cabe ao órgão ou entidade de trânsito com circunscrição sobre a via, ou à concessionária quando a via se encontrar sob regime de concessão, assegurar o direito do usuário à proteção de dados disponibilizados por ocasião do cadastramento ou adesão a outras tecnologias de sistemas de

identificação automática, nos termos da Lei no 13.709, de 14 de agosto de 2018, Lei Geral de *Proteção de Dados Pessoais (LGPD)* (...).³

Um ponto de atenção trazido pela Resolução, cuja operacionalização ainda será completamente compreendida apenas pelas experiências práticas, são as diretrizes colocadas no §4 do artigo 6º, e no §2º do artigo 7º, que assegura ao usuário a proteção de todos os seus dados, nos termos da Lei nº 13.709, de 14 de agosto de 2018, Lei Geral de Proteção de Dados Pessoais (LGPD). A adequação das concessionárias de rodovias, seus sistemas de informação interno, sua proteção cibernética e até mesmo sua cultura de negócio para lidarem com informações particulares de usuários pode vir a ser um desafio no curto prazo, uma vez que historicamente esse foco escapou de sua atividade econômica.

O artigo 7º, além de reforçar a responsabilidade do usuário pelo pagamento da tarifa nas vias com *free flow*, assegura a ele o direito de pagamento da tarifa em momento posterior ao trânsito na via. Entretanto, o artigo 8º limita esse prazo a 15 dias, para não configurar infração nos termos do artigo 209-A da Lei nº 9.503 (CTB).

Um ponto importante esclarecido pelos parágrafos 4º e 5º do artigo 8º da resolução, foi o fluxo e o nível de informação necessários para constatação da infração pelo usuário. No caso das rodovias federais sob jurisdição da ANTT, as concessionárias devem conceder à ANTT acesso direto e integrado aos sistemas de informações com os dados dos veículos, extraídos pelos equipamentos nos pórticos de *free flow*. A partir desses dados, a ANTT pode realizar a autuação dos usuários infratores.

> Art. 8º (...)
> §4º Para fins de análise e constatação do cometimento da infração de trânsito prevista no caput, *o gestor da via deve conceder ao órgão ou entidade de trânsito com circunscrição sobre a via acesso direto e integrado ao sistema de informações,* que deve conter, no mínimo, as seguintes informações:
> I - o registro de trânsito do veículo pela via, contendo as informações referentes aos pontos de leitura relacionados;

---

3   BRASIL. Ministério da Infraestrutura. Conselho Nacional de Trânsito. Resolução Contran nº 984, de 15 de dezembro de 2022. Dispõe sobre a implementação do sistema de livre passagem (*free flow*) em rodovias e vias urbanas e sobre os meios técnicos a serem utilizados para garantir a identificação dos veículos que transitem por essas vias. *Diário Oficial da União*: seção 1, Brasília, DF, n. 242-B, p. 2, 26 dez. 2022. Grifos nossos. Disponível em: https://www.gov.br/transportes/pt-br/assuntos/transito/conteudo-contran/resolucoes/Resolucao9842022.pdf. Acesso em: 18 mar. 2024.

II - a data e hora de passagem em cada ponto de leitura;
III - a PIV;
IV - a existência ou não de dispositivo de identificação complementar no veículo; e
V - o registro de não pagamento da tarifa de pedágio até o prazo limite previsto no *caput*.
§5º Os sistemas automatizados de processamento e lavratura de auto de infração utilizados pelo órgãos e entidades de trânsito com circunscrição sobre as vias dotadas de *free flow* devem cumprir as exigências do CTB e demais normas regulamentares aplicáveis.[4]

Diante de todo o exposto, fica evidente que essa resolução desempenha um papel fundamental na padronização e harmonização do *free flow* em todo o país, e traz diretrizes gerais de seu funcionamento, protegendo os direitos dos usuários e assegurando os contornos bases para início da modelagem contratual nas concessões rodoviárias.

Considerações finais

São diversos e de grandes impactos os benefícios gerados pela introdução do *free flow* como solução regulatória e tecnológica para cobrança e pagamento de tarifas de pedágios em concessões rodoviárias. Desde questões mais óbvias como a diminuição do custo operacional até itens de mensuração nada triviais como, por exemplo, a diminuição de emissão de gases de efeito estufa e o aumento da segurança viária. No entanto, como foi demonstrado neste artigo, a regulamentação da nova tecnologia no âmbito da legislação federal demandou grande esforço de coordenação e cooperação.

Nesse sentido, a cooperação estabelecida entre a Administração Pública e o mercado operador dessas concessões, representados pelo MINFRA e pela ABCR, foi fundamental para que pudessem ser mapeados os principais desafios e endereçadas suas respectivas soluções. Mesmo sem ter sido construído consenso pleno entre as instituições,

---

[4] BRASIL. Ministério da Infraestrutura. Conselho Nacional de Trânsito. Resolução Contran nº 984, de 15 de dezembro de 2022. Dispõe sobre a implementação do sistema de livre passagem (*free flow*) em rodovias e vias urbanas e sobre os meios técnicos a serem utilizados para garantir a identificação dos veículos que transitam por essas vias. *Diário Oficial da União*: seção 1, Brasília, DF, n. 242-B, p. 2, 26 dez. 2022. Grifos nossos. Disponível em: https://www.gov.br/transportes/pt-br/assuntos/transito/conteudo-contran/resolucoes/Resolucao9842022.pdf. Acesso em: 18 mar. 2024.

certamente, essa coordenação institucional serviu como ignição e de catalizador para que a regulamentação do tema se consolidasse.

Esse avanço possibilitou a profusão do uso da tecnologia em diversos trechos rodoviários ao longo do território brasileiro. Destaca-se, por exemplo, o ineditismo do *sandbox* regulatório,[5] realizado no âmbito da ANTT, ainda em curso, que viabilizou a implantação de três pórticos de *free flow* na rodovia BR-101, no trecho entre a cidade do Rio Janeiro e Ubatuba/SP. Além desse segmento, observam-se iniciativas em curso também nas concessões rodoviárias nos estados do Rio Grande do Sul, São Paulo e Minas Gerais.

Assim, pode-se concluir ressaltando a importância da cooperação e coordenação institucional como instrumentos para o desenvolvimento e regulamentação do *free flow* no Brasil, bem como solução a ser considerada na implantação de outras inovações. Além disso, cabe ainda ressaltar que, após a regulamentação descrita neste artigo, torna-se cada vez mais relevante e inevitável o espraiamento da tecnologia do *free flow* como meio de cobrança e pagamento de tarifas de pedágios rodoviários no Brasil.

Referências

BRASIL. Lei nº 14.157/2021. Altera as leis nº 9.503, de 23 de setembro de 1997 (Código de Trânsito Brasileiro), e 10.233, de 5 de junho de 2001, para estabelecer condições para a implementação da cobrança pelo uso de rodovias por meio de sistemas de livre passagem. *Diário Oficial da União*: Brasília, DF, 2021. Disponível em: https://www.planalto.gov.br/ccivil_03/_Ato2019-2022/2021/Lei/L14157.htm. Acesso em: 20 mar. 2024.

BRASIL. Ministério da Infraestrutura. Conselho Nacional de Trânsito. Resolução Contran nº 984, de 15 de dezembro de 2022. Dispõe sobre a implementação do sistema de livre passagem (*free flow*) em rodovias e vias urbanas e sobre os meios técnicos a serem utilizados para garantir a identificação dos veículos que transitem por essas vias. *Diário Oficial da União*: seção 1, Brasília, DF, n. 242-B, p. 2, 26 dez. 2022. Disponível em: https://www.gov.br/transportes/pt-br/assuntos/transito/conteudo-contran/resolucoes/Resolucao9842022.pdf. Acesso em: 18 mar. 2024.

---

[5] Trata-se de ambiente regulatório experimental com objetivos de testar novas tecnologias e soluções. Para mais informações, acesse: https://www.gov.br/antt/pt-br/acesso-a-informacao/acoes-e-programas/ambiente-regulatorio-experimental-sandbox-regulatorio.

Informação bibliográfica deste texto, conforme a NBR 6023:2018 da Associação Brasileira de Normas Técnicas (ABNT):

QUEIROZ, Felipe Fernandes; OLIVEIRA JUNIOR, Paulo Roberto de; GODINHO, Luana Azevedo Temponi. Regulamentação do *free flow* no Brasil: avanços, desafios e cooperação. *In*: FAJARDO, Gabriel; SAMPAIO, Guilherme Theo (coord.). Free flow *em concessões de rodovias*. Belo Horizonte: Fórum, 2024. p. 75-90. ISBN 978-65-5518-724-3.

INFRAESTRUTURA E REGULAÇÃO: ANÁLISE DA AGENDA REGULATÓRIA DA AGÊNCIA NACIONAL DE TRANSPORTES TERRESTRES (ANTT) E O *FREE FLOW*

ALLAN MILAGRES
CARLOS EDUARDO MARQUES SILVA
GUILHERME THEO SAMPAIO

1 Introdução

As agências reguladoras no Brasil desempenham a importante função de regular serviços que são essenciais à sociedade e à economia. Organizadas em âmbito federal de forma setorizada, há no Brasil, atualmente, 11 agências que se dedicam à regulação, fiscalização e controle de diversas atividades econômicas. Pode-se dizer, nessa perspectiva, que a regulação é o motor móvel da competitividade na era pós-moderna, além de ser de suma importância para garantir o desenvolvimento econômico ao mesmo tempo em que se garantem e asseguram direitos.

As agências reguladoras possuem no Brasil o importante papel de atuar de modo próximo ao ente regulador garantindo o seu regular desenvolvimento, ao mesmo tempo que atuam para garantir a efetiva prestação do serviço ao destinatário final, usuário. Para tais dinâmicas, é mister que a agência seja autônoma, isenta e independente, e mais do que isso, é preciso que o seu compromisso real seja com o desenvolvimento social.

A organização das agências reguladoras têm seguido tendências globais relacionadas a estruturação de planos de metas, criação de agendas com indicadores e métricas, além de ter um modelo de gestão robusto e transparente. A Agência Nacional de Transportes Terrestres (ANTT) insere-se nesse contexto inovativo, podendo ser considerada uma das agências mais modernas do Brasil, cuja modelagem e forma de organização servem de inspiração para outras agências.

A Agenda Regulatória da ANTT, dentre seus diversos temas e projetos, previu, para o biênio 2023/2024, a implementação dos sistemas de livre pesagem (*free flow*) nas rodovias federais concedidas. Com base nisso, o presente estudo pretende analisar a respectiva implementação, considerando os impactos que ela terá para o desenvolvimento das concessões federais e a melhoria do fluxo de veículos, evitando a parada em praças para pagamento.

Dessa forma, o estudo foi organizado em três partes. Na primeira, pretende-se realizar uma abordagem a respeito das agências reguladoras no Brasil, passando pelo conceito de regulação e a concepção mais moderna a esse respeito, realizando-se um retrospecto quanto ao surgimento desse modelo no Brasil. No segundo capítulo, buscou-se apresentar o papel da infraestrutura de rodovias para o desenvolvimento nacional, tratando do conceito de desenvolvimento inicialmente e apresentando um histórico das concessões rodoviárias até o atual estágio no âmbito da ANTT.

Em seguida, no terceiro e último capítulo, tratou-se da Agenda Regulatória da ANTT, enquanto importante instrumento de governança e organização regulatória, com apresentação de um dos principais projetos atuais na área de concessões rodoviárias que é o *free flow*.

2 Regulação e agências reguladoras no Brasil

Nos últimos tempos, a estrutura de intervenção do Estado na economia, bem como o seu papel e funções veio sendo reestruturado até chegar no atual formato de regulação setorial. Essa reestruturação passou a prever a descentralização como estratégia, isto é, ao invés de o Estado concentrar em suas mãos todas as atividades de controle, fiscalização e sanção, ele se organiza para dispersar essas atribuições. Assim, abre mão de ser um Estado produtor, interventor e protecionista, mas consequentemente aumenta sua governabilidade (Grotti, 2004, p. 67).

Nessa perspectiva de descentralização das atribuições do Estado surge a privatização, atualmente muito vista no cenário de concessões e autorizações de exploração de serviços públicos em regime privado. Ou seja, houve uma redefinição do papel do Estado, que saiu do protagonismo na realização de todas as atividades e passou a ser um agente gerenciador, ou melhor dizendo, gestor de muitas atividades que não eram imprescindíveis de serem realizadas por ele.

Com essa movimentação, observou-se a mudança das atribuições da Administração Pública como um todo, havendo também uma transformação de sua principiologia, de modo que atualmente pode-se listar oito princípios básicos também chamados de estratégias, quais sejam: "desburocratização, com a finalidade de dinamizar e simplificar o funcionamento da Administração, descentralização, transparência, *accountability*, ética, profissionalismo, competitividade e enfoque no cidadão" (Grotti, 2004, p. 67-68).

Nota-se, nessa nova perspectiva, uma maior ênfase nos resultados obtidos, sem deixar de lado a ética, moralidade e legalidade, que são sempre valores intrínsecos à coisa pública e aos que ela se relaciona. Em verdade, há "uma redução da imposição autoritária de decisões para valorizar a participação dos administrados quanto à formação da conduta administrativa" (Grotti, 2004, p. 68), e essa proposta pressupõe a abertura institucional para colaboração entre o setor privado e a Administração Pública.

No âmbito da desestatização, o Estado passou a atuar como "agente normativo e regulador da atividade econômica" (Grotti, 2004, p. 68), conforme previsão do artigo 174 da Constituição Federal, criando, nesse contexto, as agências reguladoras, que são órgãos autônomos dentro da estrutura do Estado.

Para Maria Sylvia Zanella Di Pietro, agência reguladora é "qualquer órgão da Administração Direta ou entidade da Administração Indireta com função de regular matéria específica que lhe está afeta" (2003, p. 402). Em que pese as agências reguladoras como tais sejam recentes no Brasil, a ideia de regulação já possui um histórico maior, o que fica claro quando se observa quem desde 1918m é possível falar em regulação, quando foi instituído o Comissariado de Alimentação Pública (Grotti, 2004, p. 70), que, apesar de ser uma agência propriamente dita, tinha como objetivo regular uma situação específica.

Conforme esclarece a literatura jurídica especializada no tema:

> Por influência do direito alienígena, precipuamente do direito norte-americano, a partir da segunda metade da década de noventa são criadas as agências setoriais de regulação, dotadas de autonomia e especialização, com a natureza jurídica de autarquias com regime especial, vinculadas a uma particular concepção político-ideológica, que visa impedir influências políticas sobre a regulação e disciplina de certas atividades administrativas (Grotti, 2004, p. 70).

Assim, percebe-se logo que a ideia de regulação já pairava no imaginário brasileiro desde o começo da década de noventa, no entanto, a instituição de agências reguladoras propriamente ditas veio apenas na segunda metade do referido período.

De fato, "a regulação só passou a ser atribuída a entidades independentes a partir de 1997, com a criação das agências de regulação nos setores de energia, petróleo e telecomunicações" (Souto, 1999, p. 132).

No que diz respeito à regulação propriamente dita, Vital Moreira (1997, p. 34-35) explica que há certo dissenso na literatura a respeito, do seguinte modo:

> Começando por referir apenas a regulação estadual da economia, são numerosas e assaz divergentes as definições. Assim, para Mitnik (1980: 7) regulação é o "controlo público administrativo da actividade privada de acordo com regras estabelecidas no interesse público" (*public administrative policing of a private activity with respect to a rule prescribed in public interest*). Na definição de J.C. Strick (1990: 3), a regulação consiste na "imposição de regras e controlos pelo Estado com o propósito de dirigir, restringir ou alterar o comportamento econômico das pessoas e das empresas, e que são apoiadas por sanções em caso de desrespeito". Para M. Moran (1986: 185) regulação é o sistema pelo qual "a discrição dos indivíduos é restringida por meio da imposição de normas (*rules*)". Segunda Francis (1993: I, 5) a regulação é a "intervenção do Estado nas esferas de actividade privada, para realizar finalidades públicas".

No entanto, Souto (1999, p. 129), buscando conceituar e categorizar a ideia de regulação, expressa que ela deve ser considerada em três vieses, a regulação de monopólios, na qual há o controle de preços e da qualidade do serviço, sendo uma atuação que busca diminuir o poder de predadores do mercado. Outro tipo seria a regulação para a competição, cujo objetivo é proporcionar a sua existência e seguimento, e por fim a regulação social, como aquela que garante a prestação de serviços públicos essenciais e visa proteger o meio ambiente.

Entrementes, a regulação brasileira é enviesada hoje para os grandes e principais setores da sociedade, tal como ocorre no âmbito das telecomunicações (ANATEL), na área de energia elétrica (ANEEL), dentre inúmeras outras. Neste estudo, porém, pretende-se dar ênfase à ANTT, responsável pela "regulação, supervisão e fiscalização das atividades de prestação de serviços e exploração de infraestrutura de transportes, exercidas por terceiros" (ANTT, [2023]).

O setor de transportes terrestres no Brasil passou por diversos desafios ao longo do tempo. Seja pela longa extensão do território brasileira seja pela dificuldade observada na alocação de recursos devido ao alto custo da infraestrutura de transportes, ou muitas outras variantes, fato é que não diferente de alguns outros, este setor teve grandes dificuldades de se consolidar e a sua regulação trilhou um exuberante caminho.

A literatura demonstra, ao realizar um retrospecto, que foi apenas em 2001 que o setor passou a contar com uma agência reguladora de fato com a instituição da Lei nº 10.233 (Lei de criação da ANTT). Antes disso, a regulação estava concentrada no Executivo Federal, por meio do Ministério de Transportes (Azevedo, 2020, p. 103).

Com isso, conclui-se que a regulação é essencial para o desenvolvimento econômico do país e a instituição das agências reguladoras é vital nesse processo, haja vista que a concentração de tais atividades nas mãos da Administração Pública, direta centralizadamente, poderia ensejar em dificuldades de gerências, dadas a grandiosidade do país e a especificidade dos temas regulados.

No caso dos transportes terrestres não é diferente, por ser um dos setores mais importantes para o desenvolvimento nacional. Ele é imprescindível, direta ou indiretamente, para a segurança pública, saúde, alimentação, dentre inúmeros outros direitos fundamentais.

3 A infraestrutura de rodovias no Brasil e o seu papel para o desenvolvimento nacional

O desenvolvimento nacional está insculpido no artigo 3º, inciso II da Constituição Federal como um dos objetivos da República Federativa do Brasil. Nessa perspectiva, para além de ser um direito garantido constitucionalmente, é amplamente defendido no âmbito da literatura internacional, tendo sido pauta de protocolos e agendas importantes mundo afora. Por ser um direito observado na contemporaneidade, insere-se na terceira geração de direitos fundamentais, junto ao direito ao meio ambiente ecologicamente equilibrado, à paz, entre outros (Faria, 2009, p. 68-69).

Nessa perspectiva, o ministro do STJ e professor Gurgel Faria (2009, p. 69) explica que:

> As diferenças constatadas entre as nações e, muitas vezes, dentro dos próprios países e territórios, inspira sentido ao desenvolvimento como sendo a adoção dos padrões capitalistas ocidentais, pela industrialização e a absorção das conquistas científicas e tecnológicas em direção ao bem-estar e ao respeito da dignidade da pessoa humana. Dessa forma, o direito ao desenvolvimento passa a ser aquele que é conferido a todos os homens e nações de participarem do progresso constantemente conquistado pela humanidade.

Na busca por um conceito de desenvolvimento, observa-se que inicialmente cabe explicar o que não o é. Nesse viés, o crescimento do país e o aumento de índices ou até da renda *per capita* não pode ser listado como desenvolvimento quando ainda persistem desigualdades sociais e má distribuição de renda (Faria, 2009, p. 70). Portanto, mero desenvolvimento econômico ou enriquecimento do país não pode ser listado como desenvolvimento, se antes não há uma maximização dos direitos e garantias fundamentais que acompanhe esse crescimento, ou melhor dizendo, se não está havendo um benefício social para a população.

O progresso tecnológico e a melhoria da infraestrutura do país, por si sós, também não podem ser consideradas desenvolvimento, pois ele não se confunde com a modernização (Faria, 2009, p. 70). Assim, se isso não é revertido à população como um todo ou não lhe permite gozar dos benefícios disso, apesar de constituir um dos passos para alcançar o desenvolvimento, não poderá ser considerado como tal.

O conceito de desenvolvimento, portanto, com arrimo em Carla Rister (2007, p. 36), é trazido da seguinte forma:

> O desenvolvimento consiste num processo de mudança estrutural e qualitativa da realidade socioeconômica, pressupondo alterações de fundo que irão conferir a tal processo a característica de sustentabilidade,

entendida esta como a capacidade de manutenção das condições de melhoria econômica e social e de continuidade do processo.

Portanto, o desenvolvimento pode ser lido como a organização da estrutura social do país de modo que sejam maximizados os direitos e garantias fundamentais como pressuposto final das ações do Estado. Ou seja, ele é o destino, sendo que todas as demais ações como a modernização, o crescimento, o enriquecimento entre outros são o meio, não se restringindo o desenvolvimento a elas e somente pode-se falar em efetividade quando há a eficácia dos sobreditos direitos.

Apresentados o conceito de desenvolvimento e a sua compreensão enquanto um direito, é mister trazer ênfase a um dos principais instrumentos no âmbito da economia brasileira, sendo um dos vetores do desenvolvimento econômico, qual seja, a infraestrutura de rodovias. Isso porque as rodovias brasileiras, sobretudo as federais, são as responsáveis por integrar os Estados e permitir o fluxo de pessoas e mercadorias vitais para a sobrevivência.

Nota-se que, desde 1951, quando do lançamento do Plano Nacional de Viação (PNV), as rodovias foram consideradas a modalidade mais usada de transportes no Brasil. Desde essa época, intensificaram-se o investimento e a expansão da malha viária brasileira, sendo essa movimentação uma das grandes responsáveis pelo desenvolvimento da indústria brasileira (Guimarães; Freitas, 2019, p. 5).

No cenário de concessões, no entanto, em 1993 foi instituído o PROCROFE pela Portaria nº 10/93 de iniciativa do Ministério dos Transportes, a qual visava à diminuição do custo público, bem como previa a diminuição da intervenção do Estado, por meio da entrega à iniciativa privada de trechos viários da malha rodoviária federal (Lustosa, 2021, p. 245).

Pedro Aurélio Lustosa (2021, p. 245-246), na busca de apresentar o cenário em que surgiram as concessões, expõe:

> Tal movimento foi influenciado em grande parte por um ambiente macroeconômico com alto grau de incerteza, resultante da estabilização monetária vivenciada após o processo inflacionário agudo da década de 80. Assim, ao mesmo tempo em que o país se encontrava em estado de restrição fiscal, observava-se uma crescente necessidade de incremento dos investimentos na infraestrutura rodoviária nacional. Dessa forma, na prática, a única alternativa capaz de garantir os investimentos necessários

para o setor rodoviário foi o envolvimento dos atores privados por meio de concessões.

Portanto, nota-se que a primeira etapa do PROCROFE, já que iniciada em 1994, além de ter seguido em um cenário de instabilidade econômica, ocorreu antes da normatização regulatória do setor de transportes, "o qual se tornaria mais consolidado apenas com a publicação da Lei de Concessões (Lei nº 8.987/1995) (Brasil, 1995) e com a criação da ANTT pela Lei nº 10.233/2001 (...)". O autor destaca ainda que, "ao longo dessa primeira etapa, também houve a promulgação da Lei das Delegações (...), permitindo a delegação de trechos rodoviários federais aos estados, municípios e Distrito Federal, que poderiam incluir esses segmentos em seus próprios programas de concessão" (Lustosa, 2021, p. 246).

A concessão de rodovias federais estratégicas foi imprescindível para o avanço do país, e atualmente ainda há projetos de outras concessões cujo foco é permitir o progresso cada vez maior nesse nicho. O desenvolvimento da infraestrutura de rodovias é essencial para o desenvolvimento do país, ao passo que é ela quem permite o desenvolvimento das atividades industriais e comerciais, conforme explica Guimarães e Freitas (2019, p. 5):

> Rodovias deficientes também prejudicam a competitividade internacional do Brasil. Estudo realizado pela da Confederação Nacional dos Transportes (CNT) em 2009, estima que o encarecimento dos fretes em função da má qualidade das rodovias variava, no período estudado, de 19,3% na Região Sul a 40% no Nordeste. Somente com consumo maior de combustível, o aumento do custo de transporte podia chegar a 5%.

É mister evidenciar que a melhoria das rodovias brasileiras possui impactos até mesmo na preservação do meio ambiente, ao passo que uma rodovia de alta qualidade contribui para a diminuição de poluentes na atmosfera ao passo que contribui com a eficiência dos veículos em suas rotas, conforme explicado pela Confederação Nacional do Transporte (CNT) (2021), em matéria específica sobre o assunto:

> (...) considerando apenas o diesel, é possível estimar que 956 milhões de litros foram consumidos de forma desnecessária por conta das condições desfavoráveis do pavimento, o que ocasionou uma descarga extra de aproximadamente 2,53 milhões de toneladas equivalentes de dióxido

de carbono (CO_2) na atmosfera. Seria necessário o plantio de mais de 15 milhões de árvores para neutralizar em duas décadas as emissões do lançamento de gases na atmosfera em apenas um ano.

Nesse sentido, nota-se que o investimento em infraestrutura de rodovias é importante também para o desenvolvimento regional, de modo que a superação das dificuldades relacionadas à infraestrutura é uma etapa essencial para se alcançar melhores indicadores de desenvolvimento social e produtividade, conforme explicam Santos, Drumond e Gomes (2019, p. 35):

> No caso do Brasil, em função de suas dimensões continentais, o setor de transporte tem acentuada importância, dada sua função no escoamento da produção, obtenção de insumos base, aproximação comercial entre regiões e expansão de mercados. Entretanto, a realidade logística brasileira é caracterizada por sua grande disparidade na oferta de estruturas de transporte, onde regiões mais industrializadas e desenvolvidas se destacam pela oferta de infraestrutura de apoio às empresas e à população, em contrapartida, regiões menos desenvolvidas apresentam déficits em infraestrutura que inviabilizam a inserção de novos negócios.

Sendo, portanto, a melhoria da infraestrutura rodoviária um dos fatores que influenciam no desenvolvimento, observa-se que a inserção da tecnologia e da inovação dentro desse processo funciona, principalmente no longo prazo, como um ponto de aprimoramento. Isso porque a referida melhoria permite não somente o crescimento econômico, mas garante a progressão social das regiões que são abrangidas por essas melhorias, tendo como consequência desde a distribuição de renda de modo equitativo até a geração de empregos.

4 A agenda regulatória da ANTT e a implementação do *free flow*

Na contemporaneidade a regulação, que por si já é uma inovação dentro do Estado, passou a ser repensada em sua lógica estrutural. É que, com o passar do tempo, observou-se que um modelo regulatório muito incisivo, baseado no que se convencionou chamar de "comando e controle", não estava oferecendo os resultados dele esperados. Isso porque, além da distância entre o regulador e o regulado, o ambiente se tornava hostil, e pouco ou nada colaborativo.

Nessa perspectiva, Lustosa (2021, p. 250) observa que

(...) o modelo de comando e controle tende a não surtir os efeitos operados no âmbito do setor de concessões rodoviárias. Assim, identificando necessidade de reestruturação de seu modelo regulatório, a partir de 2019, a agência reguladora passou a promover iniciativas normativas com vistas a aproximar-se da Teoria da Regulação Responsiva.

Portanto, foi necessário repensar o modelo regulatório para permitir uma maior proximidade entre os agentes atuantes no processo, e a criação de um ambiente criativo, inovativo e responsivo, por isso a nova roupagem que se dá à regulação leva o nome de regulação responsiva.

A teoria da regulação responsiva propõe, de acordo com a literatura, opções regulatórias que estimulem o cumprimento voluntário da norma pelo administrado, sendo que este, além de consultado sobre os efeitos, participa da elaboração dela. Além disso, há uma gradação das sanções de acordo com os níveis de descumprimento, havendo primazia pelo acompanhamento do administrado e o diálogo entre regulador e regulado (Aranha, 2019).

No âmbito da ANTT, em que pese a atuação ainda esteja fortemente pautada na sanção, sobretudo na coerção externa, tem-se observado após várias avaliações que isso possui um alto custo regulatório, principalmente pelo elevado índice de judicialização das sanções (Aranha, 2019). No entanto, identificada a necessidade de remodelar os regulamentos e repensar a regulação, desde 2019, a ANTT "passou a promover iniciativas normativas com vistas a aproximar-se da Teoria da Regulação Responsiva" (Lustosa, 2021, p. 250).

Nesse mesmo cenário em que há uma reestruturação do cenário regulatório, observa-se que a ANTT tem se apoderado cada vez mais de instrumentos e mecanismos que apresentam-se com um viés inovativo em busca de uma maior efetividade de sua atuação. A agenda regulatória, enquanto instrumento de governança e gestão, insere-se no contexto da regulação responsiva, mesmo sendo anterior a ela, pelo fato de ser um instrumento que permite ao regulado conhecer o todo dos projetos e iniciativas que impactarão em seu negócio. Isto é, ela permite que o administrador conheça e se prepare no que for preciso para a chegada ou implementação de determinado item da agenda.

Ainda, cumpre dizer que a agenda regulatória da ANTT é um importante instrumento de gestão, "que indica as matérias, de cunho regulatório, que serão estudadas em determinado período de tempo e que possivelmente resultarão em regulamentação ou revisão de regulamentação existente. Isso não significa, entretanto, que todas as matérias que a compõem resultarão em uma Resolução Normativa, posto que os estudos podem indicar outras opções regulatórias mais adequadas" (ANTT, [2023]).

O free-flow apresenta-se como um projeto prioritário da ANTT, haja vista que ele irá garantir àqueles que transitam rotineiramente nas rodovias federais mais conforto, o que pode ser observado no fluxo livre do veículo sem a necessidade de parar nas praças de pedágio.

Atualmente o projeto encontra-se em fase de testes em um ambiente experimental (*sandbox* regulatório), tendo sido implementado na BR 101 (Concessão Rio-SP). De acordo com a ANTT (2023), "os pedágios eletrônicos da BR 101 trazem vários benefícios para os usuários-consumidores na rodovia como a não necessidade de parar em praças de pedágios, maior segurança, recuperação da estrada, instalação de marcos quilométricos e de placas de sinalização e atendimento 24 horas nos Serviços de Atendimento ao Usuário (SAU).

A solução em comento fornece duas opções de pagamento, em substituição às praças físicas de paragem, pela etiqueta eletrônica utilizada no veículo (*tag*), ou simplesmente pela placa do veículo. A primeira opção é mais viável àqueles que trafegam com habitualidade pela rodovia, ainda mais pelo fato de haver modalidades de desconto gradual a depender da frequência de uso. No entanto, caso o usuário não possua a *tag*, lhe incumbe diligenciar em busca da concessionária para efetuar o pagamento da tarifa.

Nota-se, portanto, em arremate, que a implementação do *free flow* nas rodovias federais concedidas do Brasil facilitará o fluxo de veículos ao eliminar barreiras físicas e burocráticas. Esse conceito envolve o uso de tecnologias como sistemas de pedágio eletrônico e monitoramento de tráfego, permitindo a cobrança sem paradas e proporcionando uma passagem mais ágil e eficiente pelos trechos concedidos. Com a redução de congestionamentos nos pontos de cobrança e a otimização do fluxo de veículos, a experiência do usuário será melhorada, promovendo uma circulação mais fluida e contribuindo para a eficiência do sistema rodoviário.

No entanto, a organização quanto ao pagamento deverá ser feita de forma progressiva, haja vista que aqueles motoristas que não trafegam com habitualidade pela rodovia e, portanto, talvez não tenham a *tag*, deverão ser bem instruídos sobre a necessidade de diligenciar junto da concessionária para realizar o pagamento.

5 Conclusão

Diante das discussões acima apresentadas, bem como da consideração de que a regulação no Brasil é ainda muito recente, observa-se que muito já foi feito no sentido de oferecer ao cidadão um produto de alta qualidade relacionado ao serviço público, o que foi possível principalmente pela atuação eficiente das agências reguladoras ao longo do tempo.

Em linha com a ideia conclusiva do primeiro capítulo, os transportes terrestres são vitais para o desenvolvimento nacional. No entanto, as rodovias federais apresentam-se ainda como um dos principais meios pelos quais ocorre o transporte de cargas entre os Estados, sendo que essas cargas muitas vezes cuidam-se de alimentos, medicamentos, itens básicos para produção (insumos), dentre outros elementos que compõem a cadeia produtiva nacional e que são basilares à dinâmica social. Nesse sentido, quando se fala em infraestrutura de rodovias, logo se observa o quanto o tema é caro e importante para o Brasil.

Nesse cenário de grande importância das rodovias, as concessões rodoviárias federais, reguladas pela ANTT, desempenham um papel crucial no desenvolvimento nacional, proporcionando melhorias na infraestrutura viária, estimulando o comércio e a logística, gerando empregos e promovendo a competitividade econômica. Ao facilitar o transporte eficiente de mercadorias e pessoas, essas concessões contribuem para o crescimento equilibrado, a segurança viária e a atração de investimentos privados, desempenhando um papel fundamental no fortalecimento da conectividade e no impulso do desenvolvimento sustentável do país.

O investimento em tecnologia e inovação no cenário rodoviário brasileiro é crucial para otimizar a infraestrutura, aprimorar a segurança e impulsionar a eficiência operacional. Soluções tecnológicas, como é o caso do *free flow*, não apenas melhoram a experiência do usuário, mas também contribuem para a redução de custos, a prevenção de acidentes e a gestão mais eficiente dos recursos. Além disso, a implementação de tecnologias inovadoras promove a sustentabilidade e posiciona o país na vanguarda do desenvolvimento rodoviário, gerando impactos positivos no crescimento econômico e na competitividade global.

Cumpre dizer ainda que a implementação do *free flow* nas rodovias federais será essencial para a eficiência do fluxo nas rodovias. Isso refere-se à capacidade que ele possui de garantir um fluxo livre e contínuo de tráfego, minimizando congestionamentos e obstáculos. Assim, observam-se como benefícios de sua implementação a redução do tempo de viagem, otimização da logística e melhoria na segurança viária. Assim, destaca-se que estratégias visam eliminar gargalos, investir em infraestrutura adequada e utilizar tecnologias para gerenciar o tráfego são fundamentais para promover a fluidez nas estradas, contribuindo para um sistema rodoviário mais eficiente e sustentável.

Referências

ARANHA, M. I. *Manual de direito regulatório*: fundamentos de direito regulatório. 5. ed. Londres: Laccademia Publishing, 2019.

ANTT. *Portal de Dados da ANTT*, Brasília, DF, [2023]. Disponível em: https://dados.antt.gov.br/organization/about/agencia-nacional-de-transportes-terrestres-antt. Acesso em: 23 dez. 2023.

ARANHA, M. I. *Pedágio eletrônico (free flow)*. Brasília, DF, [2023]. Disponível em: https://www.gov.br/antt/pt-br/acesso-a-informacao/acoes-e-programas/ambiente-regulatorio-experimental-sandbox-regulatorio/pedagio-eletronico-free-flow. Acesso em: 23 dez. 2023.

AZEVEDO, F. *Dinâmica da regulação*. Belo Horizonte: Fórum, 2020.

CONFEDERAÇÃO NACIONAL DO TRANSPORTE. Falta de infraestrutura das rodovias brasileiras gera impactos no meio ambiente. *Agência CNT*, Brasília, DF, [2023]. Disponível em: https://www.cnt.org.br/agencia-cnt/falta-de- infraestrutura-das-rodovias-brasileiras-gera-impactos-no-meio-ambiente. Acesso em: 21 dez 2023.

DI PIETRO, M. S. *Direito administrativo*. 15. ed. São Paulo: Atlas, 2003.

GUIMARÃES, I. A.; FREITAS, S. M. O papel do investimento em infraestrutura e sua relação com o desenvolvimento econômico do Brasil. *Revista Observatório de la Economía Latinoamericana*, [S. l.], 2019. Disponível em: https://www.eumed.net/rev/oel/2019/07/ desenvolvimento-economico-brasil.html. Acesso em: 22 dez. 2023.

FARIA, L. A. G. *As diferenças constatadas entre as nações e, muitas vezes, dentro dos próprios países e territórios, inspira sentido ao desenvolvimento como sendo a adoção dos padrões capitalistas ocidentais, pela industrialização e a absorção das conquistas científicas e tecnológicas*. Orientador: Francisco de Queiroz Bezerra Cavalcanti. 2009. Tese (Doutorado em Direito) – Faculdade de Direito, Universidade Federal de Pernambuco, Recife, 2009.

GROTTI, D. A. M. As agências reguladoras. *Revista Brasileira de Direito Público – RBDP*, v. 12, n. 46, p. 74-106, jan./mar., 2004.

LUSTOSA, P. A. A. O Regulamento de Concessões Rodoviárias da ANTT como "porta de entrada" para a regulação responsiva no setor. *Revista de Direito Setorial e Regulatório*, v. 7, n. 1, p. 243-260, maio/jun. 2021. Disponível em: https://periodicos.unb.br/index.php/rdsr/article/view/37975. Acesso em: 21 dez. 2023.

MOREIRA, V. *Autorregulação profissional e Administração Pública*. Coimbra: Almedina, 1997.

RISTER, C. A. *Direito ao desenvolvimento*. Rio de Janeiro, Renovar, 2007.

SANTOS, D. A.; DRUMOND, C. E. I.; GOMES, A. S. *Crescimento econômico e gasto em infraestrutura de transporte no Brasil: uma análise para os estados brasileiros no período 1985 a 2015*. Rev. Econ. NE, Fortaleza, v. 50, n. 4, p. 31-45, out./dez. 2019.

SOUTO, Marcos Juruena Villela. Agências reguladoras. *Revista de Direito Administrativo*, Rio de Janeiro, n. 216, p. 125-162, 1999.

Informação bibliográfica deste texto, conforme a NBR 6023:2018 da Associação Brasileira de Normas Técnicas (ABNT):

MILAGRES, Allan; SILVA, Carlos Eduardo Marques; SAMPAIO, Guilherme Theo. Infraestrutura e regulação: análise da agenda regulatória da Agência Nacional de Transportes Terrestres (ANTT) e o *free flow*. *In*: FAJARDO, Gabriel; SAMPAIO, Guilherme Theo (coord.). Free flow *em concessões de rodovias*. Belo Horizonte: Fórum, 2024. p. 91-104. ISBN 978-65-5518-724-3.

EIXO II
EXPERIÊNCIA E PROJETOS NACIONAIS COM O *FREE FLOW*

O DESENHO REGULATÓRIO PARA O *FREE FLOW*: O CASO DO ESTADO DO RIO GRANDE DO SUL

GABRIEL RIBEIRO FAJARDO
PEDRO MACIEL CAPELUPPI
RAFAEL RAMOS
NAPOLEÃO ZETTERMANN

1 Do *free flow* e da sua importância para o usuário

Classicamente, as rodovias brasileiras concedidas sempre tiveram praças de pedágio como instrumento de cobrança das tarifas dos usuários. A barreira física era necessária pela inexistência de outro método que poderia ser pensado.

A Lei Federal nº 14.157/2021, publicada em 2 de junho de 2021, estabeleceu condições para a implementação da cobrança pelo uso de rodovias por meio de sistemas de livre passagem, alterando o Código de Trânsito Brasileiro (CTB) (Lei nº 14.157/2001) e a lei de criação da Agência Nacional de Transportes Terrestres (ANTT) (Lei nº 10.233/2001).

O sistema de livre passagem pode ter como vantagens as seguintes dimensões:

> Primeiro, o sistema de livre passagem soluciona o problema regulatório do subsídio cruzado, especialmente no que respeita ao movimento metropolitano pendular diário. Ele permite a cobrança proporcional do trecho percorrido por cada usuário, ampliando a base de pagantes. Com

isso, suplanta-se a discussão sobre isenção tarifária de moradores ou profissionais em cidades e regiões metropolitanas cortadas por praças de pedágio.18 Além disso, a modalidade *free flow* gera benefícios em termos de segurança do tráfego e eficiência logística. Sua implantação está diretamente relacionada aos três eixos da Política de Modernização da Infraestrutura Federal de Transporte Rodoviário (Inov@BR), criada pelo Decreto no 10.648/2021 e já qualificada no âmbito do Programa de Parcerias de Investimentos (PPI): segurança viária, fluidez e tecnologia (art. 5º). No que respeita à segurança, o monitoramento constante que a tecnologia do sistema *free flow* viabiliza gera significativo volume de dados dos usuários, permitindo compartilhamento com outras entidades (por exemplo, responsáveis pela segurança pública). Isso viabiliza o monitoramento de cargas e a detecção de veículos irregulares (furtados, clonados ou com pendência judicial). Ainda, permite que a concessionária tenha controle mais amplo da rodovia através das câmeras instaladas nos pórticos, aperfeiçoando a prestação dos serviços de assistência médica e mecânica. Por prescindir de cabines de cobrança e cancelas, que implicam a redução de velocidade ou parada total dos veículos, o sistema viabiliza melhor fluidez do tráfego.[1]

O modelo foi implantado nos mais diversos países (Estados Unidos, França, Portugal, Malásia, Rússia, Austrália, Canadá, Israel, Alemanha, Suécia, Chile, Eslováquia, Índia, entre outros), e segue como tendência na estruturação de projetos também no Brasil.

O governo federal, por exemplo, vem colocando o *free flow* como premissa de modelagem das concessões rodoviárias, considerando a nova premissa regulatória da política de rodovias do Ministério dos Transportes.[2]

Mesmo com a previsão de implantação do *free flow* ao longo da execução dos contratos estruturados pelo estado do Rio Grande do Sul, o desafio dos gestores públicos para a introdução de forma definitiva do sistema nas rodovias concedidas ou a serem concedidas estava atrelado à ausência de ambiente jurídico-normativo apto a elidir ou mitigar o risco de evasão. Contudo, recentemente, com a regulamentação pela Resolução

---

[1] CAGGIANO, H. C. A implantação do sistema free flow em concessões rodoviárias: como fica o equilíbrio econômico-financeiro? *In*: PINHEIRO, A. C.; SAMPAIO, P. R. P. (coord.). *Direito, economia e reformas regulatórias*. Rio de Janeiro: FGV, 2023.

[2] Conforme BALAGO, R. Concessões de rodovias federais terão pedágio sem parada e desconto por frequência. *Folha de S.Paulo*, São Paulo, 14 jun. 2023. Disponível em: https://www1.folha.uol.com.br/mercado/2023/06/concessoes-de-rodovias-federais-terao-pedagio-free-flow-e-desconto-para-usuarios-frequentes.shtml. Acesso em: 20 nov. 2023.

Contran Nº 984,³ de 15 de dezembro de 2022, com eficácia a partir de 2 de janeiro de 2023, perfectibilizou-se o ambiente jurídico-normativo para aplicação da referida lei, implementando as condições necessárias para a implantação do sistema nas rodovias nacionais.

Ocorre que, ante a ausência de dados acurados, especialmente sobre o percentual de evasão, e a necessidade de a implantação do sistema envolver uma grande sensibilização dos usuários, para fomentar a cultura de adesão ao pagamento eletrônico, a Administração Pública, em âmbito nacional e subnacional, vem se utilizando do ambiente regulatório experimental (também chamado de *sandbox*).

2 Do período experimental – *sandbox regulation*

A partir da edição da Lei nº 14.157/2021, a Administração Pública foi instigada a introduzir nas modelagens de concessões de rodovias disciplinas contratuais que, mesmo que não permitam a imediata implantação do sistema, viabilizem a futura adequação dos contratos. Trata-se de um corolário dos benefícios que o sistema oportuniza aos usuários das rodovias, tais como os relacionados à economia de combustível, o menor desgaste do veículo, a redução de tempo viagem, o pagamento de tarifa de pedágio proporcional ao uso e ao gerenciamento dinâmico de tráfego.

Evidentemente que, por envolver um sistema incipiente no Brasil, para o qual recém houve a regulamentação pelo Contran, há obstáculos regulatórios a serem transpostos para a implantação definitiva em rodovias concedidas, necessitando de uma maior experimentação, especialmente para a mitigar a taxa de evasão.

Nesse sentido, ganha relevo a adoção de um período experimental, também chamado de *sandbox*, que tem como objetivo proporcionar que determinadas soluções possam ser testadas antes de sua efetiva implementação. O benefício da medida está em permitir que determinadas condições em vigor sejam sobrestadas enquanto novas regras são aplicadas em período experimental.

---

3   RIO GRANDE DO SUL. Decreto Estadual nº 57.149, de 21 de agosto de 2023. *Diário Oficial do Rio Grande do Sul*: Poder Judiciário, 2023. Disponível em: https://www.diariooficial.rs.gov.br/resultado?td=DOE&tmi=93&tmd=Decretos&ecc=87934675000196&ecd=Atos%20do%20Governador&di=2023-09-01&df=2023-09-01. Acesso em: 20 nov. 2023.

Esse ambiente regulatório experimental tem como objetivo proporcionar que determinadas soluções possam ser testadas antes de sua efetiva implementação. O benefício da medida está em permitir que determinadas condições em vigor sejam sobrestadas enquanto novas regras são aplicadas em período experimental.

O modelo, desenvolvido pela entidade reguladora britânica Financial Conduct Authorit (FCA), foi introduzido no Brasil a partir do ano de 2015 e utilizado, inicialmente, no mercado de capitais, como forma de acelerar a chegada de ideias inovadoras. Posteriormente, intensificou-se, com o avanço das chamadas *fintechs, startups* de serviços financeiros que atuam com base no uso de tecnologia.

Trata-se de um ambiente no qual as amarras da regulação tradicionais restavam suspensas enquanto se testava o uso de tecnologias inovadoras, em um ambiente isolado e seguro, para soluções que atendessem às exigências dos consumidores.

O *sandbox*, portanto, oportuniza uma relação harmônica entre a inovação e a segurança de informação, tornando possível o desenvolvimento de soluções disruptivas que não seriam possíveis pelo sistema regulatório originário.

O município de Porto Alegre, por exemplo, editou o Decreto nº 21.543/2022, instituindo dispondo sobre as regras para funcionamento do ambiente regulatório experimental "Programa Sandbox Porto Alegre". Os objetivos dele estão em: (i) fomentar a inovação no município, através da realização e acompanhamento de testes inovadores, em áreas a serem definidas pelo município; (ii) orientar sobre questões regulatórias durante o desenvolvimento das experimentações a serem realizadas no âmbito do Programa Sandbox Porto Alegre; (iii) aumentar a eficiência e diminuir os custos e tempo de validação inerentes ao desenvolvimento de produtos, processos, serviços, sistemas e modelos de negócios inovadores e escaláveis no âmbito do município e (iv) promover a segurança jurídica necessária à maior atratividade de capital investidor para os projetos de inovação.

Tratando-se o *free-flow* de medida inovadora, é importante que, antes de sua efetiva instituição, sejam realizados testes e medidas que possam trazer elementos para a posterior tomada de decisão.

Em concessões rodoviárias, a medida se aproxima da iniciativa realizada pela ANTT e pela CCR, na Rodovia BR-116/101/SP/RJ, na qual foi concedida autorização para, em caráter temporário, para implementação e funcionamento do ambiente regulatório experimental (*sandbox* regulatório) para o desenvolvimento de serviços, produtos ou soluções regulatórias do fluxo livre (*free flow*) na Rodovia BR-101/RJ, no trecho que interliga a cidade do Rio de Janeiro – no entroncamento com a BR-465/RJ-095 até a Praia Grande (Ubatuba/SP).[4]

Pela ANTT, o movimento foi endereçado nos seguintes termos:

> Como se verifica, o encaminhamento dado cuida do estabelecimento de um ambiente regulatório experimental (*sandbox* regulatório), para que se promova um teste temporário de pedagiamento eletrônico em substituição à cobrança que seria feita por praças de pedágio. Esse arranjo jurídico seria lastreado pela formalização de um Sandbox Regulatório, nos termos da Resolução n. 5999, de 3 de novembro de 2022, onde se estabeleceriam as principais regras e medições relacionadas ao teste, bem como pela celebração de um termo aditivo contratual provisório, no qual serão tratadas as cláusulas contratuais que precisam ser postergadas, suspensas e ajustadas. Após o encerramento do experimento, e apurados os resultados, será encaminhada proposta pela Comissão do Sandbox para uma alteração contratual definitiva, que virá a endereçar a conformação da cobrança de pedágio na referida rodovia.[5]

A proposta ensejou a celebração de termo aditivo que suspende as condições originalmente contratadas e apresenta novas premissas regulatórias, com acompanhamento dos resultados por grupo de trabalho especificamente criado para esta finalidade. A concessionária, nesse caso, apresentou proposta alternativa para o pedagiamento da Rodovia BR101/RJ, por meio de implantação dos pórticos de cobrança automática do sistema fluxo livre, em substituição às praças de pedágio físicas previstas no contrato.[6]

O termo aditivo, por sinal, teve lastro em resolução da própria ANTT, e dispôs sobre a (i) suspensão das obrigações contratuais originais

---

[4] Termo Aditivo nº 03/2023 do contrato referente ao Edital nº 003/2021, de concessão de serviços públicos precedida de obra pública que entre si celebram a União, por intermédio da ANTT e a Concessionária do Sistema Rodoviário Rio-São Paulo S.A. (CCR RioSP), em Brasília, em 23 de fevereiro de 2023.

[5] BRASIL. Agência Nacional de Transportes Terrestres. *Nota Técnica SEI nº 836/2023/GERER/SUROD/DIR/ANTT*. Brasília, DF: ANTT, 2023. Disponível em: https://portal.antt.gov.br/documents/498202/0/Voto+DLL+014-2023.pdf/9ad4afe1-2ad4-1908-c3ac-22db336dfd87?t=1676662165910. Acesso em: 20 nov. 2023.

[6] A ANTT publicou a Resolução nº 5.999, por meio da qual dispôs sobre as regras para constituição e funcionamento de ambiente regulatório experimental (*sandbox* regulatório), em que as pessoas jurídicas participantes podem receber autorizações temporárias para testar novos serviços, produtos ou soluções regulatórias no setor de transportes terrestres.

e inclusão de novas obrigações em decorrência do sistema proposto para a realização de teste operacional para cobrança eletrônica pelo uso da rodovia no trecho da BR-101/RJ por meio de sistema de cobrança em fluxo livre (*free flow*), no âmbito do *sandbox* regulatório, por período determinado e (ii) as repercussões na matriz de risco e no equilíbrio econômico financeiro do contrato.

No caso do Rio Grande do Sul, foi publicado o Decreto Estadual nº 57.149/2023, que

> autoriza a realização de período experimental para a substituição das praças físicas de pedágio por sistema automático de livre passagem e autoriza a adoção de providências quanto à possibilidade de implantação do *free flow* nas rodovias concedidas no Estado.[7]

3 O caso do estado do Rio Grande do Sul: desenho regulatório para implementação do *free flow*

O Decreto Estadual nº 57.149/2023 não se restringiu à concessão específica. Trata-se, na verdade, de norma geral, apta à aplicação no caso concreto, desde que cumpridos os requisitos lá estabelecidos.

A partir da publicação do decreto, a concessionária Caminhos da Serra Gaúcha, delegatária do Contrato nº 50/2022 (ERS-122, ERS-240, ERS-446, RSC-453 e BR-470), propôs ao poder concedente a aplicação do *sandbox* no contrato existente, a partir das seguintes premissas básicas, quais sejam:

- Compartilhamento do risco de evasão do pedágio, nas seguintes proporções: o concessionária: 5% (cinco por cento) da perda de receita motivada pela evasão do pedágio. A evasão é caracterizada pelas passagens dos usuários pelos pórticos de cobrança sem o devido pagamento pelos meios disponibilizados, a serem discutidos em aditivo, no prazo estabelecido em normativos legais.
- Poder concedente: 95% (noventa e cinco por cento) da perda de receita motivada pela evasão do pedágio. Tal risco poderá

---

[7] RIO GRANDE DO SUL. Decreto Estadual nº 57.149, de 21 de agosto de 2023. *Diário Oficial do Rio Grande do Sul*: Poder Judiciário, 2023. Disponível em: https://www.diariooficial.rs.gov.br/resultado?td=DOE&tmi=93&tmd=Decretos&ecc=87934675000196&ecd=Atos%20do%20Governador&di=2023-09-01&df=2023-09-01. Acesso em: 20 nov. 2023.

ser adimplido pelo poder concedente por meio da permissão de compensação constante do art. 5º do Decreto 57.149 de 18/08/2023.
- A concessionária promoverá controle dos pagamentos pelos usuários das tarifas de pedágio feitos após o prazo normativo de pagamento, sendo a arrecadação respectiva compensada do compartilhamento dos riscos descritos acima, tanto pelo Poder Concedente como pela concessionária, na proporção dos riscos assumidos por cada parte.
- A concessionária implantará sistema automatizado para suprir de informações necessárias ao órgão governamental estadual competente para a lavratura da multa de trânsito prevista no Art. 209-A da Lei Federal nº 9.503.
- Caso, ao final ou durante o período experimental, o sistema de Livre Passagem não se mostre adequado aos parâmetros a serem definidos em termo aditivo, a concessionária propõe o compartilhamento do respectivo risco, refletido pelos investimentos no sistema de pórticos, nas seguintes proporções: o concessionária: 30% (trinta por cento). o Poder Concedente: 70% (setenta por cento).
- Retomada do prazo de 12 (doze) meses para a implantação das 6 (seis) praças de pedágio do contrato de concessão original.[8]

Essas premissas foram, em verdade, resultado de um amplo e transparente processo dialógico, que buscou encontrar premissas consensuais entre a concessionária, poder concedente e agência reguladora.

3.1 Da compensação à concessionária pelo inadimplemento dos usuários

Uma vez realizada a alteração das premissas de cobrança da tarifa de pedágio pela concessionária, há inegável modificação dos riscos da concessão.

---

[8] SÃO PAULO (Estado). Agência de Transporte do Estado (ARTESP). *Contrato nº 50/2022*. Minuta de contrato de concessão. concessão dos serviços públicos de ampliação, operação, conservação, manutenção e realização dos investimentos necessários para a exploração do sistema rodoviário denominado Lote Noroeste. São Paulo: ARTESP, [2021]. Disponível em: http://www.artesp.sp.gov.br/Shared%20Documents/CONTRATO_NOROESTE.pdf. Acesso em: 20 nov. 2023.

Não se está, com isso, alterando a relação do binômio risco x retorno, uma vez que, com a alteração do método de pagamento – sem o fracionamento do valor do pedágio e consequente maior pulverização dos trechos –, não se vislumbra aumento ou diminuição da quantidade de usuários.

Assim, há que se distinguir, inicialmente, o risco de demanda do risco de evasão. O risco de demanda continua, portanto, alocado à concessionária, preservada a matriz original do contrato de concessão. O poder concedente não responderá por eventual variação do número de usuários que utilizarem a rodovia, tendo em vista que não introduziu nenhum elemento superveniente apto a alterar a premissa desse modelo.

O risco de evasão, lado outro, deve ter, agora, tratamento diferenciado. Primeiro porque, como dito, a retirada das barreiras físicas atrai um novo dificultador, visto que a concessionária não estará municiada de instrumentos tangíveis para impedir que o usuário realize o adimplemento de sua obrigação.

Em relação ao percentual do risco de evasão assumido pelo Estado, esse foi resultado de análise de projetos congêneres, ressalvadas especificidades dos ativos delegados.

A título de exemplo, colacionam-se a seguir algumas dessas referências. É importante ressaltar, contudo, que a única experiência nacional que atualmente já aplica o sistema de livre passagem é o contrato firmado entre a ANTT e a Concessionária CCR RioSP. Houve apenas a substituição das praças de pedágio em um trecho específico, correspondente a 8% da receita de toda concessão.

Quadro 1 - Título

Precedente	Divisão do risco
CCR Rio-Santos	"(...) 3.2.3. O risco acumulado de evasão, inadimplemento e fraude cometidos pelo usuário decorrentes da não quitação da tarifa cobrada em fluxo livre (*free flow*) na Rodovia BR-101/RJ será compartilhado entre as partes da seguinte forma: (i) a concessionária assume para si, exclusivamente, o risco mencionado na subcláusula 3.2.3, desde de que não sejam superados os seguintes percentuais acumulados de evasão, inadimplemento e fraude sobre o tráfego equivalente: a) 40% (quarenta por cento) do tráfego equivalente, no 1º mês de cobrança; b) 30% (trinta por cento) do tráfego equivalente, no 2º mês de cobrança; c) 20% (vinte por cento) do tráfego equivalente, do 3º ao 12º mês de cobrança; d) 10% (dez por cento) do tráfego equivalente, do 13º ao 18º mês de cobrança; e e) 5% (cinco por cento) do tráfego equivalente, do 19º ao 24º mês de cobrança."
Lote Noroeste Paulista (Contrato nº 0500/2023)	"(...) 19.2. Sem prejuízo de outros riscos expressamente assumidos pelo PODER CONCEDENTE em outras cláusulas deste CONTRATO, o PODER CONCEDENTE assume os seguintes riscos relacionados à CONCESSÃO: (...) xv. Investimentos e impactos positivos ou negativos, inclusive decorrentes de evasão ou inadimplência de USUÁRIOS, decorrentes da implantação de sistema de arrecadação de TARIFAS DE PEDÁGIO na modalidade FLUXO LIVRE ou outro que venha a existir (...)."
Lote Litoral Paulista (minuta em consulta pública)	"(...) 19.2. Sem prejuízo de outros riscos expressamente assumidos pelo poder concedente em outras cláusulas deste contrato, o poder concedente assume os seguintes riscos relacionados à concessão: (...) xv. Investimentos e impactos positivos ou negativos, inclusive decorrentes de evasão ou inadimplência de usuários, decorrentes da implantação de sistema de arrecadação de tarifas de pedágio na modalidade fluxo livre ou outro que venha a existir (...)."
Rodoanel Metropolitano de Belo Horizonte	"Anexo 9 Evasão = inadimplemento ou inviabilidade de qualificar o evento de cobrança de pedágio, quer por ausência de elementos (como placa ilegível), quer por erros cadastrais (impossibilidade de identificar o proprietário do veículo), ressalvados os casos decorrentes de falhas de equipamentos e/ou outros imputáveis à concessionária. Há o compartilhamento do risco em favor da concessionária caso os eventos de evasão ultrapassem a previsão de 10% da evasão."

Fonte: SÃO PAULO (Estado). Agência de Transporte do Estado (ARTESP). *Contrato nº 50/2022*. Minuta de contrato de concessão. Concessão dos serviços públicos de ampliação, operação, conservação, manutenção e realização dos investimentos necessários para a exploração do sistema rodoviário denominado Lote Noroeste. São Paulo: ARTESP, [2021]. Disponível em: http://www.artesp.sp.gov.br/Shared%20Documents/CONTRATO_NOROESTE.pdf. Acesso em: 20 nov. 2023.

Nessa análise, ainda, considerou-se que o Estado, nesse caso, detém o efetivo poder de polícia, por meio da autoridade de trânsito, para lavratura e cobrança da infração de trânsito, sendo notório que o poder concedente, nesse caso, detém maior capacidade de gerenciar o risco de evasão e mitigar os seus efeitos.

Além disso, no estudo específico dos fluxos criados para mapeamento e mitigação da inadimplência dos usuários, também considera-se o nível de adesão nas estradas estaduais às *tags*.

Ainda, há diversas circunstâncias e mecanismos mitigadores do risco assumido pelo Estado, que demonstram a probabilidade de que as compensações possam ser realizadas pela concessionária sem que haja comprometimento de recursos orçamentários do Estado. Essas evidências podem ser demonstradas em dois grupos apartados:

- Quanto à mitigação do inadimplemento por parte dos usuários que trafegam nas rodovias:
    i. o alto nível de adesão ao pagamento das tarifas de pedágio via *tag*, conforme demonstrado no item V.II.I desta justificativa;
    ii. a contratualização da obrigação da concessionária de realizar campanhas publicitárias contínuas para incentivo do pagamento tempestivo, na forma da cláusula 2.7 da minuta do termo aditivo;
    iii. a obrigação da concessionária em disponibilizar plataforma para que os usuários que não efetuaram o pagamento automático de imediato da tarifa de pedágio, o façam posteriormente.

Quanto à mitigação de comprometimento de recursos orçamentários na forma de compensação à concessionária pelo risco de evasão assumido pelo Estado:

i. a vinculação do recurso advindo da aplicação da penalidade prevista no artigo 209-A do CTB, na forma autorizada pelo parágrafo terceiro do artigo 320 da mesma norma c/c artigo 5 do Decreto Estadual nº 57.149/2023;
ii. a criação de mecanismo contratual que prevê reequilíbrio econômico-financeiro que apure a diferença entre os recursos previstos originalmente para construção e operação das praças de pedágio frente aos recursos que serão utilizados

no sistema automático de livre passagem, nos termos do que prevê a cláusula 14 do termo aditivo;

iii. o reequilíbrio econômico-financeiro à concessionária através de uma das modalidades previstas na subcláusula 22.1.3.do contrato de concessão.

3.2 Das atribuições institucionais que compõem o desenho regulatório

O termo aditivo celebrado tem como parte a Secretaria de Logística e Transporte (SELT), com anuência da Agência Reguladora do Estado do Rio Grande do Sul (AGERGS), e do Departamento de Estradas e Rodagens (DAER). Na sequência, sumariamente se embasa a participação de cada uma das entidades a partir de suas atribuições legais cotejadas.

3.2.1 AGERGS

Primeiramente, à AGERGS caberá a homologação do presente termo aditivo, nos termos do artigo 4º, IV, da Lei nº 10.931/97, assumindo também a posição de interveniente-anuente, conforme já presente no contrato original e primeiro termo aditivo.

Registre-se, aliás, que no estado do Rio Grande do Sul a agência reguladora não assume funções de poder concedente, mas sim de fiscalizadora e reguladora.

Nos termos da Lei nº 10.931/1997, que criou a AGERGS:

Art. 4º - Compete ainda à AGERGS:
(...)
VII - propor novas delegações de serviços públicos no Estado do Rio Grande do Sul, bem como o aditamento ou a extinção dos contratos em vigor;
XII - aplicar sanções decorrentes da inobservância da legislação vigente ou por descumprimento dos contratos de concessão ou permissão ou de atos de autorização do serviço público;
XIII - fiscalizar a execução do Programa Estadual de Concessão Rodoviária no Rio Grande do Sul, compreendendo os seguintes Pólos Rodoviários constituídos de rodovias federais e estaduais agrupadas por região (...).

Assim, em vista de suas atribuições legais, se estabeleceu no termo aditivo em que a agência deverá passar em revisão os pagamentos realizados à concessionária, inclusive por meio de auditoria a ser contratada por ela, com consequente aprovação da autarquia, nos termos da cláusula 7.1:

> 7.1. As informações da subcláusula 4.1.1 e da subcláusula 5.2. deverão ser auditadas a cada 06 (seis) meses por empresa especializada de auditoria independente, idônea e de notória especialização a ser contratada pela concessionária, com aprovação da AGERGS[1], devendo o relatório de auditoria ser encaminhado ao poder concedente e à AGERGS em até 15 (quinze) dias de sua emissão.
> 7.1.1. Para contratar a empresa especializada em auditoria independente, a concessionária deverá apresentar, até o 4º (quarto) mês da data da eficácia deste Termo Aditivo, lista tríplice de empresas idôneas, de notória especialização, que tenham auditado, nos últimos dois exercícios anteriores, empresas de capital aberto na Bolsa de Valores de São Paulo (B3)
> 7.1.2. Somente poderão ser indicadas na lista tríplice prevista pela subcláusula 7.1.1 instituições que não sejam partes relacionadas à concessionária e que não estejam submetidas à liquidação, intervenção ou ao Regime de Administração Temporária, à falência ou à recuperação judicial.
> 7.1.3. A AGERGS indicará, em até 15 (quinze) dias, qual das instituições deverá ser contratada pela concessionária.
> 7.1.3.1 A AGERGS poderá rejeitar as instituições indicadas pela concessionária, hipótese em que esta deverá apresentar nova lista tríplice, com empresas de auditoria independente, em até 30 (trinta) dias, para que a AGERGS indique a instituição a ser contratada em até 15 (quinze) dias, a contar do recebimento da nova lista.
> 7.1.3.2. Em caso de nova recusa, a concessionária poderá contratar empresa de auditoria independente de sua escolha.
> 7.2. A AGERGS realizará a análise da regularidade dos dados recebidos da concessionária e do relatório de auditoria, determinando eventual correção da irregularidade identificada, com os respectivos impactos na Compensação de Inadimplência subsequente ou no novo termo aditivo, por ocasião da conclusão do ambiente regulatório experimental.
> 7.3. Independentemente dos ajustes indicados na subcláusula 5.6., o poder concedente, o DAER ou a AGERGS poderão, na eventualidade de identificarem qualquer indício de fraude, erro ou divergência nas informações prestadas periodicamente pela concessionária, exigir que a concessionária promova, às suas expensas, a contratação de auditoria independente, diversa da prevista na subcláusula 7.1, para realização de auditoria extraordinária nos dados transmitidos pela concessionária, devendo os resultados de tal atividade serem transmitidos diretamente à AGERGS e ao poder concedente para adoção das providências cabíveis.

Também caberá à agência reguladora realizar a revisão extraordinária, ao fim do ambiente experimental, quando da celebração de novo termo aditivo que regerá as obrigações das partes durante o prazo remanescente do contrato de concessão.

> 14.4. Concomitantemente à celebração novo termo aditivo que regerá a recomposição de equilíbrio econômico-financeiro do contrato de concessão, computando os valores apurados conforme subcláusulas 14.1 e 14.2 (quando for o caso), a AGERGS promoverá a revisão extraordinária da tarifa de pedágio para fins de equilíbrio econômico-financeiro, desde que atendida a subcláusula 18.9.2.2 do contrato de concessão.

3.2.2 SELT

A SELT figura como signatária do presente termo aditivo, tendo em vista que é, por atribuição legal, poder concedente do serviço delegado à iniciativa privada.

Assim, de forma sumária, a SELT deverá realizar o reconhecimento, empenho, liquidação e consequente pagamento dos valores devidos à concessionária em razão do risco de evasão assumido pelo poder público, nos prazos e formas estabelecidos na minuta do termo aditivo.

> 5.3. Em até 30 (trinta) dias, contados do protocolo do relatório de compensação de inadimplência, o poder concedente deverá proceder ao reconhecimento, empenho e a liquidação da despesa e o respectivo pagamento da compensação da inadimplência, utilizando-se, exclusivamente, dos recursos financeiros disponíveis na conta multa de que trata a Cláusula 8ª.

Por fim, sendo imperativa a manutenção do equilíbrio econômico-financeiro da concessão, cabe ao poder concedente, no caso de insuficiência dos recursos da conta multa e da diferença entre o Capex e Opex projetado x realizado, recompor o equilíbrio a partir de uma das formas previstas na subcláusula 22.1.3. do contrato de concessão, nos exatos termos da cláusula 5.5.1. do termo aditivo:

> 5.5.1. Na hipótese de insuficiência de recursos na conta multa e, ainda, nos saldos positivos de Opex e Capex a que se refere a subcláusula 5.5, acima, para a realização da compensação da inadimplência, o poder concedente deverá proceder a recomposição do equilíbrio

econômico-financeiro do contrato, considerando o saldo remanescente da compensação da inadimplência em favor da concessionária através de uma das modalidades previstas na subcláusula 22.1.3.do contrato de concessão.

Assim, o poder concedente atuará, sobretudo, nos fluxos de pagamentos devidos à concessionária e às decisões de política pública que impactem no contrato de concessão e na experiência do usuário.

3.2.3 DAER

Nos termos da Lei nº 11.090/1998, cabe ao DAER, na forma do artigo 1, X, o policiamento do trânsito rodoviário. O CTB, por sua vez, prevê no artigo 256, que a "autoridade de trânsito, na esfera das competências estabelecidas neste Código e dentro de sua circunscrição, deverá aplicar, às infrações nele previstas, as seguintes penalidades", listando em sequência o rol previsto em seus subsequentes incisos.

A partir da inclusão da infração do artigo 209-A na Lei nº 9.503/1997, tipificando como infração grave, digna de multa ("evadir-se da cobrança pelo uso de rodovias e vias urbanas para não efetuar o seu pagamento, ou deixar de efetuá-lo na forma estabelecida"), cabe ao DAER, nas rodovias estaduais, realizar a lavratura e emissão da penalidade aplicável aos usuários inadimplentes da tarifa de pedágio.

A minuta do termo aditivo, portanto, prevê:

> 3.1.2. A não efetivação do pagamento da TARIFA DE PEDÁGIO pelo usuário, no prazo indicado na subcláusula 3.1.1, constituirá inadimplência e acarretará a emissão de auto de infração por evasão pelo DAER, nos termos do artigo 209-A da Lei Federal nº 9.503, de 23 de setembro de 1997 (Código de Trânsito Brasileiro).

Para a aplicação da penalidade, o DAER poderá se valer das informações encaminhadas pela concessionária, contendo os dados essenciais à lavratura do auto de infração, tais como local, data e hora do cometimento da infração; caracteres da placa de identificação do veículo e a confirmação de que não houve o adimplemento da tarifa no prazo estabelecido pela Resolução Contran nº 984/2022. Nesse sentido:

> 4.1.1. A concessionária deverá enviar para o DAER relatório contendo, no mínimo: os registros, as evidências e as informações que possibilitem

ao DAER emitir as multas de evasão, nos termos dos artigos 209-A e 280 da Lei Federal nº 9.503, de 23 de setembro de 1997 (Código de Trânsito Brasileiro) e da Lei Federal nº 14.157 de 1º de junho de 2021, quais sejam: local, data e hora do cometimento da infração, caracteres da placa de identificação do veículo, confirmação de que não houve pagamento da tarifa de pedágio por meio da plataforma dentro do prazo legal de 15 (quinze) dias contados da passagem pelo respectivo pórtico, e outros elementos solicitados pelo DAER, desde que imprescindíveis para a emissão das multas, observada a regulação vigente.

A minuta do termo aditivo também prevê que a concessionária deverá, então, atuar junto ao DAER para facilitar e ordenar a transferência de informações relacionadas ao registro das infrações de trânsito, já que deterá, na ponta, os elementos necessários à circunstanciar a infração cometida.

> 2.6.2. A concessionária deverá atuar junto ao DAER para facilitar e ordenar a transferência de informações relacionadas ao registro de infrações de trânsito, inclusive no tocante aos Usuários Inadimplentes, a fim de auxiliar a emissão de autos de infração.
> 2.6.1. O exame das informações dos Usuários Inadimplentes, a partir do envio dos dados pela concessionária, seguido de eventuais emissões de autos de infração, serão de responsabilidade do DAER.

Vale destacar, nesse caso, que não há qualquer ilegalidade na atuação da concessionária no envio dessas informações ou mesmo substituição do papel da autoridade de trânsito no exercício do poder de polícia.

O poder de polícia é composto, classicamente, pelas funções de (i) consentimento; (ii) fiscalização; (iii) legislação e (iv) sancionatória. A decisão do STJ no Resp. nº 817.534 MG ("caso BHTRANS") corrobora o entendimento da relativização da indelegabilidade do poder de polícia, admitindo a transferência a particulares das funções de consentimento e fiscalização, mas não das funções de legislação e sancionatória.

Nesse caso, apenas a função de fiscalização é compartilhada com a concessionária, que atua como mera reprodutora da realidade ao consubstanciar em relatórios os dados dos usuários que cometeu a infração, não havendo que se falar em discricionariedade em sua atuação.

Trata-se de monitoramento da conduta dos particulares de modo a verificar se elas se amoldam, ou não, aos ditames da ordem jurídica, nos mais variados campos de atividade. A fiscalização se destina, portanto, a verificar a consonância das condutas dos particulares, e também do exercício de suas propriedades, face à ordem normativa vigente.[9]

De igual forma,

(...) o entendimento da doutrina majoritária é o de que não se pode delegar o exercício de atos jurídicos expressivos do poder de polícia. O mesmo impedimento não se aplica, de modo geral, aos atos materiais, de suporte à execução do poder de polícia. Esses atos podem ser praticados por particulares, em virtude de delegação ou de mero contrato de prestação de serviços à Administração (por exemplo, um contrato de terceirização de serviços de vigilância celebrado entre Estado e empresa privada).[10]

Destaca-se, contudo, que tendo em vista o recebimento de dados da própria concessionária, o próprio termo aditivo estabelece que o DAER deverá apurar eventuais informações inverídicas ou incorretas, sendo passível de aplicação de penalidade para desincentivar eventuais comportamentos oportunistas por parte da contratada:

> 4.3. No relatório de que trata a subcláusula 4.2, o DAER deverá fazer constar o recebimento de eventuais informações inverídicas ou incorretas sobre os Usuários Inadimplentes, para eventual aplicação de penalidade prevista na subcláusula 4.3.1.

Por fim, o DAER também deverá, após o mês de emissão das penalidades durante o mês corrente, consolidar em relatório de usuários inadimplentes todos os autos lavrados, atestando ao poder concedente que a concessionária forneceu os dados necessários para que se pudessem emitir os autos de infração correspondentes.

> 4.2. O DAER deverá, até o 5º (quinto) dia útil do mês subsequente ao do recebimento de cada relatório mencionado na subcláusula 4.1.1, emitir um relatório consolidado dos usuários inadimplentes, atestando ao poder concedente que a concessionária forneceu todos os dados necessários

---

[9] VIEIRA, A. S. M. *Os limites à delegação do exercício do poder de polícia estatal*: análise sobre a possibilidade de atuação dos particulares. 2016. Dissertação (Mestrado em Direito) – Faculdade de Direito, Universidade Federal de Minas Gerais, Belo Horizonte, 2016. p. 124.

[10] VIEIRA, A. S. M. *Os limites à delegação do exercício do poder de polícia estatal*: análise sobre a possibilidade de atuação dos particulares. 2016. Dissertação (Mestrado em Direito) – Faculdade de Direito, Universidade Federal de Minas Gerais, Belo Horizonte, 2016. p. 124.

para que o DAER pudesse proceder nas notificações de autuação, independentemente de ter emitido ou não referidas notificações, de modo que o poder concedente possa realizar o procedimento especificado na subcláusula 5.3.2.

4 Conclusão

A experiência do estado do Rio Grande do Sul sinaliza que o *free flow* pode ser experenciado em contratos de concessão já vigentes. Desde a experiência da ANTT na Rio-Santos, o *sandbox* regulatório vem sendo utilizado como uma estratégia para implementação da medida, que, cada vez mais, vem sendo estudada e aplicada como mecanismo para garantir fluidez no trânsito, diminuir emissões de gás carbônico, reduzir impactos sociais e promover justiça tarifária.

Referências

BRASIL. Agência Nacional de Transportes Terrestres. Nota Técnica SEI nº 836/2023/GERER/SUROD/DIR/ANTT. Brasília, DF: ANTT, 2023. Disponível em: https://portal.antt.gov.br/documents/498202/0/Voto+DLL+014-2023.pdf/9ad4afe1-2ad4-1908-c3ac-22db336dfd87?t=1676662165910. Acesso em: 20 nov. 2023.

CAGGIANO, H. C. A implantação do sistema *free flow* em concessões rodoviárias: como fica o equilíbrio econômico-financeiro? *In:* PINHEIRO, A. C.; SAMPAIO, P. R. P. (coord.). *Direito, economia e reformas regulatórias*. Rio de Janeiro: FGV, 2023.

BALAGO, R. Concessões de rodovias federais terão pedágio sem parada e desconto por frequência. *Folha de S.Paulo*, São Paulo, 14 jun. 2023. Disponível em: https://www1.folha.uol.com.br/mercado/2023/06/concessoes-de-rodovias-federais-terao-pedagio-free-flow-e-desconto-para-usuarios-frequentes.shtml. Acesso em: 20 nov. 2023.

RIO GRANDE DO SUL. Decreto Estadual nº 57.149, de 21 de agosto de 2023. *Diário Oficial do Rio Grande do Sul*: Poder Judiciário, 2023. Disponível em: https://www.diariooficial.rs.gov.br/resultado?td=DOE&tmi=93&tmd=Decretos&ecc=87934675000196&ecd=Atos%20do%20Governador&di=2023-09-01&df=2023-09-01. Acesso em: 20 nov. 2023.

SÃO PAULO (Estado). Agência de Transporte do Estado (ARTESP). *Contrato nº 50/2022*. Minuta de contrato de concessão. concessão dos serviços públicos de ampliação, operação, conservação, manutenção e realização dos investimentos necessários para a exploração do sistema rodoviário denominado Lote Noroeste. São Paulo: ARTESP, [2021]. Disponível em: http://www.artesp.sp.gov.br/Shared%20Documents/CONTRATO_NOROESTE.pdf. Acesso em: 20 nov. 2023.

VIEIRA, A. S. M. *Os limites à delegação do exercício do poder de polícia estatal*: análise sobre a possibilidade de atuação dos particulares. 2016. Dissertação (Mestrado em Direito) – Faculdade de Direito, Universidade Federal de Minas Gerais, Belo Horizonte, 2016.

Informação bibliográfica deste texto, conforme a NBR 6023:2018 da Associação Brasileira de Normas Técnicas (ABNT):

FAJARDO, Gabriel Ribeiro; CAPELUPPI, Pedro Maciel; RAMOS, Rafael; ZETTERMANN, Napoleão. O desenho regulatório para o free flow: o caso do estado do Rio Grande do Sul. *In*: FAJARDO, Gabriel; SAMPAIO, Guilherme Theo (coord.). Free flow *em concessões de rodovias*. Belo Horizonte: Fórum, 2024. p. 107-124. ISBN 978-65-5518-724-3.

DESAFIO DO *FREE FLOW* NA CONCESSIONÁRIA CAMINHOS DA SERRA GAÚCHA

RICARDO PERES

1 A CSG e seu contexto

A concessionária Caminhos da Serra Gaúcha (CSG), oriunda do Consórcio Integrasul, vencedor do leilão da concessão rodoviária do bloco 3 das rodovias gaúchas em abril de 2022, é formada pelas empresas Silva & Bertoli Empreendimentos e Participações Societárias S.A. e Gregor Participações Ltda., pertencentes, respectivamente, aos grupos Neovia Engenharia e Greca Asfaltos. Ambas as empresas são consolidadas no mercado e com notável e reconhecida expertise nas áreas de pavimentação e de materiais asfálticos.

Considero que o principal diferencial da CSG é a sua formação, não apenas por empresas consolidadas no ramo rodoviário, mas sim pela participação ativa e direta dos fundadores de ambos os grupos. Essa formação já nasce com ideias disruptivas do setor de concessão rodoviária.

O norte da companhia e lema é "não ser a maior concessionária de rodovias, e sim a melhor concessionária de rodovias".

O lema citado não é uma mera retórica ou frase de efeito, mas sim uma exigência implícita da região em que atuamos. Tal exigência é resultado da experiência malsucedida de concessões rodoviárias que tornaram o ressurgimento da ideia quase que uma agressão para a população da Serra Gaúcha e Vale do Caí, uma região muito produtiva e rica localizada no nordeste do estado Gaúcho. Portanto, fazer o convencional, mesmo que adequado, não é o suficiente. Há a necessidade de mais.

A CSG compreende que é uma concessionária pequena e o grupo que a compõe entende a sua posição neófita, porém, também entende como obrigação que as suas ações e decisões devem ser ágeis, sem as amarras de grandes corporações.

A assunção da concessão se deu em 1 de fevereiro de 2023. Herdaram-se da concessionária anterior – EGR – 2 praças de pedágio localizadas nos municípios de Portão e de Flores da Cunha. Por força do contrato firmado com o estado do Rio Grande do Sul, assumiu-se a operação das duas praças à meia-noite do dia citado, quando, concomitantemente, a EGR desligou seus computadores e retirou seus operadores e a CSG ligou os seus computadores e acionou seus operadores. Por mais que tenham sido tomados todos os cuidados possíveis antes da transição, de modo a identificar quais equipamentos deveriam ser substituídos para a transição, falhas ocorreram nos equipamentos herdados da EGR, que supúnhamos operáveis, e por conta disso a estabilização da operação pela CSG demorou algumas horas.

Nos dias seguintes à assunção, realizamos um *retrofit* dos equipamentos e reformas nos prédios das duas praças de pedágio.

Durante esse processo, observamos como há desperdício de recursos em uma praça de pedágio: recursos humanos realizando um trabalho notadamente manual; clientes insatisfeitos com as filas nas cabines e não dispostos a desembolsar mais recursos para instalar uma *tag*, uma edificação gigantesca com alto custo de manutenção; veículos de grande porte desperdiçando uma enorme energia para a sua frenagem e retomada de movimento – com desnecessário efeito cisalhante no pavimento em ambas operações –; pagamentos em dinheiro, com demandas de manipulação nada inteligentes (insegurança aos operadores das praças pela presença de dinheiro vivo, transporte de valores, com toda a complexidade de segurança inerente, custo de transporte, custo de custódia, disponibilidade de troco, a inconveniente necessidade de cuidados com "furo de caixa" por parte dos arrecadadores de pedágio etc.). Obviamente, todos os desperdícios citados acabam por repercutirem em duas dimensões: numa, na conta do meio ambiente; noutra, no bolso dos usuários da concessão.

O nosso contrato dispõe que devemos construir, durante o primeiro ano da concessão, seis praças de pedágio e desativar e demolir as duas existentes, as quais são acometidas de fugas extraordinárias.

Aos acionistas não parecia nada confortável ter de replicar os mesmos conceitos e desperdícios inerentes, em outras seis praças novas. Na conta dos desperdícios já citados, ainda há de serem incluídos: as desapropriações, com todos os seus reflexos sociais; a localização topográfica e geológica adequada para otimização de custos, localização isenta de fugas no momento da construção, e pelos próximos 29 anos da concessão; a agressão ao meio ambiente pela necessidade de supressão vegetal etc.

2 A busca da tecnologia MLFF

Durante o mês de fevereiro de 2023 sabemos pela imprensa de uma nova tecnologia que estava sendo implantada e testada pela CCR na Concessionária RioSP. Tratava-se da solução MLFF, já bem sedimentada em alguns outros países.

A ideia parecia fazer sentido com o contexto já narrado. Porém, a dúvida que ficava, por óbvio, era quanto à segurança do equilíbrio econômico-financeiro de um contrato de concessão sem as cancelas das praças de pedágio e não universalidade do uso de *tag*.

Em pesquisas sobre legislação aplicável, foi identificada a Lei nº 14.157, de 1 de junho de 2021, que estabelece as condições para a implementação da cobrança pelo uso de rodovias por meio de sistemas de livre passagem, que modificou o CTB, incluindo o artigo 209-A, referente à penalidade de trânsito por evasão do pedágio e o parágrafo 3º do artigo 320 que possibilita a recomposição das perdas de receita das concessionárias por meio das multas aplicadas com fundamento no artigo 209-A. Porém, foi a Resolução nº 984 do Contran, de 15 de dezembro de 2022, que fez a grande diferença na segurança buscada, com a regulamentação da implementação do sistema de livre passagem e os meios técnicos para garantir a identificação dos veículos que transitarem pelas vias.

Identificamos que a empresa que estava disponibilizando a tecnologia MLFF à CCR RioSP era a austríaca Kapsch.

Tivemos a confirmação e boas referências da empresa Kapsch junto à ANTT. A partir daí estreitamos contato junto à Concessionária RioSP, mais especificamente, junto à superintendência de arrecadação da companhia, a qual nos recebeu e nos concedeu, gentilmente, informações suficientes para que pudéssemos seguir nas nossas pesquisas e tomar decisões a respeito.

A Kapsch, sabendo do nosso interesse no assunto e tomando conhecimento do estágio que estávamos junto ao nosso recém assumido contrato de concessão, fez contato junto à Secretaria de Parcerias e Concessões do Estado do Rio Grande do Sul (Separ), com o intuito de apresentar as suas soluções a respeito do MLFF.

3 O início das tratativas do uso da tecnologia MLFF junto ao governo gaúcho

No início de março de 2023, durante uma visita de praxe à CSG pelo titular da Secretaria de Parcerias e sua equipe, fomos indagados sobre o nosso interesse em testar a instalação de *free flow* na nossa concessão, considerando que ainda não tínhamos iniciado a construção das praças de pedágio que tínhamos por obrigação. Deixaram claro que essa seria uma decisão livre e espontânea nossa, considerando a novidade e incertezas do assunto, e que não haveria qualquer imposição por parte do governo do Rio Grande do Sul, mesmo este estando interessado em incluir a nova tecnologia nos demais blocos de concessão em estudo de estruturação.

Então, por coincidência de vontades, já manifestamos o nosso interesse de promover estudos a respeito e buscar a possibilidade da efetiva instalação da tecnologia na CSG.

Em 22 de março de 2023, recebemos ofício da Separ nos solicitando os devidos estudos de projeto-piloto de *free flow*, considerando todas as incertezas envolvidas e a sugestão de algumas diretrizes técnicas que poderíamos seguir e resultados a apresentar.

Tal ofício tinha a informação de que deveríamos, num primeiro momento, considerar no projeto-piloto apenas as duas praças de pedágio de menor volume de tráfego previstas em contrato, de modo a mitigar os riscos envolvidos.

A restrição das duas praças estaria em linha ao que a concessionária Rio-São Paulo estaria fazendo durante o seu *sandbox* regulatório, já que divulgavam que os três pórticos de *free flow* instalados na BR-101/RJ respondiam por algo em torno de 8% da receita total da concessionária. Logo, se a tentativa se mostrasse inviável, poderíamos voltar ao que o contrato original previa, retirando os dois pórticos de *free flow* instalados e construindo as duas praças de pedágio que deixariam de ser construídas.

Num primeiro momento nos pareceu adequada a ideia de instalarmos apenas dois pórticos de *free flow*, porém, pensando mais um pouco, não fazia sentido a situação de investirmos recursos consideráveis nas quatro praças de pedágio restantes e, caso a tecnologia se mostrasse viável, termos de fazer a terrível ação de demolir ou adaptar as praças de pedágio recém-construídas à tecnologia *free flow*. Pesava também o fato de termos, em sentido amplo, dois sistemas distintos em operação: o do *free flow* e o convencional de praça de pedágio.

Apresentamos à Separ a proposta de não construirmos as seis praças de pedágio, mas instalar seis pórticos de *free flow* em seus lugares. Num primeiro momento, a Separ refutou a ideia. Não achavam razoável arriscarmos 100% da nossa receita em uma tecnologia não consolidada, o que poderia causar o fracasso total da concessão.

Num segundo momento, retomamos o contato com a Separ e assumimos todos os riscos da proposta apresentada, mas que continuaríamos, em paralelo, com o desenvolvimento dos projetos executivos e processos de desapropriação das seis praças de pedágio, àquela altura já iniciados. Então, se durante os estudos específicos do *free flow* e negociações pertinentes algo se mostrasse impossível de se levar adiante, não teríamos perdido tempo e as praças de pedágio poderiam ser executadas a tempo do exigido em contrato – 12 meses.

Após alguns dias, a Separ acedeu à nossa proposta, reforçando que o risco da ideia seria da CSG. A partir daí, acordamos que Separ e CSG buscariam, cada um, em paralelo, modelo jurídico sobre o *free flow* para possível aditivo para ajustes no contrato de concessão e a CSG ficaria com a busca da solução operacional.

4 Negociações com a Kapsch

Em abril de 2023 iniciamos as tratativas firmes com a Kapsch. Naquele momento estávamos buscando fechar um contrato *turn-key*, incluindo além dos equipamentos Kapsch dos pórticos de *free flow*, também a estrutura metálica dos pórticos, sala técnica, sistema de *back-office* operacional e comercial, pois desta forma pensamos que mitigaríamos os riscos de assumir parte do escopo com desconhecimento geral do assunto.

À medida que as tratativas amadureceram e nos encorpamos mais nos conhecimentos técnicos, e para evitar a concentração em um único fornecedor, achamos por bem a Kapsch focar na sua *expertise*, que são os equipamentos dos pórticos e o *back-office* operacional completo, apesar de este ainda necessitar passar por adaptações de versões estrangeiras para a nossa realidade Brasil.

Em meados de maio de 2023, fechamos o contrato de fornecimento com a Kapsch. Esse era o ponto de "não retorno".

5 Planejamento do desenvolvimento do projeto-piloto do *free flow*

Retomamos o contato com a Separ e informamos que havíamos fechado contrato com a Kapsch.

A partir desse momento, ficou combinado que trabalharíamos todos em conjunto, CSG e governo do Rio Grande do Sul, não havendo qualquer restrição de troca de informações entre os envolvidos. O objetivo era tornar possível o projeto-piloto *free flow*, agora um *sandbox* regulatório. Acordou-se também que os trâmites burocráticos não essenciais para fazer acontecer o projeto, deveriam ser relativizados, já que tudo o que aconteceria pela frente não poderia seguir um processo trivial, pois o todo era desconhecido e tudo seria desenvolvido a partir da estaca zero.

Como o desenvolvimento dos projetos executivos e estudos de desapropriação das praças de pedágio estavam em estado avançado de desenvolvimento, acordamos que os processos seriam concluídos, porém, obviamente, não executados. Ficariam como alternativa, caso o *sandbox* regulatório não se mostrasse viável ao final do prazo estipulado, e as praças de pedágio deveriam ser retomadas e construídas.

A CSG apresentou à Separ a primeira versão do aditivo do *free flow* que seria, então, discutido e aprimorado até a sua versão final. Foi criado um grupo de trabalho para o assunto jurídico envolvendo a direção e o corpo jurídico da CSG, o secretário adjunto da pasta, dois procuradores que atuam na Separ e as diretorias geral e técnica da Separ.

Ficou estabelecido que a CSG instalaria e iniciaria a operação de um pórtico de *free flow* antes dos demais cinco. O prazo deveria ser o mais curto possível. Esse pórtico serviria como piloto, com o objetivo de antecipar o processo de informação e adaptação dos usuários ao sistema, além de ajudar a própria concessionária e o governo com prováveis necessidades de ajustes para quando da operação de todos os seis pórticos ao mesmo tempo. Foi escolhido o pórtico de *free flow* que substituiria a praça já existente de Flores da Cunha, cuja justificativa era o clamor social pela sua desativação e por ter um volume de tráfego menor em relação aos demais pórticos.

A CSG montou um grupo interno com responsáveis pela infraestrutura civil, infraestrutura metálica e infraestrutura tecnológica com a coordenação da direção da concessionária. O objetivo era disponibilizar toda a infraestrutura necessária para a Kapsch instalar seus equipamentos e sistemas.

Para o fornecimento da estrutura metálica dos pórticos de *free flow*, a CSG contratou a empresa Demuth, sediada no município de Portão-RS. Para o desenvolvimento do *back-office* comercial, composto pela plataforma de auto pagamento que inclui aplicativo, *web* e totem de autoatendimento, a CSG contratou a empresa Attri, sediada no município de São Paulo. Para o desenvolvimento do sistema de *enforcement*, a CSG contratou a empresa Pumatronix, sediada em Curitiba-PR, que ajustou o seu *software* Nevada para a devida interligação entre o sistema de *back-office* operacional da Kapsch com o sistema de notificações de infrações de trânsito do DAER/RS.

Com as tratativas técnicas de encontro de cronogramas executivos entre os trabalhos da Kapsch, incluindo a importação dos equipamentos necessários e desenvolvimento do *back-office* operacional, bem como a capacidade de desenvolvimento de projeto e entrega da estrutura metálica dos pórticos de *free flow* pela Demuth e a capacidade de desenvolvimento da plataforma pela Attri, chegou-se ao momento possível de pôr em funcionamento o pórtico que substituiria a praça de Flores da Cunha: dezembro de 2023.

6 Desenvolvimento do aditivo temporário do *free flow*

A partir do desenho básico do desenvolvimento do projeto, passou-se às tratativas do aditivo ao contrato de concessão, o qual tornaria possível a instalação e operação dos pórticos de *free flow* em substituição às praças de pedágio convencional com a devida segurança jurídica.

Os principais paradigmas utilizados foram o aditivo do contrato da CCR RioSP e o material referente ao lote do Noroeste Paulista da ARTESP.

A principal contribuição do aditivo da Rio-São Paulo foi o conceito de *sandbox* regulatório. Para o *sandbox* regulatório da CSG, também assumimos o prazo de dois anos de duração, com regras objetivas que apontariam o fracasso do sistema e como se voltaria ao sistema convencional de praças de pedágio.

Sobre o lote do noroeste paulista, utilizamos a ideia das contas representando os níveis de garantia de ressarcimento da concessionária. Porém, apenas a ideia de contas foi utilizada, já que a estrutura das contas do noroeste paulista seria impossível de ser replicada na CSG pela natureza e particularidades do contrato, como a não existência de transferência automática de um percentual da receita bruta da concessão a uma conta específica que poderia ser um dos níveis de garantia da concessionária. A conta multa foi a principal contribuição da modelagem do noroeste paulista para o Sandbox Regulatório do *free flow* da CSG.

No desenvolvimento do aditivo, o primeiro passo foi definir um mínimo de parâmetros técnicos que deveriam constar como obrigação da concessionária. Com um estudo mais acurado, montamos uma listagem de itens que foram inseridos como anexo ao aditivo do *Free flow* da CSG.

O segundo passo foi definir as formas de ressarcimento da concessionária motivado pelas evasões do pedágio e como atribuir esse risco ao poder concedente, porém sem onerar a tarifa de pedágio. A única alternativa possível, foi utilizar os recursos das multas pela evasão do pedágio para ressarcir a concessionária. Seria criada, então, uma conta corrente apartada e específica para receber os recursos das multas oriundas das evasões do pedágio da CSG, a qual seria do tipo *escrow account* sob a gestão de um banco depositário e blindada para usos diversos dos de ressarcimento das evasões de pedágio da concessão da CSG.

Considerando a criação da conta multa, esta estaria inicialmente, e por um bom período, com saldo insuficiente para fazer frente ao ressarcimento da concessionária. Para evitar um desencaixe financeiro na concessão, acordamos que as tarifas a serem cobradas nos seis pórticos de *free flow*, seriam as mesmas das praças de pedágio convencionais constantes do contrato original e, além disso, o encontro de contas de Capex e Opex aconteceria somente ao final dos dois anos de prazo do aditivo temporário, ou seja, a concessionária desembolsaria apenas o necessário para instalar e operar o sistema *free flow* pelo prazo do Sandbox. Como a suposição de que Capex e Opex, principalmente este último, no sistema *free flow* são inferiores aos correspondentes nas praças de pedágio convencionais, o possível desencaixe financeiro seria mitigado.

O terceiro passo foi definir o risco que a concessionária assumiria pela evasão do pedágio, de modo a estimulá-la a buscar o pagamento do pedágio devido pelo usuário. Ficou estabelecido que a concessionária assumiria o risco de 5% das evasões e o poder concedente 95%, utilizando os recursos da conta multa. Assim, das evasões apontadas durante um mês, 95% seriam ressarcidas à concessionária. Havendo o pagamento da tarifa de pedágio pelo usuário posteriormente ao prazo legal de 15 dias, chamada de arrecadação extemporânea, esta arrecadação será compensada do ressarcimento do mês seguinte, repondo, dessa maneira, os 95% assumidos pelo poder concedente e os 5% assumidos pela CSG.

O quarto passo foi definir os parâmetros objetivos que apontariam o fracasso ou o sucesso do Sandbox Regulatório. Haveria parâmetros que indicariam a inviabilidade do sistema durante o decurso do prazo dos dois anos, de maneira a abandonar o sistema, sensivelmente fracassado, e voltar ao modelo de praças de pedágio convencionais, sem esperar o fim dos dois anos. Tal parâmetro foi assim definido: "(...) passados seis meses do início da operação do sistema *free flow*, caso haja inadimplência mensal superior a 30% por três meses seguidos ou seis meses alternados, sendo a inadimplência considerada como o não pagamento pelo usuário da tarifa de pedágio após três meses do vencimento original." Caso ocorra o cenário apontado como fracasso e o necessário abandono do sistema *free flow*, a concessionária assume o risco de arcar com 30% do Capex dos pórticos instalados.

O último passo foi definir o fluxo de informações necessário para o funcionamento do mecanismo, bem como quais órgãos do governo do Rio Grande do Sul atuariam no devido processamento do citado fluxo.

Durante o processo de desenvolvimento do aditivo do *free flow*, quando o documento e os entendimentos já estavam em um grau de amadurecimento satisfatório, o governador do estado do Rio Grande do Sul anunciou e assinou em 17 de agosto de 2023 o Decreto nº 57.149, o qual autorizou a realização do período experimental para a substituição das praças físicas de pedágio por sistema automático de livre passagem e autorizou a adoção de providências quanto à possibilidade de implantação do *free flow* nas rodovias concedidas no estado do Rio Grande do Sul.

Outro ponto de grande relevância no processo de desenvolvimento do aditivo do *free flow* foi a elaboração da sistemática de comunicação entre o sistema de *back-office* operacional da CSG e o sistema de emissão de autuações de infrações de trânsito a cargo do DAER/RS, o qual se comunica com o sistema do Detran para a efetivação dos autos de infração pelas evasões de pedágio. Nesta fase do trabalho, foi notável a dedicação e sinergia dos técnicos e gestores dos órgãos envolvidos no processo como o DAER/RS, Detran/RS e PROCERGS, cuja coordenação dos trabalhos foi realizada pelo diretor-geral da Separ com maestria. Em tempo muito curto, foi possível transformar um processamento de autuações quase que manual para um modo automatizado e seguro. A segurança jurídica do processo foi demonstrada com propriedade pela Procuradoria Setorial junto ao DAER/RS.

Por fim, no aditivo ficou estabelecido que durante os dois anos de *sandbox* regulatório, a CSG deverá promover estudos para aumentar a quantidade de pórticos de *free flow* a serem instalados nas rodovias sob sua concessão com o objetivo de tornar a tarifa de pedágio mais próxima ao trecho realmente utilizado pelos usuários. A ideia é quebrar a tarifa concentrada em um só ponto de cobrança em mais pontos. Como os acessos às rodovias sob concessão da CSG são inúmeros, assim como na grande maioria das rodovias brasileiras, não é possível o funcionamento do *free flow* clássico, em que os acessos são controlados e, por conta disso, a tarifa cobrada do usuário refere-se exatamente a extensão utilizada por ele.

Ao final dos dois anos do aditivo do *sandbox* regulatório, deverá ser efetuado o reequilíbrio econômico-financeiro do contrato considerando os efetivos números realizados de investimentos e operação do sistema *free flow* e a devida projeção para o restante do prazo contratual, repassando à tarifa quilométrica os reflexos advindos do novo sistema.

Um item do aditivo do *free flow* que merece destaque, é extensão do benefício do Desconto de Usuário Frequente (DUF) aos cadastrados na plataforma de auto pagamento. Originalmente, este benefício estava disponível apenas para os usuários com *tag* instalada. O Poder Concedente acedeu a essa extensão do benefício DUF, cujo risco está alocado a este último, e a CSG estendeu o desconto de 5% (DBT) aos mesmos usuários cadastrados na plataforma de auto pagamento. Assim, os usuários cadastrados na plataforma fazem jus aos 5% de desconto para qualquer categoria de veículo, bem como o DUF para os veículos de passeio e motocicletas. Esse foi um dos ajustes mais importantes no contrato, refletido nos números de inadimplência, explorados mais à frente neste texto.

7 Início da operação do primeiro pórtico de *free flow* em 15 de dezembro de 2023

Desde a divulgação do decreto do *free flow* pelo governador do Rio Grande do Sul em 17 de agosto de 2023, a euforia da imprensa era muito grande. Os questionamentos eram dos mais variados possíveis. Perguntas para as quais ainda não tínhamos respostas assertivas, apenas projeção de como as coisas iriam se desenrolar dali em diante.

Implantamos diversos *outdoors* nas nossas rodovias e disponibilizamos vários materiais a respeito na nossa página da *internet* e redes sociais informando de que o "*free flow* está chegando no RS".

Durante o anúncio do decreto do *free flow* já se sabia que o primeiro pórtico a entrar em operação seria o que substituiria a praça de pedágio existente de Flores da Cunha, porém o local exato ainda era desconhecido.

Após alguns estudos, sem as amarras técnicas da escolha dos lugares de implantação de praças de pedágio, optamos por instalar o primeiro pórtico nos arredores da ponte sobre o rio das Antas no Quilômetro 108,3 da ERS-122, porém no município de Antonio Prado e não mais no de Flores da Cunha. O rio das Antas está no limite dos municípios. Tal local é interessante porque está num ponto que não separa a área rural da sede dos respectivos municípios e há apenas uma faixa de rolamento em cada sentido, diminuindo a quantidade de equipamentos de monitoramento do *free flow*.

Instalamos a estrutura metálica do pórtico de Antonio Prado em 25 de setembro de 2023. Depois, como numa linha de produção, instalamos as estruturas metálicas em Ipê, Carlos Barbosa, Farroupilha, Capela de Santana e São Sebastião do Caí. Seguidas, a cada uma, das respectivas instalações das salas técnicas e equipamentos pertinentes, como geradores, nobreaks, banco de baterias, *links* de *internet* em redundância, equipamentos de TI etc.

Após a árdua fase de preparativos e planejamento, chegara o momento de pôr em operação o primeiro pórtico de *free flow* no estado do Rio Grande do Sul.

Conforme o mês de dezembro se aproximava e as instalações do pórtico de Antonio Prado ficava cada vez mais incrementada, a euforia da imprensa aumentava. Esta euforia era mais pela ansiosidade do desconhecido do que por qualquer receio quanto ao sistema. A cada entrevista informávamos de maneira simples como iria funcionar o sistema e quais seriam os meios de pagamento e prazos. Deixávamos sempre claro que tudo seria muito simples e a vida do usuário seria facilitada porque ele não mais perderia tempo em filas de pedágio.

Em 1 de dezembro de 2023, estabelecemos a data de 15 de dezembro de 2023 como o início da operação do pórtico de *free flow* de Antonio Prado.

Os equipamentos e sistemas do pórtico de Antonio Prado já estavam em testes bem antes dessa data e a plataforma de pagamento já estava bem adiantada quanto ao seu desenvolvimento. Mesmo sem qualquer anúncio do nosso aplicativo oficialmente, a partir do momento em que este foi disponibilizado nas lojas da Apple e Google para testes internos, já notávamos que a quantidade de *downloads* aumentava a cada dia. Então, em 9 de dezembro de 2023, divulgamos e liberamos oficialmente o aplicativo (CSG FreeFlow) e disponibilizamos o cadastro aos usuários interessados. No dia do anúncio, tínhamos 400 cadastros. No dia seguinte, 1.200 cadastros. A quantidade aumentava a cada dia, quase que exponencialmente.

Anunciamos que a praça de Flores da Cunha seria desativada às 23 horas do dia 14 de dezembro de 2023, e o pórtico de Antonio Prado entraria em operação à meia-noite do dia 15 de dezembro de 2023.

O *back-office* operacional foi configurado alguns dias antes do início da operação para que o envio das transações às OSAs se iniciasse no dia e horário programados, mas a plataforma de pagamento consumia normalmente os dados das transações sem *tag*. Para efeito de transparência aos usuários que já tinham feito cadastro na plataforma, optamos por apresentar no aplicativo e *site* as passagens realizadas pelo pórtico em teste, porém com tarifa zero. Era um modo de mostrar que o sistema estava funcionando, mas não havia cobrança de tarifa. Assim, mostramos segurança aos nossos clientes do funcionamento adequado do sistema.

Às 23 horas do dia 14 de dezembro de 2023 houve a desativação da praça de pedágio de Flores da Cunha sem nenhuma intercorrência. A sinalização foi ajustada rapidamente para informação ao usuário da desativação da praça. Foi descoberta uma placa em destaque no acesso principal ao desvio existente da praça, muito utilizado pelos usuários locais, para que estes seguissem para a praça, já desativada.

Deixamos as cancelas abertas, mas mantivemos os operadores a postos para informar sobre a cobrança do pedágio por meio de pórtico de *free flow* oito quilômetros à frente. Também foram entregues folhetos com instruções do funcionamento da cobrança por meio de *tag*, plataforma de auto pagamento e totem nas bases operacionais.

Também na véspera do início da operação do pórtico de Antonio Prado, o pessoal da TI da CSG e os técnicos da Kapsch montaram na sede da CSG em Farroupilha uma TV que mostrava a tela do sistema de *back-office* operacional apresentando os números das transações enviadas às cinco OSAs e respectivas aceitações por estas, já que utilizamos o protocolo "mensageria" de comunicação. Naquele momento, os números estavam zerados. Ainda havia uma tela mostrando o consumo das transações sem *tag* pela plataforma de auto pagamento, com valores zero de tarifa.

O primeiro veículo a passar pelo pórtico de Antonio Prado após a meia-noite do dia 15 de dezembro de 2023 foi um caminhão que tinha *tag* instalada. A partir daí, os números que mostravam as transações com as OSAs saíram do zero. O quarto veículo a passar pelo pórtico foi um automóvel, sem *tag*, porém com a surpresa de este cliente já ter o cadastro na plataforma e com crédito antecipado, fazendo com o que a transação fosse quitada instantaneamente. Ou seja, tudo acontecendo como desejado.

8   Meios de pagamento e cobrança do sistema *free flow* instalado na CSG

Para melhor entender os números apresentados, na sequência, da operação do *free flow* pela CSG, convém demonstrar os meios de pagamento da tarifa de pedágio pelos nossos clientes.

O meio de pagamento mais indicado é pela *tag*, dispensando maiores comentários, já que este meio permite mais liberdade ao cliente por ser aceito em todas as demais concessões rodoviárias, estacionamento de shoppings centers, postos de combustível etc.

A CSG desenvolveu uma plataforma de auto pagamento voltada aos usuários que não consideram como interessante a instalação de *tag*. A plataforma, por ora, permite o pagamento por meio de aplicativo para dispositivos móveis, *website*, totens de autoatendimento nas BSOs da concessionária e operação manual do recebimento em dinheiro por operadores da concessionária.

Os pagamentos podem ser realizados em modo anônimo ou por meio de cadastro prévio.

No modo anônimo, o usuário digita a placa do veículo e realiza o pagamento total das passagens em aberto, sem obter informações sobre local, data e hora de cada passagem. O valor do débito é calculado pela tabela cheia de tarifa, sem descontos. Entendemos como de difícil assimilação e operação pelo usuário ter de informar a data e horário aproximado da passagem. Acreditamos que mostrando apenas o débito total do veículo seja o suficiente para evitar rastreio por pessoas diversas do próprio condutor. Se o usuário quiser saber detalhes das passagens, precisa se identificar, cadastrando-se na plataforma.

Quando o cliente opta por fazer o cadastro na plataforma, são disponibilizadas mais duas possibilidades de pagamento. Podem-se inserir créditos antecipados, e estes são consumidos automaticamente pelas passagens pelos pórticos, ou realizar o pagamento individual de cada passagem ou conjunto de passagens. O cliente cadastrado na plataforma faz jus ao DBT de 5%, para qualquer categoria de veículo, e DUF, para veículos de passeio e motocicletas, o qual pode chegar a mais 15% de desconto.

Também merece destaque aqui a possibilidade de motocicletas se beneficiarem do DBT e DUF, já que estas são impossibilitadas de instalação de *tag*.

As BSOs da CSG contêm totens de autoatendimento com opção do pagamento, apenas anônimo, das passagens pelos pórticos de *free flow*. Os totens são os mesmos que já existiam para informações diversas sobre a concessão e contato com o CCO. Nos totens foram feitos ajustes para opção de pagamento das tarifas de *free flow* e acoplamento de maquininha para recebimento por cartão de crédito e débito.

Para o primeiro pórtico de *free flow* de Antonio Prado, disponibilizamos em três BSOs da região, atendentes para fazerem o recebimento de dinheiro, caso o usuário assim deseje, além de ajudarem no esclarecimento de dúvidas e auxílio para instalação do aplicativo nos celulares dos nossos clientes. São pessoas com perfil bem selecionado para o acolhimento dos clientes que possuem pouca destreza com tecnologia.

A plataforma aceita pagamentos, e carga de créditos antecipados, por meio de cartão de crédito e PIX. Nos totens são aceitos também cartão de débito.

9 Balanço do primeiro mês de operação do pórtico de *free flow* de Antonio Prado

O primeiro mês de operação do primeiro pórtico de *free flow* da CSG, em Antonio Prado, foi de maneira geral surpreendente.

Nos primeiros dias fomos muito demandados por ligações em nosso 0800 por clientes com dúvidas sobre o sistema. As dúvidas mais comuns foram sobre instalação do aplicativo e como fazer o pagamento das tarifas de pedágio. Porém, à medida da passagem do tempo e assimilação do sistema pelos nossos clientes, a quantidade de ligações diminuía. Porém, ainda é um ponto que merece atenção pelo dimensionamento adequado do *back-office* que atenderá pelos demais cinco pórticos que ainda entrarão em operação.

Houve também demandas por falhas pontuais da plataforma de auto pagamento. Todas já sanadas e adequadas.

Para o problema, ainda sem solução e além do nosso alcance, do cartão vale pedágio, aproveitamos a estrutura da praça de pedágio de Flores da Cunha, já desativada, para fazer o recebimento do cartão vale pedágio de modo manual. Disponibilizamos um operador dedicado a isso em cada uma das duas cabines, uma em cada sentido, mais à direita do garrafão, antes dedicadas à passagem automática. O operador faz a cobrança do valor na maquininha (tristemente exclusiva) do cartão vale pedágio, anota a placa do veículo, data e hora para a baixa posterior no sistema, manualmente. Mantivemos esse procedimento pensando no nosso cliente. Tentamos conscientizar o emissor deste sistema de cartão, já ultrapassado, da dificuldade de operar com o sistema *free flow*, mas não obtivemos sucesso.

Salienta-se que a dificuldade é inerente a apenas este meio de pagamento, pois com os demais sistemas de vale-pedágio, mesmo aqueles com emissão física de papel, conseguimos a adequação. Esses emissores nos enviam digitalmente a relação de todos os vales emitidos para o nosso trecho, relação acrescida ao nosso sistema, fazendo a quitação automática das passagens.

Felizmente, nota-se a redução do uso da solução do cartão vale pedágio, pois os embarcadores estão buscando outros meios mais modernos e eficientes, além de observarem a perda de tempo dos motoristas contratados em filas em praças de pedágio, as quais poderiam ser evitadas facilmente com o uso de *tag* que oferecem o mesmo serviço de vale-pedágio.

Por fim, passemos aos números:

No período de 15 de dezembro de 2023 a 14 de janeiro de 2024, passaram pelo pórtico de Antonio Prado 187.000 veículos. Desse volume, em média, 12% não realizaram o pagamento da tarifa no prazo de 15 dias.

Dos que pagaram a tarifa, 46% dos veículos utilizavam *tag* e 10% já estavam cadastrados na plataforma com créditos antecipados ativos. Logo, 56% dos veículos tiveram a quitação da tarifa de pedágio instantaneamente.

Os atendimentos presenciais nas BSOs da CSG, incluindo o pagamento por meio de totem de autoatendimento, respondeu por 2,66% do volume de veículos, incluindo 1,2% com pagamento em dinheiro.

Os meios de pagamento mais utilizados foram PIX, com 38% do volume de veículos e cartão de crédito com 3%.

O cartão Visa vale pedágio, respondeu pelo pagamento de 0,34% do volume. Esse item merece um destaque à frente.

No dia 14 de janeiro de 2024, havia 32.500 CPFs ou CNPJs e 43.000 veículos cadastrados na plataforma de auto pagamento. Isso para um VDM do primeiro mês de 6.200 veículos.

10 Conclusões e perspectivas da CSG do sistema *free flow*

Os números apontados para o primeiro mês de operação do primeiro pórtico de *free flow* demonstram, inequivocamente, a aceitação e a assimilação dos nossos clientes do sistema implantado. Pelo menos dos que circularam pela região do pórtico de Antonio Prado.

A assimilação é demonstrada pela quantidade de cadastro na plataforma de auto pagamento. No momento em que esse documento é redigido, final de janeiro de 2024, há 41.130 CPFs/CNPJs e 54.884 veículos cadastrados, além de um volume de recursos considerável em custódia de créditos antecipados. Há CNPJs com dezenas, e às vezes uma centena, de veículos cadastrados. Percebe-se a evolução destes números a partir do balanço dos primeiros 30 dias de operação para um único pórtico.

Nos números apontados, obviamente, há que se considerar a idiossincrasia do povo gaúcho. Algo, muitas vezes, destoantes de outras regiões.

Mas, acreditamos que, além das peculiaridades do povo local, o incentivo ao cadastro na plataforma faz também muita diferença. Para o lado do cliente está a garantia de descontos e a possibilidade de quitação das transações de maneira automática, reduzindo a preocupação de buscar o pagamento individual de cada passagem. Para o lado da concessionária, está a vantagem da correta identificação do responsável pelo veículo circulante pelas nossas rodovias.

Com a identificação do responsável do veículo por meio do cadastro, podemos enviar *e-mails*, SMS, avisos pelo aplicativo e até contato telefônico. Isso nos aproxima dos nossos clientes para além da relação de cobrança da tarifa do pedágio. Pensando em um futuro breve de não existir mais a presença de praças de pedágio físicas, o contato direto com os clientes passa a ser mais difícil, como para fazer a entrega de um *flyer* ou outro documento informativo e necessário. Acreditamos que aí está a grande mudança: evolução de um usuário das rodovias para um cliente que trafega pelas nossas rodovias. Ou seja, não temos apenas uma placa circulando, mas sim um nome que usufrui e cobra os nossos serviços.

O desafio da conscientização do nosso cliente e diminuir, a ponto de extinguir, a necessidade de pontos de recebimento em dinheiro, evitando onerar desnecessariamente o sistema, ainda permanece.

Esperamos que a solução definitiva do cartão vale pedágio seja apresentada pelo emissor e possamos simplificar ainda mais a vida dos nossos usuários de veículos de carga.

Por fim, além dos descontos e contato direto com nossos clientes, há a grata satisfação da baixa inadimplência. Observando o 14º dia anterior à data em que este artigo está sendo escrito, 10% dos veículos ainda não realizaram o pagamento da tarifa de pedágio. E, observando o dia de ontem, 26% ainda não quitaram a tarifa. Nossa perspectiva inicial era uma inadimplência, na arrancada do sistema, em torno de 30%.

A partir do mês de fevereiro de 2024, outros 5 pórticos entrarão em operação. Difícil precisar o comportamento dos nossos clientes para estes pontos, mas a inferência é positiva. Na Serra Gaúcha serão mais 3 pórticos e no Vale do Caí mais 2.

Interpretamos os números como um sinal positivo do serviço que vimos prestando. Apesar de estarmos apenas na fase final dos trabalhos iniciais, entidades locais apontam para a satisfação do que está sendo entregue. Porém, a cobrança da entrega das grandes obras do nosso contrato, ainda que na forma de perspectiva, é grande. Esse parece ser um voto de confiança na CSG, o qual temos a responsabilidade de não frustrar. Notamos que há uma ligeira mudança do ambiente tenso em que fomos recebidos há um ano, pelo menos na Serra Gaúcha.

Informação bibliográfica deste texto, conforme a NBR 6023:2018 da Associação Brasileira de Normas Técnicas (ABNT):

PERES, Ricardo. Desafio do *free flow* na concessionária caminhos da Serra Gaúcha. *In*: FAJARDO, Gabriel; SAMPAIO, Guilherme Theo (coord.). Free flow *em concessões de rodovias*. Belo Horizonte: Fórum, 2024. p. 125-142. ISBN 978-65-5518-724-3.

DA VINCULAÇÃO DA CONTA MULTA DE EVASÃO PARA A COMPENSAÇÃO DO *FREE FLOW* NAS CONCESSÕES RODOVIÁRIAS: O EXEMPLO DO ESTADO DO RIO GRANDE DO SUL

CARLOS EDUARDO DA SILVEIRA
CÉSAR KASPER DE MARSILLAC

1 Introdução

Em dezembro de 2023, o governo do estado do Rio Grande do Sul promoveu importante alteração no Contrato de Concessão Rodoviária nº 50/2022 (ERS-122, ERS-240, ERS-446, RSC-453 e BR-470), administrado pela concessionária Caminhos da Serra Gaúcha (Rio Grande do Sul, 2022).

Originalmente, o contrato previa a realocação de 2 praças físicas existentes e a instalação de outras 4, com data limite para conclusão dos trabalhos iniciais de 12 meses a partir da assunção da rodovia.

Inspirado em iniciativas da Agência Nacional de Transportes Terrestres (ANTT), em agosto de 2023, foi editado o Decreto Estadual nº 57.149/2023 (Rio Grande do Sul, 2023b), estabelecendo condições para a implantação de sistema automático de fluxo livre em contratos de concessão rodoviária em curso.

Dentre as alternativas possibilitadas pela referida norma estadual, foi prevista a autorização para a destinação da receita auferida com o pagamento das infrações por evasão da cobrança da tarifa de pedágio (art. 209-A da Lei nº 9.507/97 – Código de Trânsito Brasileiro – CTB) para custeio das hipóteses previstas pelo artigo 320, *caput*, do CTB, bem como para a recomposição das perdas de receita da concessionária com a inadimplência.[1]

A partir da edição do Decreto nº 57.149/2023, a concessionária Caminhos da Serra Gaúcha manifestou interesse na aplicação do *sandbox* regulatório no contrato que havia formalizado há pouco mais de 6 meses.

Deu-se início, a partir de então, a uma série de tratativas entre a Secretaria de Parcerias e Concessões, o poder concedente, a concessionária, a agência reguladora e o Departamento Estadual Autônomo de Estradas de Rodagem (DAER/RS), a fim de fixar as premissas técnicas, operacionais e econômicas para a realização do ambiente regulatório experimental e para conferir a segurança jurídica necessária para a alteração da forma de cobrança das tarifas de pedágio.

As intensas discussões técnicas culminaram com a formalização, em 1º de dezembro de 2023, do 3º termo aditivo ao contrato de concessão (Rio Grande do Sul, 2023d), cujo objeto é a instalação de ambiente regulatório experimental, pelo período de 2 anos, para a implantação do sistema automático de livre passagem no sistema rodoviário objeto da concessão, suspendendo-se as obrigações contratuais relativas à construção e operação de praças físicas de pedágio e substituindo-as pela instalação de pórticos de cobrança automática.

O presente artigo, frente a este cenário, propõe-se a analisar brevemente qual foi a importância da instituição da conta multa para mitigar os riscos de evasão com a implantação do *free flow*, permitindo a formalização de termo aditivo que viabilizará a cobrança automática da tarifa na integralidade dos trechos rodoviários concedidos.

---

[1] "Art. 5º Fica autorizada a destinação do valor arrecadado com a imposição das multas previstas no art. 209-A da Lei Federal nº 9.503, de 23 de setembro de 1997, para fins do disposto no art. 320, "*caput*" e §3º, da Lei Federal nº 9.503/1997, observadas as disposições do termo aditivo que especificar a implementação e o funcionamento do ambiente regulatório experimental e as demais disposições aplicáveis.
Parágrafo único. O valor das multas arrecadadas que não for destinado a recompor as perdas de receita da concessionária deve ser aplicado de acordo com o *caput* do art. 320 da Lei Federal nº 9.503, de 23/1997, observado o disposto no termo aditivo."

2   Da alocação do risco de evasão prevista no contrato

Alinhado com editais de concessão rodoviária em âmbito nacional, consentâneos à sua publicação, a licitação que culminou com a formalização do Contrato FPE nº 50/2022 alocou o risco relacionado aos impactos positivos ou negativos decorrentes da implantação do *free flow* ao poder concedente.

A alocação de riscos é elemento base nos contratos de concessão e tem estreita relação com a viabilidade do projeto. A distribuição equivocada do risco tende a onerar principalmente os usuários da infraestrutura concedida ou o poder concedente, já que o licitante é levado a incorporar em sua proposta o custo total de lidar com o evento indesejado, independentemente de ele vir a se concretizar (onerando, por conseguinte, o utente, em razão da elevação da tarifa) ou a repassar a despesa com o prêmio dos riscos cobertos por seguro ao preço ofertado à Administração, reduzindo, portanto, o valor de outorga ofertado ao poder concedente.

> (...) a maximização da eficiência do contrato é obtida por meio da alocação de cada risco à parte que tem melhor condição de gerenciá-lo: isto é, à parte que poderá mitigá-lo, tomar as medidas para prevenir a ocorrência de eventos gravosos ou remediar as suas consequências e incentivar a realização dos eventos benéficos relacionados a tal risco, tudo com o menor custo possível (Ribeiro, 2011, p. 80).

Para tanto, há quatro critérios básicos para a distribuição dos riscos, sendo os dois primeiros os de maior relevância: i) capacidade de prevenir os eventos indesejados e de incentivar os eventos desejáveis; ii) "capacidade de gerenciar as consequências danosas"; iii) alocação à parte que detém menor possibilidade de "externalizar o custo de prevenir ou remediar os eventos indesejáveis"; iv) alocação do risco à Administração Pública, quando o parceiro privado não detiver as capacidades descritas nos itens "i" e "ii" e quando não houver cobertura do risco no mercado securitário ou os custos com o prêmio forem proibitivos (Ribeiro, 2011).

A alocação de riscos não envolve um exercício de adivinhação, pura e simples, desprovido de fundamentação científica. Trata-se de uma "regulação contratual técnica e planejada que, sem se descurar da racionalidade econômica, incorpora a previsibilidade dos riscos, bem como dos seus efeitos e consequências, como um dos seus mais importantes pilares" (Garcia, 2021, p. 49), sendo elemento determinante no plexo de responsabilidades e obrigações e crucial para a atração de investidores e operadores econômicos.

A partir de tal entendimento, relativamente à implantação do *free flow*, um dos grandes desafios está relacionado com o sistema de garantias públicas que não acarrete a alteração na distribuição dos riscos do contrato. Em concessões rodoviárias comuns, de rodovias *brownfield*, com poucas rotas de fuga, e com a utilização do método tradicional de cobrança de tarifas (praças físicas de pedágio) têm sido comum a alocação do risco de evasão às concessionárias. É certo, no entanto, que a exigência de implantação de uma tecnologia que promove alterações significativas para a concessionária na sistemática de cobrança, sem conferir a adequada segurança regulatória quanto à adimplência, não poderia ser a ela atribuída ao total arbítrio do concedente (Carvalho, 2013).

O contrato de concessão do estado do Rio Grande do Sul firmado com a Caminhos da Serra Gaúcha estabeleceu originalmente à concessionária o risco de evasão, conforme se infere das subcláusulas 21.2.4 e 21.2.5:

> 21.2. Sem prejuízo dos demais riscos previstos ao longo deste CONTRATO, constituem riscos assumidos pela CONCESSIONÁRIA:
> (...)
> 21.2.4. recusa de usuários em pagar a TARIFA DE PEDÁGIO;
> 21.2.5. queda de RECEITA TARIFÁRIA em virtude da evasão de pedágio;

Contudo, a implantação do *free flow* promove alterações significativas para a concessionária na sistemática de cobrança, tornando um risco outrora inexistente, ou praticamente inexistente, em um dos principais aspectos que põem em risco a receita da concessionária, conforme reconhecido em manifestação conjunta das secretarias de Parcerias e Concessões e de Logística e Transportes no processo administrativo que deu origem ao 3º termo aditivo.

Foi justamente por essas razões que, no contrato em comento, o risco de evasão foi alocado ao poder concedente, na hipótese de implantação de *free flow*, pois é este quem detém melhores condições de lidar com o risco e mitigar os seus efeitos, conforme a cláusula 21.3.25 do contrato supramencionado:

21.3. O PODER CONCEDENTE é responsável pelos seguintes riscos relacionados à CONCESSÃO:
(...)
21.3.25. Impactos positivos ou negativos decorrentes da implantação de *FREE FLOW* ou outro que venha a existir, inclusive o comprovado aumento de receita ou da evasão decorrente da implantação desta modalidade.

Há que se distinguir, no entanto, o risco de evasão com risco de demanda. Independentemente da implantação do sistema automático de livre passagem, o risco de demanda continua alocado à concessionária, preservada a matriz original do contrato de concessão. O poder concedente não responderá por eventual variação do número de usuários que utilizarem a rodovia, tendo em vista que não introduziu nenhum elemento superveniente apto a alterar a premissa deste modelo. Por outro lado, o risco de evasão, a partir de então, passa a ter um tratamento diferenciado, já que a retirada das barreiras físicas atrai um novo dificultador, tendo em vista que a concessionária não estará municiada de instrumentos tangíveis para impedir que o usuário realize o adimplemento de sua obrigação.

É certo que a "incompletude" ou "mutabilidade" é uma característica inerente dos contratos de longo prazo, a fim de "comportar abertura necessária para não inibir eficiências que possam ser alcançadas com um detalhamento futuro acerca de expansões de infraestrutura e atualizações de serviço" (Guimarães, 2019, p. 105), sendo que o reconhecimento dessa mutabilidade "decorre da constatação empírica de que as condições econômicas, financeiras, políticas, técnicas e sociais não são estáticas, o que se desvela como uma realidade indiscutível nos contratos públicos duradouros" (Garcia, 2021, p. 46).

Nesta quadra, por ocasião da alteração contratual levada a efeito pelo estado do Rio Grande do Sul, para estabelecer um ambiente regulatório experimental de dois anos, com a introdução do sistema automático de livre passagem, não foram colocadas em discussão as premissas que balizaram o estabelecimento da tarifa quilométrica em pedágios com praças de cobrança, posto que demandaria interlocução com a sociedade e revalidação dos estudos, em decorrência da pulverização do número de locais de cobrança, com a instalação de novos pórticos, bem como os seus efeitos sobre a demanda.

O acréscimo de pontos de cobrança pela instalação de pórticos ao longo da rodovia pode tanto capturar um maior número de usuários, em especial aqueles que percebam redução nos custos de pedágio, quanto incentivar a utilização de novas rotas de fuga, rodovias alternativas, ou até mesmo intensificar a migração para outros modais, para aqueles que até então não eram capturados pelas praças de bloqueio.

Por tais razões, o aditivo formalizado não incorporou novos pórticos de cobrança da tarifa de pedágio, mas, valendo-se de um estágio incipiente da execução contratual (quando ainda não haviam iniciado as obras para instalação das novas praças físicas de pedágio), suspendeu determinadas obrigações, substituindo as praças físicas por pórticos de cobrança automática das tarifas.

Entretanto, ao contrário das usuais inclusões e modificações de obras e serviços que ocorrem no curso contratual, a implantação de sistema automático de livre passagem potencialmente interfere não apenas na ponta dos investimentos da concessionária, como principalmente nas receitas, já que esta depende exclusivamente da arrecadação tarifária.

Nesse sentido, havia necessariamente que se endereçar solução contratual acerca do risco de evasão, isso porque a implantação de cobrança eletrônica de pedágio, sem a existência de barreiras físicas para a cobrança, potencializa o risco da concessionária se comparado com aquele previsto originalmente (quando a evasão era praticamente inexistente).

Naturalmente, trata-se de um risco que se acentua nos primeiros meses do funcionamento do sistema, até que se crie a cultura da cobrança eletrônica da tarifa, mas que tende a reduzir com o passar do tempo e com a intensificação de campanhas publicitárias de conscientização dos usuários.

3 Da alteração do CTB

Importante inovação trazida pela Lei nº 14.157/21 relaciona-se com a alteração do CTB para instituir infração de trânsito própria para a evasão ou não pagamento de tarifa de pedágio: "Art. 209-A. Evadir-se da cobrança pelo uso de rodovias e vias urbanas para não efetuar o seu pagamento, *ou deixar de efetuá-lo na forma estabelecida* (...)" (grifos nossos).

Até então, o CTB capitulava como conduta infracional apenas a transposição de bloqueio viário, na lógica de praças físicas de pedágio, de modo que a atualização legislativa afasta qualquer interpretação no sentido de não incidência de multa para as hipóteses de não pagamento das tarifas de pedágio registradas por pórticos eletrônicos (Silveira; Vanuzzi, 2022).

Além disso, ao incluir a previsão "deixar de efetuá-lo na forma estabelecida", o legislador outorgou ao Conselho Nacional de Trânsito (Contran) a competência para regulamentar e estabelecer a forma de processamento da cobrança dos pedágios do sistema de livre passagem (*free flow*).

Trata-se de inovação salutar, que amplia substancialmente o rol de condutas tipificadas, permitindo sancionar, por exemplo, o descumprimento de eventual prazo para pagamento posterior da tarifa de pedágio.

Nesse aspecto, em 15 de dezembro de 2022, o Contran editou a Resolução nº 984/2022, estabelecendo a possibilidade de pagamento da tarifa de pedágio em momento posterior ao trânsito:

(...)
Art. 7º É obrigação do usuário que transitar pela via dotada de *free flow* assegurar-se do pagamento da tarifa de pedágio, que *pode ser realizado por meio de sistema de autopagamento ou outra forma de pagamento estabelecida pelo órgão ou entidade de trânsito com circunscrição sobre a via.*
§1º *Deve ser assegurada ao usuário a possibilidade de pagamento da tarifa de pedágio em momento posterior ao trânsito*, na forma estabelecida pelo gestor da via.
§2º Deve ser assegurado o direito do usuário à proteção dos dados disponibilizados em cadastramento para fins de operacionalização do *free flow* e dos demais dados processados com base nos sistemas de informações públicos, nos termos da LGPD.
(...)
Art. 8º *O não pagamento da tarifa de pedágio decorrente do trânsito em via dotada de free flow após o prazo de quinze dias, iniciado no dia seguinte ao da passagem do veículo pelo ponto de leitura, conforme regulamentação do órgão ou entidade de trânsito com circunscrição sobre a via, configura infração de trânsito prevista no art. 209-A da Lei nº 9.503, de 23 de setembro de 1991, que institui o Código de Trânsito Brasileiro (CTB).*
§1º O pagamento da multa de trânsito gerada após transcorrido o prazo de que trata o *caput* não desobriga o usuário de realizar o pagamento das tarifas de pedágio devidas.
§2º O órgão ou entidade de trânsito com circunscrição sobre a via deve observar as condições e procedimentos estabelecidos no Manual Brasileiro de Fiscalização de Trânsito (MBFT), em especial quanto às fichas individuais de enquadramento referentes ao art. 209-A do CTB.

§3º O tipo infracional e a situação descrita no *caput* não afastam a possibilidade de aplicação de outras infrações, penalidades e medidas administrativas previstas no CTB.

§4º Para fins de análise e constatação do cometimento da infração de trânsito prevista no *caput*, o gestor da via deve conceder ao órgão ou entidade de trânsito com circunscrição sobre a via acesso direto e integrado ao sistema de informações, que deve conter, no mínimo, as seguintes informações:

I - o registro de trânsito do veículo pela via, contendo as informações referentes aos pontos de leitura relacionados; II - a data e hora de passagem em cada ponto de leitura;

III - a PIV;

IV - a existência ou não de dispositivo de identificação complementar no veículo; e V - o registro de não pagamento da tarifa de pedágio até o prazo limite previsto no *caput*.

(...)

§5º Os sistemas automatizados de processamento e lavratura de auto de infração utilizados pelo órgãos e entidades de trânsito com circunscrição sobre as vias dotadas de *free flow* devem cumprir as exigências do CTB e demais normas regulamentares aplicáveis.

§6º As notificações da autuação e da penalidade expedidas a partir de registro efetuado por sistema de que trata esta Resolução devem conter, além do disposto no CTB e em regulamentação complementar, a informação de que a infração foi comprovada por sistema automático não metrológico de fiscalização.

A alteração legislativa e a sua regulamentação pelo Contran revelam-se como importante ferramenta para mitigar os efeitos da implantação da nova tecnologia de cobrança de tarifas de pedágio, isso porque o sucesso do *free flow* e a redução da taxa de evasão têm estreita relação com a efetividade do processo sancionatório de trânsito, notadamente quanto à lavratura e cobrança da infração de trânsito prevista no art. 209-A do CTB, o qual é de responsabilidade exclusiva da autoridade de trânsito, no caso o DAER, conforme disposto nos artigos 21, VI, e 260 do CTB.

Não por outra razão é que o poder concedente detém maiores condições de gerenciar o risco de evasão ou mitigar os seus efeitos, já que a redução do índice de infração pela evasão ou não pagamento do pedágio depende sobremaneira dos carácteres pedagógico e disciplinar das multas, que se fazem sentir pelo efetivo exercício de seu poder-dever de impor as penalidades e exigir dos infratores o recolhimento dos respectivos valores pecuniários.

Outro aspecto que merece ser abordado é que a evasão do pedágio pelo usuário, tipificada como infração, gera ao poder concedente uma receita antes praticamente inexistente pelo sistema tradicional de praças com barreiras físicas, valores esses que o atual parágrafo 3º do artigo 320 do CTB aloca à compensação que será feita à concessionária, minimizando sobremaneira ou até mesmo neutralizando os efeitos que a materialização deste risco pode acarretar ao ente delegante.

4 Da criação de conta multa para mitigar o risco de evasão

Atentos à regulamentação supramencionada, previamente à elaboração do 3º Termo Aditivo ao Contrato, foram realizadas reuniões da Secretaria Estadual de Parcerias e Concessões (SEPAR) com o Departamento Autônomo de Estradas e Rodagem do Estado (DAER) e a Secretaria Estadual de Logística e Transportes (SELT), além da ANTT e ARTESP, tendo por objeto disciplinar os fluxos para o recebimento e processamento das informações necessárias a ulterior lavratura do auto de infração das penalidades descritas no art. 209-A do CTB.

A regularidade do procedimento e a suficiência das informações a serem recebidas para a lavratura dos respectivos autos de infração são de extrema relevância, notadamente para assegurar a validade e correção do ato administrativo praticado. Além disso, o correto processamento dos autos de infração merece maior atenção no presente caso, já que as multas são um importante mecanismo não apenas pelo caráter pedagógico e indutor ao pagamento da tarifa do pedágio como também fonte de recursos para subsidiar a inadimplência.

Trata-se de uma decorrência do §3º do artigo 320 do CTB, igualmente introduzido pela Lei nº 14.157/21 para incentivar a implantação e dar consecução aos sistemas de livre passagem:

> Art. 320. A receita arrecadada com a cobrança das multas de trânsito será aplicada, exclusivamente, em sinalização, em engenharia de tráfego, em engenharia de campo, em policiamento, em fiscalização, em renovação de frota circulante e em educação de trânsito.
> (...)
> §3º O valor total destinado à recomposição das perdas de receita das concessionárias de rodovias e vias urbanas, em decorrência do não pagamento de pedágio por usuários da via, não poderá ultrapassar o montante total arrecadado por meio das multas aplicadas com

fundamento no art. 209-A deste Código, ressalvado o previsto em regulamento do Poder Executivo.

Esse parágrafo se consubstancia numa verdadeira exceção à regra estipulada pelo artigo 320, *caput*, do CTB, segundo o qual "a receita arrecadada com a cobrança das multas de trânsito será aplicada, exclusivamente, em sinalização, em engenharia de tráfego, em engenharia de campo, em policiamento, em fiscalização, em renovação de frota circulante e em educação de trânsito".

A razão dessa excepcionalidade descrita no dispositivo legal se vincula ao fato de que a adoção de um sistema de livre passagem, com a instalação de pórticos de verificação eletrônica de passagem, traz consigo um risco de inadimplência muito mais significativo do aquele que se verifica em praças físicas de pedágio, nas quais a passagem do usuário só é liberada após o efetivo pagamento da tarifa.

Desta forma, as receitas auferidas em decorrência das multas aplicadas pela evasão tarifária deverão primeiramente atender à compensação da concessionária por essa perda de receita e, no que sobejar, poderão ser aplicadas nas figuras contempladas no *caput* do artigo 320 do CTB, na redação conferida pela Lei nº 14.440, de 2 de setembro de 2022.

Em observância ao CTB e às disposições do Decreto Estadual nº 57.149/23, o 3º termo aditivo ao contrato de concessão rodoviária estabeleceu que a análise quanto ao aproveitamento de eventual excedente ocorrerá por ocasião do término do período experimental (*sandbox* regulatório), quando a Administração realizará a apuração financeira da diferença entre as obrigações originalmente previstas no contrato e as novas obrigações pactuadas junto à concessionária, conforme estabelece a cláusula 5º do termo aditivo.

Vale destacar que ao formalizar o termo aditivo em comento, o poder concedente, por deter o efetivo poder de polícia, por meio da autoridade de trânsito, para a lavratura e cobrança da infração, assumiu 95% da perda de receita motivada pela evasão do pedágio, permanecendo com a concessionária 5% do risco de inadimplência, para que esta tivesse incentivo em manter métodos alternativos e administrativos para a cobrança da tarifa de pedágio, inclusive após o transcurso do prazo de 15 dias de que trata o artigo 8º da Resolução Contran nº 984/12, bem como para que promovesse campanhas publicitárias de comunicação e conscientização dos usuários.

A fim de levar a efeito as obrigações assumidas e mitigar o risco estatal, e em consonância com o artigo 5º do Decreto Estadual nº 57.149/23, o termo aditivo estabeleceu a obrigatoriedade do poder concedente constituir uma conta multa, para a qual será direcionado o produto das multas de que trata o artigo 209-A do CTB na rodovia objeto da concessão.

Isso porque, ao longo do período experimental, não haverá, a princípio, por parte do estado, alocação de recursos orçamentários para fazer frente à compensação da inadimplência. Serão utilizados na compensação exclusivamente os recursos dos arrecadação extemporânea (realizada após o transcurso de 15 dias da passagem pelo pórtico) e dos recursos existentes na conta multa.

Na hipótese em que os recursos da conta multa não sejam suficientes ao suprimento da inadimplência gerada, o termo aditivo prevê que não haverá complementação imediata pelo Estado, mas a transferência do saldo para o mês subsequente, conforme estabelece a subcláusula 5.3.1 do aditivo:

> 5.3.1. Caso o saldo da CONTA MULTA não seja suficiente para fazer frente à toda a Compensação da Inadimplência de um mês, o valor remanescente será automaticamente transferido para o mês subsequente, para a devida compensação, e, assim, sucessivamente.

Ao final do experimento, caso haja um saldo acumulado de inadimplência não suportado pela conta multa, utilizar-se-ão dos recursos equivalentes aos saldos positivos de Opex e Capex ou, ainda, na insuficiência desses, o reequilíbrio econômico-financeiro do contrato será realizado pelas modalidades de recomposição previstas no contrato de concessão.

Foi considerada, portanto, uma sensível redução do Capex com a substituição do método de cobrança, bem como uma expectativa de redução do Opex em maiores proporções, em especial a despesa de pessoal, de modo que o termo aditivo previu que ao término da vigência do ambiente regulatório experimental será procedida a apuração de tais diferenças, utilizando-se de tais recursos para suportar os ônus de eventual saldo de inadimplência, não compensado com recursos da conta multa, conforme cláusula 5.5:

> 5.5. Caso, ao final da vigência do presente 3º TERMO ADITIVO, remanesça saldo de Compensação da Inadimplência em favor da

CONCESSIONÁRIA não pago por ausência de saldo disponível na CONTA MULTA, o valor será compensado com os Saldos Positivos de OPEX e CAPEX (desembolso a menor de recursos) apurados conforme itens "i" e "ii" da subcláusula 14.2, observado o disposto na subcláusula 14.6, na hipótese de não implantação definitiva do Sistema Automático de Livre Passagem.
5.5.1. Na hipótese de insuficiência de recursos na CONTA MULTA e, ainda, nos Saldos Positivos de OPEX e CAPEX a que se refere a subcláusula 5.5, acima, para a realização da Compensação da Inadimplência, o PODER CONCEDENTE deverá proceder a recomposição do equilíbrio econômico-financeiro do Contrato, considerando o saldo remanescente da Compensação da Inadimplência em favor da CONCESSIONÁRIA através de uma das modalidades previstas na subcláusula 22.1.3. do CONTRATO DE CONCESSÃO.

Desse modo, a constituição de uma conta multa e a efetiva atuação do poder público na lavratura dos autos de infração são de extrema relevância para o sucesso da alteração promovida e viabilidade da solução implementada.

Para tanto, igualmente foi necessário o alinhamento com a Secretaria Estadual da Fazenda (SEFAZ) e com o poder concedente (SELT) para o estabelecimento do fluxo de pagamento e dos prazos necessários para a realização da despesa, bem como dos requisitos para a constituição de conta específica.

Tratando-se de receita pública, para fins de processamento da compensação da inadimplência, o pagamento deverá ser precedido de processo de liquidação, nos termos da Lei nº 4.320/64, razão pela qual o termo aditivo previu os seguintes procedimentos:

1. A Concessionária deverá enviar relatórios periódicos ao DAER (via sistema informatizado), em até 05 (cinco) dias do encerramento do prazo de pagamento da tarifa (15 dias) - Cláusula 4.1;
2. Até o quinto dia útil do mês subsequente ao recebimento do relatório, o DAER deverá emitir um Relatório Consolidado dos Usuários Inadimplentes para o poder concedente, atestando ter recebido os informações necessárias à lavratura dos autos de infração - Cláusula 4.2;
3. Até o quinto dia útil de cada mês, a Concessionária deverá enviar ao poder concedente um Relatório de Compensação de Inadimplência do mês imediatamente anterior - Cláusula 5.2;
4. Em até 30 dias, contados do protocolo do Relatório de Compensação de Inadimplência, o poder concedente deverá, cotejando-o com as informações recebidas do DAER, proceder a liquidação da despesa

e efetuar o respectivo pagamento, utilizando-se, exclusivamente, dos recursos financeiros disponíveis na Conta Multa - Cláusula 5.3.

Nesse sentido, com o intuito de conferir segurança jurídica à concessionária e assegurar que os recursos provenientes das multas aplicadas com fundamento no artigo 209-A do CTB serão destinadas para suportar a inadimplência do sistema automático de livre passagem do contrato de concessão em comento, o termo aditivo estabeleceu, em sua Cláusula Oitava, os requisitos para a constituição da conta multa, bem como previu no Anexo II a minuta do contrato de administração da conta multa.

A viabilidade de tal medida foi objeto do Parecer nº 20.313/23, da lavra da procuradora do estado Fernanda Foernges Mentz (Rio Grande do Sul, 2023c, grifos nossos), cujas conclusões foram sintetizadas na seguinte ementa:

> TERMO ADITIVO CONTRATUAL. CONTRATO DE CONCESSÃO Nº 50/2022. RODOVIAS INTEGRANTES DO BLOCO 3. AMBIENTE REGULATÓRIO EXPERIMENTAL (SANDBOX REGULATÓRIO). SISTEMA AUTOMÁTICO DE LIVRE PASSAGEM. CONDIÇÕES PARA FUTURA IMPLANTAÇÃO DO *FREE FLOW*. LEI FEDERAL Nº 14.157/2023. LEI FEDERAL Nº 9.503/1997. DECRETO ESTADUAL Nº 57.149/23. ANÁLISE DA VIABILIDADE. EXAME DA MINUTA DE TERMO ADITIVO. ADEQUAÇÃO DA PRESTAÇÃO DO SERVIÇO. POSSIBILIDADE. ARTIGOS 6º, §1º, E 23, INCISO V, DA LEI FEDERAL Nº 8.987/1995.
> 1. Nos termos do artigo 6º, *caput*, e §1º, e do artigo 23, inciso V, ambos da Lei Federal nº 8.987/1995, é juridicamente viável a alteração de contrato de concessão, com o devido aditamento, para fins de adequar a prestação do serviço, inclusive para a sua atualização.
> 2. Por meio do Decreto Estadual nº 57.149/2023, foi autorizada a implementação, em contratos de concessão rodoviária no âmbito do Estado do Rio Grande do Sul, de ambiente regulatório experimental (sandbox regulatório) para a substituição de praças físicas de pedágio por sistema automático de livre passagem e adoção de providências quanto à possibilidade de futura implantação do *free flow*, a ser formalizado via termo aditivo por, no máximo, dois anos.
> 3. A minuta do 3º Termo Aditivo ao Contrato de Concessão nº 50/2022 contempla as condições estipuladas no Decreto Estadual nº 57.149/2023, especialmente em seu artigo 4º, estando, sob a perspectiva jurídica, apto a prosseguimento, ressalvadas observações pontuais.

4. *Não há empecilho jurídico para a destinação dos valores arrecadados com a imposição das multas aos condutores que deixarem de arcar com as tarifas cobradas por meio do sistema automático de livre passagem à recomposição das perdas de receita da concessionária em razão da evasão, respeitados os limites do artigo 5º do Decreto Estadual nº 57.149/2023 e do artigo 320, §3º, da Lei Federal nº 9.503/1997.*

5. Não há óbice jurídico à previsão contratual que dispõe sobre o ajuste de contas, com o intuito de reequilíbrio econômico-financeiro do contrato de concessão, ao final do período de ambiente regulatório experimental.

A inovação contratual também foi objeto de interação com a Agência Estadual de Regulação dos Serviços Públicos Delegados do Rio Grande do Sul (AGERGS) que, ao final de seu processo regulatório, expediu a Resolução Decisória RED nº 719/2023, de 28 de novembro de 2023 (Rio Grande do Sul, 2023a), anuindo previamente com a formalização do 3º Termo Aditivo.

Demonstra-se, portanto, que a instituição de uma conta multa, vinculada ao projeto, para destinação prioritária à compensação de perdas atinentes à evasão de pedágio de *free flow*, foi de extrema relevância para viabilizar a modernização tecnológica dos trechos rodoviários concedidos.

5 Considerações finais

Ante ao exposto, verifica-se que, a despeito da imprecisão na redação conferida ao §3º do artigo 320 do CTB, a destinação de recursos provenientes de multa pela infração de trânsito prevista no artigo 209-A do CTB, através da constituição de conta vinculada ao projeto, é de extrema relevância para assegurar o equilíbrio econômico-financeiro dos contratos, viabilizando a compensação das perdas com evasão ou inadimplemento ao pedágio consentâneas à queda de receita da concessionária de rodovia.

A atuação proativa e propositiva do poder concedente em buscar alternativas para solver impasses com as concessionárias e viabilizar a celeridade na troca de informações entre a administradora da rodovia e a autoridade de trânsito responsável pelas autuações tende a minimizar os riscos de evasão, bem como intensificar a migração dos usuários para métodos de pagamento automático de tarifa.

A baixa inadimplência identificada no primeiro mês de implantação do *free flow* (Rio Grande do Sul, 2024) nas rodovias gaúchas demonstram que a adesão aos métodos automáticos de pagamento é crescente, consolidando o *free flow* como uma tecnologia que estará presente nos contratos de concessão rodoviários futuros.

A adesão aos métodos eletrônicos de pagamento tende a se intensificar com a ampliação do número de rodovias que possuem *free flow*, minimizando o risco de evasão ou não pagamento. Independentemente disso, revelam-se fundamentais a atuação estatal na lavratura das infrações, para fins coercitivos e pedagógicos, bem como a alocação do produto de tais multas na compensação das perdas das concessionárias.

Referências

CARVALHO, A. C.; V., C. S. Concesiones de carreteras en Brasil y Chile: aspectos jurídicos comparados. *Revista de Direito Público da Economia – RDPE*, Belo Horizonte, ano 11, n. 44, out./dez. 2013. Disponível em: http://www.bidforum.com.br/bid/PDI0006.aspx?pdiCntd=98941. Acesso em: 18 set. 2023.

GARCIA, F. A. *A mutabilidade nos contratos de concessão*. São Paulo: Malheiros, 2021.

GUIMARÃES, F. V. O equilíbrio econômico-financeiro nas concessões e PPPs: formação e metodologias para recomposição. *In:* MOREIRA, E. B. (coord.). *Tratado do equilíbrio econômico-financeiro*. 2 ed. Belo Horizonte: Fórum, 2019.

RIBEIRO, M. P. *Concessões e PPPs*: melhores práticas em licitações e contratos. São Paulo: Atlas, 2011.

RIO GRANDE DO SUL. Agência Estadual de Regulação dos Serviços Públicos Delegados do Rio Grande do Sul. Resolução Decisória RED nº 719/2023. *Diário Oficial do Rio Grande do Sul*: Poder Judiciário, 21 nov. 2023a. Disponível em: https://agergs.rs.gov.br/resolucao-decisoria-n-719-2023-publicada-no-diario-oficial-do-estado-em-29-de-novembro-de-2023. Acesso em: 18 jan. 2024.

RIO GRANDE DO SUL. Decreto Estadual nº 57.149, de 18 de agosto de 2023. *Diário Oficial do Rio Grande do Sul*: Poder Judiciário, 21 ago. 2023b. Disponível em: https://www.al.rs.gov.br/legis/M010/M0100099.asp?Hid_Tipo=TEXTO&Hid_TodasNormas=73599&hTexto=&Hid_IDNorma=73599. Acesso em: 17 jan. 2024.

RIO GRANDE DO SUL. Procuradoria-Geral do Estado. Parecer nº 20.313/2023, de 14 de novembro de 2023. De Plenário, sobre o Projeto de Lei de Conversão nº 3, de 2023, à Medida Provisória (MPV) nº 1.142, de 29 de novembro de 2022, que autoriza a prorrogação de contratos por tempo determinado no âmbito do Ministério da Saúde. Relator: Sen. Fabiano Contarato, 2023. *DJRS*: Poder Judiciário, 2023c. Disponível em: https://legis.senado.leg.br/sdleg-getter/documento?dm=9317009&ts=1681767599101&disposition=inline. Acesso em: 18 jan. 2024.

RIO GRANDE DO SUL. Secretaria Estadual de Logística e Transportes. *Contrato FPE nº 50/2022*. Concorrência Pública Internacional nº 0001/2022. Porto Alegre: SELT, 2022. Disponível em: https://admin.parcerias.rs.gov.br/upload/arquivos/202305/10100438-contrato-50-2022-caminhos-serra-gaucha-assinado-compressed-1.pdf. Acesso em: 15 jan. 2024.

RIO GRANDE DO SUL. Secretaria Estadual de Logística e Transportes. *3º Termo Aditivo ao Contrato FPE n. 50/2022*, [S. l.], 4 dez. 2023d. Disponível em: https://admin.parcerias.rs.gov.br/upload/arquivos/202312/11144031-3-termo-aditivo-assinado2.pdf. Acesso em: 15 jan. 2024.

RIO GRANDE DO SUL. *Free flow registra 187 mil veículos em seu primeiro mês de operação*. *Rs.gov.br*, Porto Alegre, 17 jan. 2024. Disponível em: https://estado.rs.gov.br/free-flow-registra-187-mil-veiculos-em-seu-primeiro-mes-de-operacao. Acesso em: 20 jan. 2024.

SILVEIRA, C. E.; VANUZZI, B. V. B. A Lei 14.157/21 e o incentivo a implantação de sistemas de pedágio de fluxo livre (*free flow*) nas concessões rodoviárias em curso. *In*: CONGRESSO ABCR RODOVIAS, 12., 2022, Brasília. *Anais* [...]. Brasília: ABCR, 2022. Disponível: https://www.congressoabcrbrasvias.com.br/site/brasvias2022/trabalhos. Acesso em: 15 jan. 2024.

Informação bibliográfica deste texto, conforme a NBR 6023:2018 da Associação Brasileira de Normas Técnicas (ABNT):

SILVEIRA, Carlos Eduardo da; MARSILLAC, César Kasper de. Da vinculação da conta multa de evasão para a compensação do *free flow* nas concessões rodoviárias: o exemplo do Estado do Rio Grande do Sul. *In*: FAJARDO, Gabriel; SAMPAIO, Guilherme Theo (coord.). Free flow *em concessões de rodovias*. Belo Horizonte: Fórum, 2024. p. 143-158. ISBN 978-65-5518-724-3.

RUMO AO FUTURO: DESAFIOS NA TRANSIÇÃO DE PRAÇAS DE PEDÁGIO PARA PÓRTICOS DE LIVRE PASSAGEM NA SERRA GAÚCHA

MARIA CRISTINA FERREIRA PASSOS

1 Introdução

O Contrato de Concessão SELT nº 50/2022, celebrado em 22 de dezembro de 2022, entre o estado do Rio Grande do Sul e a concessionária Caminhos da Serra Gaúcha, marcou o início de uma significativa transformação nas rodovias da Serra Gaúcha. O Bloco 3 é composto por trechos das rodovias ERS-122, ERS-240, RSC287, ERS-446, RSC-453 e BRS-470.

Nessa concessão estavam previstas a construção de seis praças de pedágio, sendo que duas já existentes a serem remanejadas para locais de menor impacto urbano. Nesse contexto, a concessionária Caminhos da Serra Gaúcha expressou o interesse em adotar o sistema de livre passagem com pórticos (*free flow*), uma iniciativa inovadora que buscava, para além da simplificação das obras de instalações operacionais, a redução do tempo de viagem e custos operacionais dos usuários.

A entrada em vigor do Decreto nº 57.149, em 18 de agosto de 2023, estabeleceu um ambiente regulatório experimental (*sandbox*) para a adoção do sistema de cobrança de pedágio de livre passagem. Inspirada pela implementação bem-sucedida na Rodovia Rio-Santos pela concessionária Rio SP, a concessionária Caminhos da Serra Gaúcha manifestou o pioneirismo ao aderir a essa solução, culminando na assinatura do 3º Termo Aditivo ao contrato em 1º de dezembro de 2023.

Este artigo explora as transformações decorrentes da substituição das praças de pedágio pelos pórticos de livre passagem, destacando as alterações no Programa de Exploração da Rodovia (PER) e os novos indicadores de desempenho que refletem o comprometimento da concessionária com a eficiência do sistema. A busca por soluções sustentáveis e de menor impacto ambiental, aliada ao compromisso com a qualidade operacional, delineia o cenário desafiador e inovador que caracteriza o desenvolvimento do programa gaúcho de concessões.

2 Contextualização

O Contrato de Concessão SELT nº50/2022 foi firmado com a concessionária Caminhos da Serra Gaúcha em 22 de dezembro de 2022, com início da concessão em 1º de fevereiro de 2023. A concessão do chamado Bloco 3, com extensão de 271,540 km, é composta pelas rodovias ERS-122 (km 0,00 ao km 168,65), ERS-240 (km 0,00 ao km 33,58), RSC287 (km 0,00 ao km 21,49), ERS-446 (km 0,00 ao km 14,84), RSC-453 (km 101,43 ao km 121,41) e BRS-470 (km 220,50 ao km 233,5).

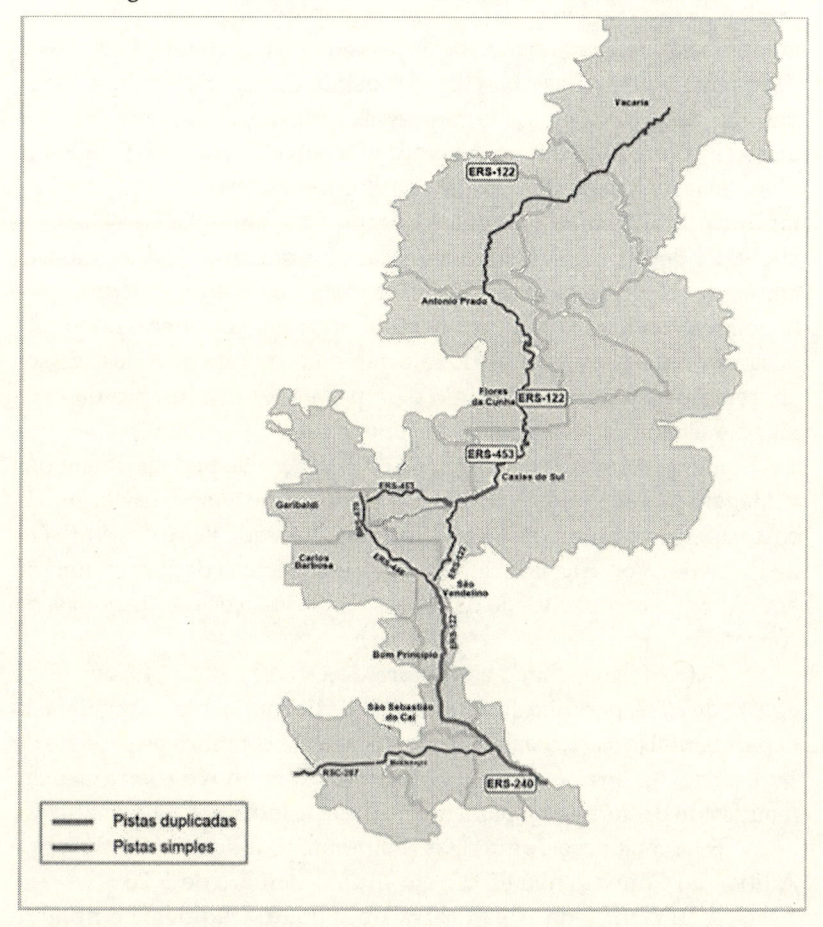

Figura 1 - Concessionária Caminhos da Serra – Bloco 3

Fonte: SOUZA, M. As lições da Serra para o Vale. *A Hora*, Porto Alegre, ano 20, n. 37, p. 6-7, 10 fev. 2023.

A concessão está na fase final dos trabalhos iniciais de recuperação funcional das rodovias. Nessa primeira etapa, até a conclusão dos trabalhos iniciais, o contrato previa a cobrança nas duas praças existentes nos municípios de Portão e Flores da Cunha. Por tratar-se de praças localizadas em perímetros urbanos, há previsão de realocação destas praças para trechos mais rurais e a construção de outras quatro praças de pedágio na extensão da concessão.

A região dessa concessão engloba rodovias de uma importante região do Rio Grande do Sul, que é a Serra Gaúcha, que se destaca pela produção de uvas e vinhos, além de ser um importante polo metal-mecânico. Essa região se caracteriza pelo microclima próprio e relevo montanhoso, proporcionando belas paisagens e um grande desafio para a implantação de obras rodoviárias e instalações operacionais ao longo das vias. Importante ressaltar que essas rodovias concentram um dos maiores volumes de tráfego das rodovias sob jurisdição do DAER-RS.

Das seis praças de pedágio que a concessionária teria que implantar duas localizam-se em zona montanhosa e em meia encosta, com alto grau de complexidade, demandando uma obra de alto impacto ambiental e social, tanto do posto de vista dos volumes de terraplenagem envolvidos como do ajuste do entorno, com necessidade de desapropriações em virtude dos afastamentos necessários dos acessos em relação as praças de pedágio para promover a segurança da via e atender as normativas técnicas pertinentes.

Nesse contexto, a substituição das praças de pedágio, além das vantagens inerentes dos pórticos como redução do tempo de viagem, do custo operacional dos veículos, do número de acidentes e das emissões de gases nocivos, traz também um interesse técnico da concessionária em reduzir a complexidade das obras das instalações operacionais da concessão.

Dessa forma, com a assinatura do Decreto nº 57.149, em 18 de agosto de 2023, permitindo a instalação de um ambiente de regulatório experimental (*sandbox*) para adoção do sistema cobrança de pedágio de livre passagem (*free flow*), a concessionária Caminhos da Serra Gaúcha manifestou o interesse no pioneirismo desta solução nas rodovias do RS.

Essa conjunção de interesses culminou na assinatura do 3º Termo Aditivo ao Contrato nº 50/2022, em 1º de dezembro de 2023.

A iniciativa da ANTT para implementação deste ambiente regulatório experimental para implantação dos pórticos de livre passagem (Brasil, 2023), que resultou no termo aditivo firmado com a Concessionária RioSP S. A., serviu de inspiração e modelo para a definição de parâmetros técnicos.

Contudo, em diferentes escalas, já que, na situação da RioSP, cerca de 8% da receita está alocada no ambiente regulatório experimental, enquanto, no caso do Rio Grande do Sul, 100% da receita da concessão está envolvida no ambiente regulatório.

Do ponto de vista da engenharia, a redução da complexidade das obras e a menor quantidade de restrições de distância de acessos foram facilitadoras para escolha dos locais de implantação dos pórticos que puderam ser deslocados, à exceção do Pórtico de Antônio Prado, dentro das distâncias de 5 quilômetros, conforme previsão do PER.

O único pórtico com distanciamento maior que 5 km do local inicialmente previsto para a praça de pedágio foi o de Antônio Prado. A justificativa centrou-se no deslocamento para um ponto de menor impacto para as comunidades, por localizar-se na divisa dos municípios de Antônio Prado com Flores da Cunha, e, ainda, por minimizar a interferência no tráfego local, já que na previsão inicial havia necessidade de remanejamento de vários acessos, além das desapropriações necessárias para correção de curva horizontal e implantação da praça de pedágio.

O pórtico de Antônio Prado km 108 da ERS-122, substitui a praça de Flores da Cunha, que se localizava na área urbana do município. Conforme previsão do 3º Termo Aditivo, esse pórtico começou a operar em 15 de dezembro, antes mesmo do término dos trabalhos iniciais para servir de piloto à implantação do sistema completo dos seis pórticos previstos. Esse primeiro pórtico representa cerca de 10% do tráfego previsto na concessão.

No Anexo 1 do 3º Termo Aditivo ao Contrato de Concessão nº 50/2022, foram fixadas as questões técnicas relativas às obrigações contratuais que a Concessionária Caminhos da Serra Gaúcha assumirá em relação à operação dos pórticos.

3 Sobre as alterações no programa de exploração da rodovia (PER)

Basicamente três itens do PER foram impactados com a adoção dos pórticos de livre passagem e a consequente eliminação das praças de pedágio. São os seguintes:

3.1 Item 3.2.2.1: obras de capacidade condicionadas ao volume de tráfego

Este item se refere a gatilhos de tráfego para duplicação e não tem interferência no período do *sandbox*. Será tratado quando do aditivo para implantação definitiva dos pórticos após o final do período experimental, se for o caso.

3.2 Item 3.4.4.4: sistema de informações aos usuários (escopo produção)

O boletim com informações aos usuários previstos neste item deve ser disponibilizado apenas nas bases operacionais, estando dentro dos termos de não aplicabilidade dos itens relativos a praças de pedágio previsto no termo aditivo.

3.3 Item 3.4.6: Sistemas de Pedágio e Controle de Arrecadação

O Sistema de Pedágios e Controle de Arrecadação é o de maior complexidade, visto que define as condições de cobrança e os indicadores para medida do desempenho desta atividade. As obrigações relativas às praças de pedágio transferem-se automaticamente aos pórticos. Nesse ponto se concentram as principais alterações em relação ao contrato original.

Na adequação do contrato de concessão, durante a vigência do *sandbox* regulatório para a operação dos pórticos, ficam invalidadas as obrigações quanto a infraestrutura básica, edificações, pavimento, sinalização, equipamentos e pessoal, bem como medidas de restrição de velocidade e filas, que aplicáveis às praças de pedágio, não fazem sentido com a adoção dos pórticos. O Anexo 1 traz as diretrizes para a implantação dos pórticos e de novo sistema de arrecadação do pedágio.

3.3.1 Sistema de cobrança

Os métodos de arrecadação passam a ser categorizados como pagamento automatizado (mediante o emprego de identificação automática de veículos – AVI ou *tag*) ou pagamento não automatizado, por meio de plataforma digital, aplicativo, totens físicos ou em estabelecimentos parceiros da concessionária.

Os sistemas de pagamento não automáticos, devem permitir que o usuário acesse informações de suas passagens pelos pórticos com registro preciso de local, data e hora.

Dentre as incumbências da concessionária, no contexto dos pagamentos não automatizados, encontra-se a obrigação de assegurar a inviolabilidade dos dados pessoais dos usuários.

Para o pagamento não automático o usuário deve ser capaz de identificar as passagens pelos pórticos e efetuar o pagamento integral ou parcial das tarifas de pedágio, atempadamente, ou extemporaneamente, ao atual prazo de 15 dias fixado pela Resolução Contran nº 984, de 15 de dezembro de 2022.

Os sistemas de identificação dos veículos incorporados aos pórticos devem efetuar registros de todos os tipos de veículos que trafeguem em quaisquer das faixas e acostamento da rodovia, mesmo os veículos isentos ou dispensados do pagamento da tarifa de pedágio. Todos os veículos devem ser identificados de maneira inequívoca, por meio de dados e imagens, com suas características (placa, marca, classificação segundo Decreto Estadual nº 53.490, de 28 de março de 2017, quantidade de eixos, eixos suspensos), além da data e local da passagem.

Estes sistemas devem ser implementados de forma conjunta ao Sistema de Controle de Arrecadação, de modo que, desde o início da vigência da cobrança da tarifa, estejam plenamente operacionais e integrados. Todas as informações de controle e registro de informações devem ser disponibilizadas à Agência Estadual de Regulação dos Serviços Públicos (AGERGS) e para o poder concedente.

No contexto de compartilhamento do risco de inadimplência na proporção de 95% para o poder concedente e 5% para concessionária, impõe-se fundamental a obrigação de implementar sistemas e dispositivos não metrológicos para registrar evasões de pagamento da tarifa de pedágio.

A evasão do pedágio sem pagamento de tarifa constitui-se infração de trânsito prevista no Código Brasileiro de Trânsito (CTB) e configura-se infração com previsão de penalidade de natureza grave para aqueles que se evadirem da praça de pedágio, conforme preconiza o artigo 209 do código.

Esses registros de infrações devem atender às regulamentações estabelecidas pelo Contran/Denatran, bem como aos requisitos, especificações, procedimentos e padrões de qualidade e formatação estipulados pela autoridade de trânsito, nesse caso, o Departamento Autônomo de Estradas de Rodagem DAER-RS.

Para registro da infração de evasão a concessionária necessitará informar à autoridade de trânsito: o registro visual (imagem) do veículo transpondo o pórtico, a identificação da placa por sistema de identificação de placas (Optical Character Recognitio – OCR), o local, a data e a hora da passagem, informando o não pagamento tempestivo da tarifa.

Tais as premissas devem ser atendidas pela concessionária, independente da modalidade de arrecadação, 24 (horas por dia, todos os dias da semana, inclusive feriados e fins de semana, sem prejuízo da obrigação de adotar medidas operacionais adicionais visando à segurança dos usuários e à fluidez do sistema rodoviário.

Para garantir a lisura e conformidade do processo a AGERGS realizará auditoria nos *softwares* de controle empregados para controlar e gerenciar as transações efetuadas nos pórticos, bem como exigirá, em conjunto com o poder concedente, auditoria independente a ser fornecida pela concessionária.

3.3.2 Pórticos do sistema automático de livre passagem

As diretrizes específicas para a implantação do sistema automático de livre passagem contemplam os requisitos listados a seguir.

a) Elaboração do arranjo geral dos pórticos, considerando a localização, (dentro das regras contratuais), as interferências, o número de faixas, a condição geométrica e os planos de administração, operação e manutenção dos pórticos.

b) Elaboração e aprovação, junto a Secretaria de Parcerias e Concessões (SEPAR), de projeto executivo para cada pórtico, contendo as disciplinas necessárias e suficientes para implantação dos mesmos. A seção da rodovia prevista em projeto, incluindo acostamentos, deve atender os requisitos do PER.

Os pórticos devem ser projetados de forma a não se constituírem em limitação ao tráfego e nem produzirem redução da velocidade operacional da rodovia, devendo, para tanto, ter alturas e larguras adequadas à plena operação da via.

As laterais dos pórticos deverão estar protegidas com dispositivos de contenção viária, de forma a atender às normas vigentes e pertinentes durante a operação, preservando o equipamento e, sobretudo, garantindo a segurança dos usuários.

Os pórticos deverão ter plataforma para trabalho aéreo de modo que não seja necessário o fechamento das faixas de rolamento e/ou acostamentos nas situações de manutenção ou substituição dos equipamentos suspensos instalados.

3.4 Indicadores de desempenho

Assim como a descrição dos equipamentos e sistemas de cobrança previstos para operação das praças de pedágio são inadequados, da mesma forma os indicadores de desempenho previstos no PER, para operação e construção das praças de pedágio, não são aplicáveis para o sistema de livre passagem.

Considerando que o risco de evasão é compartilhado com a concessionária na proporção de 95% para o poder concedente e 5% para concessionária, faz-se imperativa a adoção de indicadores para medir o desempenho e o esforço da concessionária para a cobrança do pedágio.

Esse compartilhamento de risco foi adotado em virtude da integralidade da receita ter origem nos pórticos de livre passagem, uma vez que, segundo o 3º Termo Aditivo, todas as praças de pedágio foram substituídas.

Portanto, novos indicadores foram adotados para medir o desempenho da concessionária em termos de arrecadação para o inovador sistema de cobrança.

Indicadores previstos no PER:

a) Para a implantação das praças de pedágio, são fixados uma série de parâmetros e obrigações a serem cumpridas pela concessionária relativas à construção de edificações e instalação de equipamentos que não são aplicáveis aos pórticos.
b) Para o Sistema de Arrecadação de Pedágios os parâmetros do PER são os seguintes:
   i. Filas máximas nas praças de pedágio, limitadas a 200 m de extensão, aferidas durante 15 minutos. Se as filas permanecerem maiores, caracteriza-se a infração.
   ii. Filas máximas limitadas a 400 m nas vésperas e nos feriados, fins de semana e eventos notáveis, a serem definidos a critério do poder concedente.
   iii. Constatado, pela concessionária, o descumprimento dos parâmetros de filas as cancelas devem ser abertas.
   iv. Os sistemas de iluminação das praças de pedágio, tanto internos como externos, deverão oferecer padrão de iluminação compatível com as funções específicas e condições climáticas.

Como se observa, nem os parâmetros de construção, nem os de operação do sistema de cobrança são adequados às instalações previstas no *sandbox*, de forma que fica premente a necessidade de estabelecer novos parâmetros para a medida do desempenho da concessionária.

Os indicadores foram elaborados baseados em três premissas; disponibilização de um sistema de pagamento eficiente, facilitação para o usuário pagar a tarifa e diligência da concessionária na verificação da evasão de pedágio, ou seja, no caso de não pagamento no prazo legal.

Em termos de eficiência do sistema de pagamento oferecido pela concessionária, é importante o funcionamento contínuo do sistema, estando disponível quando o usuário propõe-se a pagar. Para medição dessa eficiência, foi adotado um indicador que prevê o máximo de horas que admite-se que o sistema fique inoperante ou apresente dificuldade de acesso ao usuário.

O índice adotado para este indicador admite que o sistema de pagamento pode ficar no máximo de 10 horas por mês indisponível, o que significa 1,4% das 720 horas do mês.

Quanto a facilidade de pagamento fixou-se um mínimo de três meios não automático de pagamento que a concessionária deve disponibilizar a seu cliente, como forma de estimular e facilitar o pagamento. Esses meios de pagamento podem ser via aplicativo, *site*, postos fixos de cobrança, totens de autoatendimento ou em rede conveniada com a concessionária.

É de fundamental importância a implantação do sistema de multas de forma a "educar" o usuário no pagamento das tarifas de pedágios devidas, bem como fazer frente ao risco alocado ao poder concedente no compartilhamento da inadimplência.

Para medir o real esforço da concessionária na repressão da evasão, foi adotado indicador relacionado ao prazo máximo de envio de dados de evasão para a autoridade de trânsito, fixado em 5 dias úteis contados a partir do término do prazo legal para pagamento. Complementarmente a essa medida de esforço na mitigação da inadimplência, há previsão contratual de penalização da concessionária

No Anexo 1 do Termo Aditivo ao Contrato nº 50/2022 consta a tabela a seguir, que fixa os indicadores de desempenho a serem mantidos pela concessionária ao longo do período do *sandbox* regulatório.

Quadro 1 - Indicadores de desempenho
(período *sandbox* regulartório)

Indicador	Parâmetro
Indisponibilidade do Sistema de pagamento disponibilizado ao usuário	Máximo 10h/mês
Métodos de pagamento de tarifa disponibilizado ao usuário (exceto AVI)	Pelo menos 3 métodos de cobrança
Prazo para envio de dados de evasão para a autoridade de trânsito	5 dias úteis contados a partir do 15º dia da passagem do veículo pelo pórtico

Fonte: SÃO PAULO (Estado). Agência de Transporte do Estado (ARTESP). *Contrato nº 50/2022*. Minuta de contrato de concessão. Concessão dos serviços públicos de ampliação, operação, conservação, manutenção e realização dos investimentos necessários para a exploração do sistema rodoviário denominado Lote Noroeste. São Paulo: ARTESP, [2021]. Disponível em: http://www.artesp.sp.gov.br/Shared%20Documents/CONTRATO_NOROESTE.pdf. Acesso em: 20 nov. 2023.

4 Considerações finais

A transição bem-sucedida das tradicionais praças de pedágio para o inovador sistema de pórticos de livre passagem representará um marco significativo na gestão da infraestrutura.

Com a operação inicial do primeiro pórtico, observamos não apenas o empenho por parte da concessionária, mas também uma resposta positiva dos usuários, refletida em uma baixa taxa de inadimplência que, até o final do primeiro mês de operação foi inferior a 12% do tráfego total da concessão (*site* RS-Parcerias).

Os locais estratégicos escolhidos para a implantação dos pórticos seguiram as diretrizes do PER, garantindo não apenas eficiência operacional, também minimizando o impacto social. Ao reduzir desapropriações e interferências com lindeiros, a complexidade do relevo da região foi habilmente gerenciada, resultando em vantagens ambientais e econômicas consideráveis.

Os novos indicadores de desempenho, estabelecidos para medir o esforço e a dedicação da concessionária na gestão do sistema de cobrança, demonstraram sua eficácia durante a fase inicial de operação do primeiro pórtico.

Ao incentivar a eficiência contínua do sistema de pagamento, garantindo sua disponibilidade para os usuários, e ao oferecer uma variedade de métodos de pagamento, o projeto mostrou-se alinhado com as expectativas e necessidades da comunidade usuária.

Referências

RIBEIRO, J. Inadimplência no pagamento por *free flow* na BR-101/RJ ficou na casa dos 11% no semestre. *Agência Infra*, Brasília, DF, 13 dez. 2023. Disponível em: https://www.agenciainfra.com/blog/inadimplencia-no-pagamento-por-free-flow-na-br-101-rj-ficou-na-casa-dos-11-no-semestre/. Acesso em: 19 jan. 2024.

BRASIL. Lei nº 9.503 de 23 de setembro de 1997. Institui o Código Brasileiro de Trânsito. *Diário Oficial da União*: Brasília, DF, 1997. Disponível em: https://www.planalto.gov.br/ccivil_03/leis/l9503compilado.htm. Acesso em: 19 jan. 2024.

BRASIL. Ministério da Infraestrutura. *Resolução Contran nº 819, de 17 de março de 2021*. Brasília, DF: Ministério da Infraestrutura, 2021. Disponível em: https://www.gov.br/transportes/pt-br/assuntos/transito/conteudo-contran/resolucoes/Resolucao8192021.pdf. Acesso em: 19 jan. 2024.

BRASIL. Superintendência de Infraestrutura Rodoviária. Agência Nacional de Transportes Terrestres. *Termo de Referência de Ambiente Regulatório Experimental*. Processo nº 50500.172066/2022-51. Brasília, DF: SUROD; ANTT, 1 mar. 2023. Disponível em: https://www.in.gov.br/en/web/dou/-/resolucao-contran-n-984-de-15-de-dezembro-de-2022-453560318. Acesso em: 19 jan. 2024.

RIO GRANDE DO SUL. Decreto nº 53.490, de 28 de março de 2017. Regulamenta a Lei 14.875/2016, que autorizou o Poder Executivo a conceder serviços de exploração das rodovias e infraestrutura de transportes terrestres, estabelecendo o Marco Regulatório das concessões rodoviárias no Estado do RS. *DJRS*: Poder Judiciário, 28 mar. 2017. Disponível em https://www.al.rs.gov.br/legis/. Acesso em: 19 jan. 2024.

RIO GRANDE DO SUL. Secretaria Estadual de Logística e Transportes. *Contrato FPE nº 50/2022*. Concorrência Pública Internacional nº 0001/2022. Porto Alegre: SELT, 2022. Disponível em: https://admin.parcerias.rs.gov.br/upload/arquivos/202305/10100438-contrato-50-2022-caminhos-serra-gaucha-assinado-compressed-1.pdf. Acesso em: 19 jan. 2024.

RIO GRANDE DO SUL. *Free flow* registra 187 mil veículos em seu primeiro mês de operação. *Rs.gov.br*, Porto Alegre, 17 jan. 2024. Disponível em: https://estado.rs.gov.br/free-flow-registra-187-mil-veiculos-em-seu-primeiro-mes-de-operacao. Acesso em: 28 jan. 2023.

SOUZA, M. As lições da Serra para o Vale. *A Hora*, Porto Alegre, ano 20, n. 37, p. 6-7, 10 fev. 2023.

Informação bibliográfica deste texto, conforme a NBR 6023:2018 da Associação Brasileira de Normas Técnicas (ABNT):

PASSOS, Maria Cristina Ferreira. Rumo ao futuro: desafios na transição de praças de pedágio para pórticos de livre passagem na Serra Gaúcha. In: FAJARDO, Gabriel; SAMPAIO, Guilherme Theo (coord.). Free flow *em concessões de rodovias*. Belo Horizonte: Fórum, 2024. p. 159-170. ISBN 978-65-5518-724-3.

O SISTEMA AUTOMÁTICO LIVRE NOS CONTRATOS DE CONCESSÃO E PPPS DO ESTADO DE SÃO PAULO

RAQUEL FRANÇA CARNEIRO
SANTI FERRI
LEANDRO CARDOSO TRENTIN

1 Introdução

Os programas de concessão de rodovias têm o objetivo de delegar ao setor privado a responsabilidade pela realização total ou parcial de investimentos para ampliação, conservação e operação das vias. Nesse modelo, esses custos são financiados em sua totalidade ou parcialmente pela cobrança de tarifas de pedágio.

Com a evolução das tecnologias de cobranças de pedágio, diversos países foram adotando alternativas ao modelo tradicional de implantação de praças de pedágio físicas, como a implantação de pórticos de reconhecimento de veículos, utilizando dispositivos automáticos ou placas de identificação. Países na América Latina, como o Chile, já utilizam essa tecnologia há mais de 20 anos.

Este artigo tem como objetivo apresentar aspectos relacionados à inclusão da tecnologia de cobrança de pedágio por meio de pórticos no Estado de São Paulo, sob aspectos das alterações realizadas nos últimos contratos de concessão, como a alocação de riscos, fornecimento de descontos, entre outros, e as alterações que estão em desenvolvimento pela

Agência Reguladora de Transportes do Estado de São Paulo (ARTESP) para a operacionalização e fiscalização dessa nova tecnologia.

2 Histórico da cobrança por meio pórticos no programas de concessões paulistas

O estado de São Paulo conta com um programa de concessões rodoviárias de mais de 25 anos, que se iniciou em março de 1998 e atualmente possui mais de 11.114 km de rodovias concedidas.

Os contratos de concessão assinados até 2020 contavam com a estrutura de cobrança de tarifas por meio de praças de pedágio do tipo barreira ou bloqueio, estruturas físicas nas quais o usuário realiza o pagamento por meio de dinheiro nas cabines manuais, ou por meio da utilização de dispositivos de reconhecimento eletrônico, em faixas de pagamento automático.

2.1 Ponto a Ponto

A partir de 2012, com a publicação da Resolução SLT Nº 013, de 4 de novembro de 2011, iniciou-se a implantação dos projetos pilotos de cobrança de tarifas por meio de pórticos, que possuíam um trecho de cobertura reduzido, buscando cobranças mais justas aos usuários dos municípios mais afetados pela praça de pedágio, os chamados "Ponto a Ponto". Como os contratos de concessão não previam a alteração da receita provocada pela inclusão desse sistema, o estado de São Paulo se responsabilizou pelo reequilíbrio desses valores.

Os primeiros locais a receberem a instalação dos pórticos de cobrança foram as rodovias Engenheiro Constâncio Cintra (SP-360) e Santos Dumont (SP-075). Na Rodovia SP-360, apenas os veículos licenciados no município de Itatiba, cujos condutores residam nos 9 bairros do município localizados próximos à praça de pedágio do km 77, podem aderir ao sistema. Na Rodovia SP-075, tem direito ao cadastramento e utilização do sistema qualquer pessoa, natural ou jurídica, residente e/ou domiciliada no município de Indaiatuba, que seja proprietária de veículo de passeio "categoria 1" emplacado no município de Indaiatuba.

Em 2013, a Rodovia Governador Adhemar Pereira de Barros (SP-340) recebeu o primeiro Ponto a Ponto aberto para qualquer usuário e veículo que nela trafegue. O Ponto a Ponto na SP-332, iniciado em 2014, é aberto para os moradores cujos veículos estejam licenciados nos municípios de Paulínia, Cosmópolis, Artur Nogueira, Engenheiro Coelho e Conchal.

As figuras 1 a 4, a seguir, apresentam as localizações dos pórticos do sistema Ponto a Ponto nas 4 rodovias citadas.

2.2 Quarta etapa do Programa de Concessões Paulistas

No âmbito da quarta etapa do Programa de Concessões Rodoviárias, inaugurada em 2016, a implantação de pórticos nos contratos de concessão apareceu pela primeira vez de maneira tímida. Ainda que o sistema de pedagiamento observasse o modelo tradicional com praças de barreira, os contratos previam que, caso demandado pelo estado, a concessionária deveria implantar sistema de cobrança por meio de pórticos, sendo os investimentos tratados como evento de desequilíbrio nas revisões ordinárias. Nesse sentido, alocaram-se ao poder concedente os riscos relacionados aos investimentos e impactos (positivos ou negativos) decorrentes da implantação do sistema. Além disso, a partir desses lotes, foi inaugurado o conceito do Desconto do Usuário Frequente (DUF), tratado em tópico a seguir.

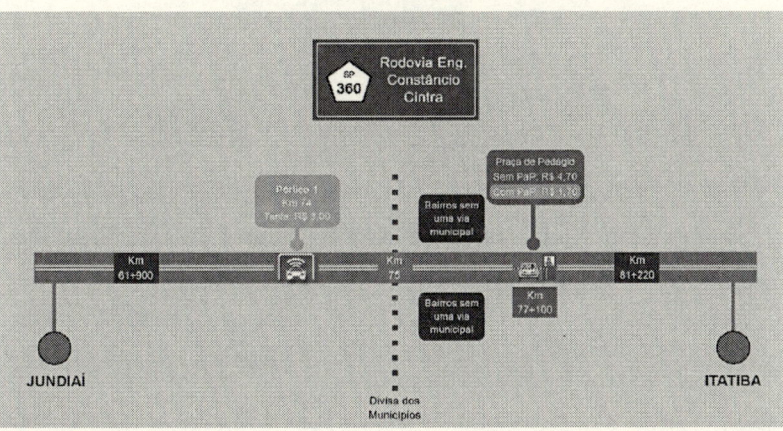

Figura 1 - Ponto a Ponto SP-360

Fonte: SP-360. *In:* SÃO PAULO (Estado). Ponto a Ponto (imagens). *ARTESP*, São Paulo, [2024]. Disponível em: http://www.artesp.sp.gov.br/images1. Acesso em: 17 jan. 2024.

Figura 2 - Ponto a Ponto SP-075

Fonte: SP-075. *In:* SÃO PAULO (Estado). Ponto a Ponto (imagens). *ARTESP*, São Paulo, [2024]. Disponível em: http://www.artesp.sp.gov.br/images1. Acesso em: 17 jan. 2024.

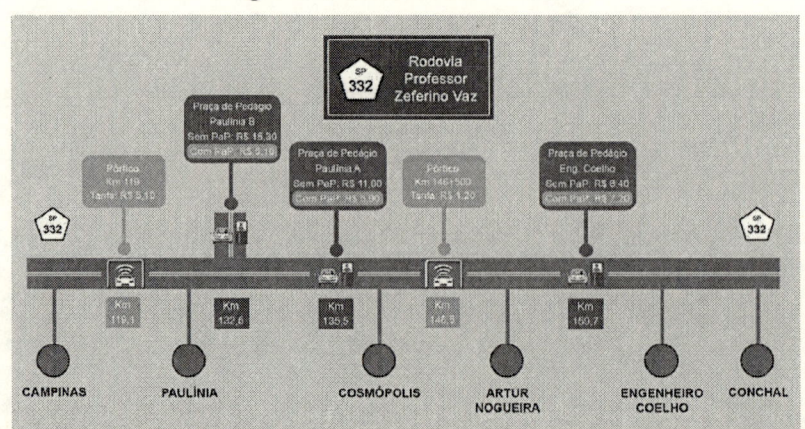

Figura 3 - Ponto a Ponto SP-340

Fonte: SP-340. *In:* SÃO PAULO (Estado). Ponto a Ponto (imagens). *ARTESP*, São Paulo, [2024]. Disponível em: http://www.artesp.sp.gov.br/images1. Acesso em: 17 jan. 2024.

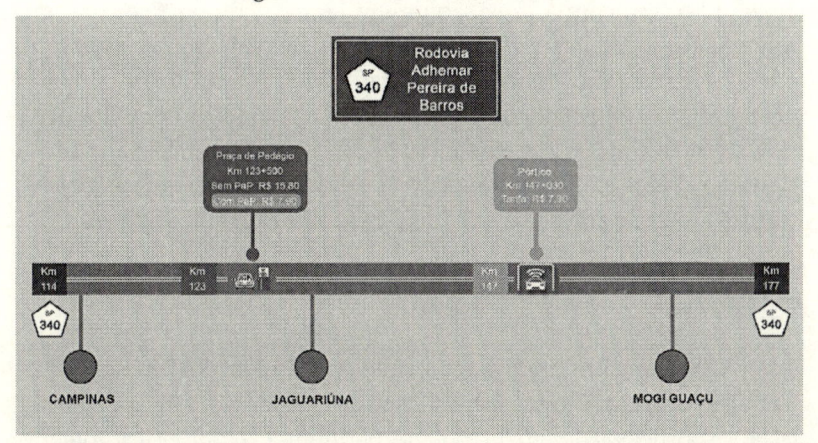

Figura 4 - Ponto a Ponto SP-332

Fonte: SP-332. *In:* SÃO PAULO (Estado). Ponto a Ponto (imagens). *ARTESP*, São Paulo, [2024]. Disponível em: http://www.artesp.sp.gov.br/images1. Acesso em: 17 jan. 2024.

2.3 Quinta etapa do Programa de Concessões Paulistas

Em 2022, o Lote Noroeste, que conecta as cidades de São Carlos, São José do Rio Preto, Jaboticabal e Barretos, formado pela junção de trechos das concessões da Triângulo do Sol e da Tebe, foi um dos primeiros editais de concessão no Brasil que previu, como obrigação de partida da concessionária, a implantação da tecnologia de pórticos para a realização de cobranças de tarifas. No contrato foi considerado um cronograma de conversão das praças de pedágio existentes de maneira gradual. O cronograma tinha como base a suficiência de recursos gerados pelo próprio projeto capazes de fazer frente ao risco de evasão, alocado ao poder concedente, sem necessidade de acionamento do Tesouro do estado.

Em 2022, o Lote Rodoanel Norte foi o primeiro lote no estado de São Paulo a prever a implantação de pórticos em um sistema fechado, em uma rodovia de classe 0. Diferentemente do Lote Noroeste, que previa a demolição de praças de pedágio e sua substituição por pórticos, o Rodoanel Norte, por ser um projeto *greenfield*, considerou a implantação de pórticos como condição de início da operação. Os pórticos, apesar de serem instalados no eixo da rodovia, consideravam uma cobrança mais justa, com trechos de cobertura que se igualavam aos trechos percorridos para as diversas configurações de entrada e saída no sistema.

Em 2023, o Lote Litoral Paulista foi o primeiro edital no Brasil a ser publicado com a previsão da implantação de pórticos em uma rodovia classe I sem a existência de praças de pedágio. Nesse lote, os pórticos de cobrança foram posicionados de maneira a aproximar os trechos de cobertura com os trechos efetivamente utilizados pelos usuários, considerando as características de demanda da região. Sabe-se que a cobrança efetiva do quilômetro percorrido em uma rodovia sem o controle total de acessos é uma tarefa financeiramente inviável.

3 Sistema automático livre

O Sistema Automático Livre, inaugurado com essa nomenclatura na quinta etapa do Programa de Concessões Paulistas, consiste na instalação de pórticos ao longo da rodovia, permitindo a cobrança automática daqueles usuários que possuem Dispositivo de Identificação Automática (AVI). Os usuários que não tenham AVI podem pagar posteriormente, em até 15 dias da passagem do pórtico, em plataforma online ou pelos demais meios fornecidos pela concessionária. O transcurso do prazo de 15 dias caracteriza-se como infração de evasão, nos termos do artigo 209-A do Código de Trânsito Brasileiro (CTB), sujeita à pena grave. Vale notar que o sistema automático livre altera a forma de cobrança, mas não a forma de cálculo da tarifa, que se mantém tendo como base o trecho de cobertura de pedágio, conforme detalhado a seguir.

3.1 Trecho de Cobertura de Pedágio (TCP)

O Trecho de Cobertura de Pedágio (TCP), conceito utilizado desde os primeiros contratos de concessão, é o comprimento de vias considerado no cálculo da tarifa de pedágio de cada ponto de cobrança. A tarifa de pedágio é calculada considerando-se:

$$TP = tkm \cdot TCP$$

Sendo:
TP: tarifa de pedágio para a categoria 1, de automóveis;
tkm: tarifa quilométrica, que depende de cada contrato de concessão e considera diferenciações entre trechos de pista simples e pista dupla;
TCP: trecho de cobertura de pedágio;

Quando da escolha das quantidades e localizações das praças de pedágio em um projeto de concessão de rodovias, diversas restrições são consideradas, como limitações espaciais e de engenharia, licenças ambientais, impactos sociais e custos de implantação, manutenção e operação. Dessa forma, os contratos anteriores consideravam praças de pedágio distantes uma das outras em até 100 km, o que resultavam em grandes TCPs e por consequência tarifas de pedágio em patamares superiores.

Além disso, a localização das praças de pedágio, geralmente em trechos rurais e entre dois municípios, não realizava uma cobrança justa de todos os usuários. Ou seja, usuários que utilizavam trechos mais urbanizados das rodovias utilizavam dos serviços da concessão e, por não passarem pelas praças de pedágio, não contribuíam com a arrecadação.

Com a implantação dos pórticos, restrições espaciais, de engenharia e ambientais foram eliminadas. Além do mais, por possuírem custos de implantação, manutenção e operação menores que as praças físicas, possibilitaram a consideração de um maior número de pontos de cobrança, com TCPs reduzidos, o que possibilita uma maior equidade tarifária.

4 Descontos tarifários

4.1 Desconto pela utilização do AVI

O desconto de 5% na tarifa de pedágio para veículos que utilizam equipamentos de reconhecimento automático surgiu pela primeira vez no contrato de concessão da concessionária Entrevias, no estado de São Paulo, com o objetivo de incentivar a utilização das cabines de cobrança automática nas praças de pedágio, que possuem capacidade muito superior que as cabines de cobrança manual. Esse desconto foi mantido mesmo com a mudança do sistema de cobrança para pórticos, visto que ainda se vê a necessidade de incentivar a utilização desses equipamentos, dado o menor custo de processamento de dados quando comparadas às cobranças utilizando as placas dos veículos.

4.2 Desconto de Usuário Frequente (DUF)

O Desconto de Usuário Frequente (DUF) foi vislumbrado com o objetivo de realizar uma cobrança mais justa da tarifa de pedágio para os usuários de veículos leves que realizavam viagens diárias por motivos de trabalho ou estudo em cidades vizinhas. Essas viagens se caracterizam pela curta distância, as quais, pela natureza dos TCPs das praças de pedágio no estado de São Paulo, eram menores que os trechos de cobertura considerados para o cálculo das tarifas de pedágio.

O DUF considera que após a 30ª passagem no ponto de cobrança, em cada sentido, a tarifa média do usuário é a tarifa correspondente ao trecho percorrido mais significativo dentro daquele TCP, chamado de trecho de referência. Ou seja, se a tarifa daquele ponto é de R$ 6,00 para todo o TCP e a tarifa que seria paga para o trecho de referência é de R$ 2,00, o DUF seria o desconto unitário a cada passagem de modo que a tarifa média paga na 30ª passagem no ponto de cobrança fosse de R$ 2,00.

Figura 5 - Representação do conceito do DUF

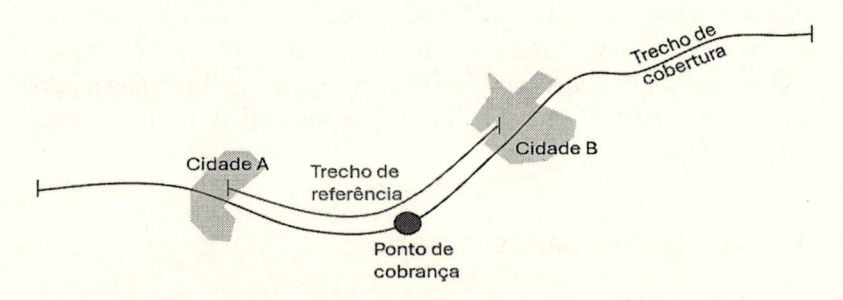

Fonte: Elaboração dos autores.

O DUF foi incluído, pela primeira vez, no contrato do Lote Piracicaba-Panorama, estruturado pelo estado de São Paulo em 2019. Esse desconto foi aplicado novamente dos lotes que o sucederam, como Lote Noroeste no estado de São Paulo, Nova Dutra e Rio-Valadares no governo federal.

Na estruturação do Lote Noroeste, a implantação dos pórticos no local das praças de barreira apresentou-se apenas com uma mudança de tecnologia de cobrança, sem alterar os parâmetros de TCPs. Desse modo, o conceito do DUF foi mantido nem nenhuma alteração.

Já no Lote Rodoanel Norte, por ser uma rodovia de classe 0 com os TCPs bem caracterizados entre os acessos de entrada e saída, não há o conceito viagem de referência, não sendo considerado o DUF.

No Lote Litoral Paulista, os pórticos foram posicionados de maneira a representar os grandes segmentos de variação de demanda, sendo no total 15 pórticos. Dessa maneira, os TCPs são reduzidos, inexistindo o conceito de viagem de referência para a aplicação do DUF. Entretanto, por decisão de política pública, o DUF foi implantado com uma roupagem diferente. Nesse lote, o DUF é de 10% para usuários que utilizam mais de 11 vezes um ponto de cobrança e de 20% para mais de 21 passagens.

5 Alocação de riscos

A implantação do pedagiamento por pórticos, como natural de uma iniciativa inovadora, carrega um componente de risco, aqui materializado na inadimplência. Isso porque, com a ausência de uma barreira física, as chances de evasão aumentam.

Nesse sentido, e considerando ainda a escassez de dados relacionados à arrecadação em sistemas rodoviários que utilizam pedagiamento por pórticos, é importante que a alocação de riscos seja bem desenhada.

Sendo assim, os últimos projetos rodoviários pelo Estado de São Paulo contam com uma divisão clara entre diferentes situações e suas respectivas alocações de riscos. Senão vejamos:

(i) Transações válidas: são aquelas que a concessionária foi capaz de registrar e produzir as informações necessárias para identificação do usuário que não realizou o pagamento da tarifa de pedágio. A concessionária deverá enviar tais informações ao órgão de trânsito para emissão do auto de infração.

(ii) Transações inválidas: concessionária não foi capaz de registrar e/ou produzir as informações necessárias para a identificação do usuário que não realizou o pagamento da tarifa. Nesse caso, a concessionária não conseguiu reunir as informações suficientes para envio ao órgão de trânsito (falha em equipamento, por exemplo) ou falhou em enviar as informações necessárias.

(iii) Transações inválidas fraudulentas: são transações inválidas, conforme detalhado, mas cuja causa tenha decorrido de ação fraudulenta do usuário. Por exemplo, a concessionária foi incapaz de registrar o número da placa pois o veículo circulava sem placa.

No Lote Noroeste e Rodoanel Norte, a alocação de riscos das transações válidas foi alocada ao poder concedente, sendo que as transações inválidas e transações inválidas fraudulentas foram consideradas como usuários não identificados, cujo risco foi alocado à concessionária. Para o Lote Noroeste, caso a variação das tarifas não arrecadadas por usuários não identificados fosse maior do que 5% da receita bruta anual, 50% do valor excedente seria custeado pelo poder concedente.

No Lote Litoral Paulista, essa lógica foi alterada. O poder concedente é responsável por 95% das transações válidas e 100% das transações inválidas fraudulentas. A concessionária é responsável pelas transações inválidas e 5% das transações válidas. O risco das transações inválidas fraudulentas foi transferido ao poder concedente visto que a sua mitigação depende da ação da polícia rodoviária e independem de ações da concessionária. Já as transações válidas, por possuírem informações dos veículos e seus condutores, podem ser alvo da cobrança ativa da concessionária, o que justifica parte de alocação do risco para esta.

6 Fiscalização

A fiscalização do sistema de cobrança com pórticos requer validações em uma gama muito maior de dados que as praças de pedágio de barreira e bloqueio, seja pela velocidade maior de passagem dos veículos pelo ponto de cobrança, por sistemas de classificação e reconhecimentos novos, necessidade de identificação de fraudes ou evasões em maior quantidade, entre outros. Ou seja, atividades que anteriormente eram realizadas de maneira manual se tornam inviáveis nesse novo sistema.

Nesse sentido, a ARTESP e o governo do estado têm pesquisado o estado da arte das tecnologias disponíveis em termos de inteligência artificial (IA), assim como a integração de informações em sistemas/bancos de dados, com o intuito especificar aqueles capazes de confrontar informações coletadas em mais de uma fonte e consolidá-las na forma de garantir a qualidade da informação, ou mesmo de filtrar as informações que se mostrarem inconsistentes, para que, nesse caso sim, se possam realizar verificações manuais ou amostrais da forma mais racional possível.

Um exemplo é que a ARTESP tem exigido que os sistemas sejam capazes de identificar, além das características convencionais dos veículos para fins de cobrança de tarifa de pedágio (leitura de placa, tipo de veículo, quantidade de eixos etc.), características inerentes à eventual emissão de notificações de infrações por evasão (por exemplo cor, marca e modelo do veículo). Outra característica importante que vem sendo exigida pela ARTESP é a de que o sistema implementado para captação, armazenamento e gestão dos dados seja também capaz de armazenar, gerir e confrontar dados de eventuais consultas à base de dados da Secretaria Nacional de Trânsito (Senatran), para identificação automática de eventos de evasão e/ou eventuais condutas fraudulentas por parte dos usuários, bem como a disponibilização de consulta aos bancos de dados cadastrados na agência, para fins de auditoria.

7 Programa Siga Fácil SP

Em outubro de 2023, o estado de São Paulo implementou o Programa Siga Fácil SP, que permite a implantação de pórticos de cobrança nas concessões existentes do Estado, considerando apenas a troca do sistema de cobrança ou por meio de propostas de implantação de mais pontos de cobrança e redistribuição dos trechos de cobertura de pedágio. O objetivo do programa é a troca do sistema de cobrança de praças de pedágio pelo pedagiamento por pórticos, dado os diversos benefícios ofertados aos usuários, como melhora no fluxo do tráfego, redução de acidentes, redução de emissão de gases efeito estufa, entre outros.

8 Desafios

Um dos desafios relacionados à cobrança de pedágio por meio dos pórticos é a capacidade institucional para a emissão de autos de infração de evasão em uma proporção muito maior do que a praticada corriqueiramente. Os números de evasão nas praças de barreira no estado de São Paulo são relativamente baixos, menores que 0,5%, mas a tendência é que, com a implantação de pórticos, o volume aumente de forma expressiva. Isso deve-se ao fato que o número de pórticos em um sistema rodoviário é muito superior ao número de praças de pedágio e a facilidade em evadir na ausência de barreira física também é muito maior.

Para isso, estão sendo estudados mecanismos que aproximem a concessionária do processo de emissão de multas, amparando o órgão de trânsito, sem desrespeitar o poder de polícia.

Outro desafio é a comunicação. Atualmente o acesso à base de dados não é trivial, de modo que comunicar o usuário sobre a necessidade da realização do pagamento antes do prazo de 15 dias, que enseja a emissão da multa de evasão, não é tarefa simples. Dessa forma, estão sendo estudadas parcerias, convênios, arranjos para que a troca de informações seja viabilizada e assim, seja possível demandar do parceiro privado medidas mais enérgicas relacionadas à cobrança da tarifa.

Por fim, é importante mencionar que, no estado de São Paulo, é realizada a compensação da frustração de receita à concessionária no chamado ajuste de usuários inadimplentes, cuja alocação de riscos foi apresentada no item 5, e que demanda recursos financeiros. Já que os projetos do estado de São Paulo buscam a autossuficiência financeira, buscaram-se estruturas que viabilizassem o uso dos recursos do próprio projeto para o pagamento à concessionária. Vamos ao exemplo do Lote Noroeste, por ser uma concessão comum.

O projeto prevê que a compensação a ser paga à concessionária tem origem em duas fontes de recursos: (i) parte da outorga variável; e (ii) multas de evasão, nos termos do artigo 209-A do CTB. Ambos os recursos são depositados em contas vinculadas e com movimentação restrita. A outorga variável é parcela da receita auferida pela concessionária e é destinada à conta outorga. Já as multas de evasão aplicadas no sistema são destinadas à conta multa.

O uso da outorga variável como fonte de pagamento de valores devidos à concessionária não é novidade. No Lote Piracicaba Panorama, por exemplo, a outorga variável era destinada ao pagamento do DUF e ao mecanismo de proteção cambial.

O uso dos recursos das multas de evasão, no entanto, foi implementado pela primeira vez nessa oportunidade, com base na recente Lei do Free Flow, que alterou o CTB, para, entre outras coisas, incluir a infração de evasão em sistemas de fluxo livre (artigo 209-A do CTB), e permitir a destinação desses recursos à concessionária a fim de compensar a receita frustrada (artigo 320, parágrafo terceiro do CTB).

Com isso, foi realizado um estudo econômico-financeiro que indicou a suficiência das duas fontes de recurso para fazer frente à composição, sem necessidade de recursos do Tesouro. O estudo teve como base parâmetros extremamente conservadores, como (i) ausência de atualização do valor das multas; (ii) manutenção do índice de usuários que utilizam de AVI e (iii) inadimplência de 100% dos usuários que não tivessem o dispositivo AVI.

Dessa forma, foi possível assegurar uma garantia robusta ao mercado, sem necessidade de dispêndio de recursos orçamentários. O resultado foi um leilão exitoso com competição.

A mesma simulação foi realizada nos lotes que o seguiram, garantindo a suficiência dos recursos disponíveis dentro da concessão para esse reequilíbrio.

9 Conclusão

É possível concluir que o estado de São Paulo tem avançado de maneira inovadora no tema da cobrança de pedágio via pórticos, desde a implantação do Ponto a Ponto em 2012 até o último lote de rodovias lançado, que prevê a utilização de pórticos desde o início da concessão, e a implantação do Programa Siga Fácil SP. Entretanto, sabe-se dos desafios atrelados à implantação dessa nova tecnologia, que estão sendo abordados pelo governo em termos de capacitação dos órgãos de trânsito, aproximação da concessionária no processo de emissão das multas e comunicação com o usuário.

Referências

SÃO PAULO. Ponto a Ponto (imagens). ARTESP, São Paulo, [2024]. Disponível em: http://www.artesp.sp.gov.br/images1/Forms/AllItems.aspx?RootFolder=%2Fimages1%2FPontoaPonto&FolderCTID=0x01200095D620C9B8E10E469D3E0D10359B36FC&View=%7B67FD7357-67B7-47C8-AFDB-FFBD5325C8C3%7D. Acesso em: 17 jan. 2024.

SP-075. *In:* SÃO PAULO (Estado). Ponto a Ponto (imagens). *ARTESP*, São Paulo, [2024]. Disponível em: http://www.artesp.sp.gov.br/images1. Acesso em: 17 jan. 2024.

SP-332. *In:* SÃO PAULO (Estado). Ponto a Ponto (imagens). *ARTESP*, São Paulo, [2024]. Disponível em: http://www.artesp.sp.gov.br/images1. Acesso em: 17 jan. 2024.

SP-340. *In:* SÃO PAULO (Estado). Ponto a Ponto (imagens). *ARTESP*, São Paulo, [2024]. Disponível em: http://www.artesp.sp.gov.br/images1. Acesso em: 17 jan. 2024.

SP-360. *In:* SÃO PAULO (Estado). Ponto a Ponto (imagens). *ARTESP*, São Paulo, [2024]. Disponível em: http://www.artesp.sp.gov.br/images1. Acesso em: 17 jan. 2024.

VASSALO, J. M. *et al.* Urban Toll Highway Concession System in Santiago, Chile: Lessons Learned after 15 Years, 2020. ASCE. DOI: 10.1061/(ASCE)IS.1943-555X.0000540.

Informação bibliográfica deste texto, conforme a NBR 6023:2018 da Associação Brasileira de Normas Técnicas (ABNT):

CARNEIRO, Raquel França; FERRI, Santi; TRENTIN, Leandro Cardoso. O sistema automático livre nos contratos de concessão e PPPS do estado de São Paulo. *In*: FAJARDO, Gabriel; SAMPAIO, Guilherme Theo (coord.). Free flow *em concessões de rodovias*. Belo Horizonte: Fórum, 2024. p. 171-184. ISBN 978-65-5518-724-3.

FREE FLOW NO RODOANEL DA REGIÃO METROPOLITANA DE BELO HORIZONTE

FERNANDA ALEN
VÍTOR COSTA

1 O Rodoanel da Região Metropolitana de Belo Horizonte

Desde 1950, a Região Metropolitana de Belo Horizonte (RMBH) é atendida por meio do já saturado Anel Rodoviário, que tem 26,1 quilômetros de extensão e cuja jurisdição preponderante é de responsabilidade do Departamento Nacional de Infraestrutura de Transportes (Dnit). O segmento desempenha um importante papel para realizar o entroncamento com as principais rodovias federais que cruzam o estado de Minas Gerais: BR 381, BR 040 e BR262.

O gargalo logístico piorou o nível de serviço ao longo das últimas décadas, sobretudo em razão do crescimento populacional da região metropolitana. A rodovia adquiriu um perfil de tráfego em que os deslocamentos urbanos convivem com o tráfego de carga de longa distância. Em outras palavras, o fenômenos da conurbação urbana e do adensamento populacional tensionaram o anel viário a passos mais largos do que a capacidade pública de planejamento e de responsividade necessária à acomodação da infraestrutura existente frente à dinamicidade social.

Nesse contexto, pelo menos desde a década de 1970, o projeto do Rodoanel da região metropolitana é um sonho esperado dos mineiros. Em mapas de setembro de 1972, da extinta Superintendência de Desenvolvimento da Região Metropolitana de Belo Horizonte (Plambel), já é possível observar a existência de traçado que evidencia a necessidade de contorno metropolitano para ligação dos municípios e polos da RMBH.

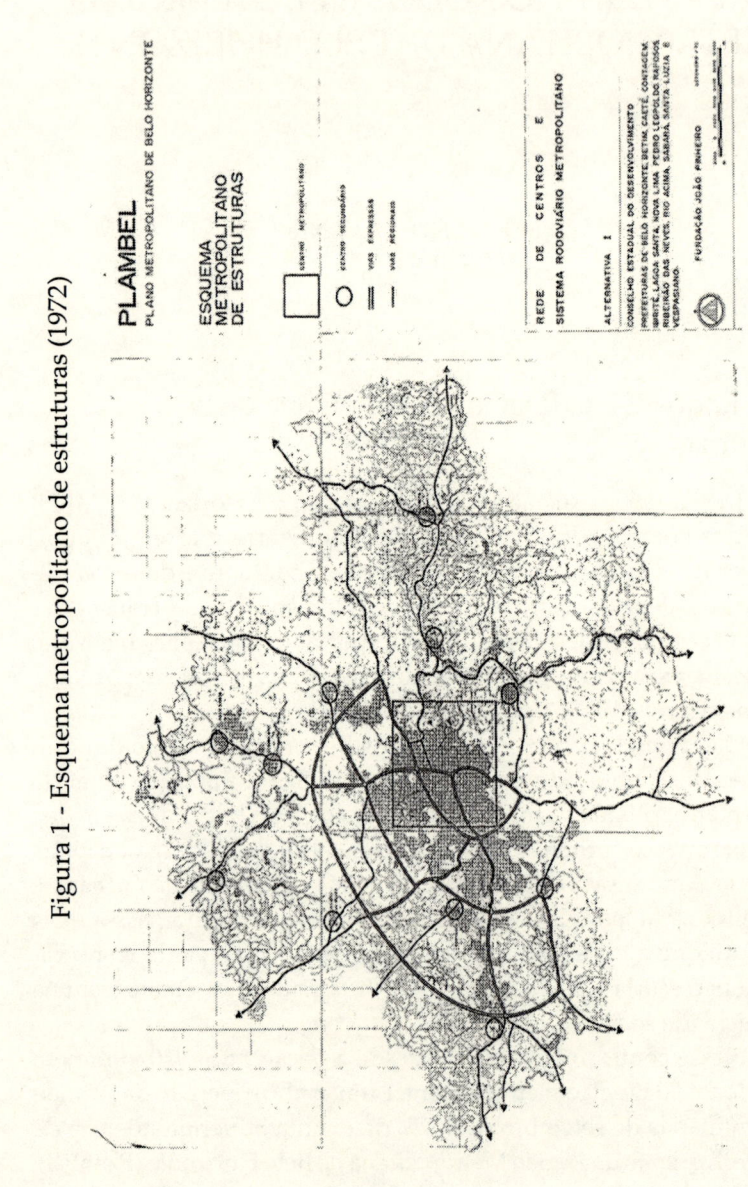

Figura 1 - Esquema metropolitano de estruturas (1972)

Fonte: FUNDAÇÃO JOÃO PINHEIRO. *Plano metropolitano de Belo Horizonte*. Esquema metropolitano de estruturas, Belo Horizonte, [2023]. Disponível em http://www.bibliotecadigital.mg.gov.br/consulta/verDocumento.php?iCodigo=53798&codUsuario=0. Acesso em: 14 jan. 2023.

Mais de 50 anos se passaram e inúmeras foram as tentativas de se tirar esse projeto do papel, mas nenhuma delas prosperou até o ano de 2023.

O resultado dos fracassos anteriores tem sido vivenciado pelos usuários em razão da sobrecarga do anel rodoviário (contorno metropolitano mais interno à região). São mais de 100.000 veículos que circulam diariamente pelo anel viário. Os acidentes de trânsito ultrapassam a casa dos 4.500 a cada ano. Grande parte dessas ocorrências, infelizmente, corresponde a lesões graves e a fatalidades. E aqueles que, apesar dos pesares, se atrevem a percorrer essa via enfrentam diariamente mais de 45 minutos de congestionamentos, impactando a dinâmica social e urbana das cidades que fazem parte da RMBH.

É preciso destacar que a infraestrutura de transporte é um importante vetor para promoção de direitos sociais, como saúde e educação, assim como fundamental ao emprego e renda dos cidadãos. É por isso que a ausência de política pública que endereçe estas questões prejudica o desenvolvimento socioeconômico sustentável, a mobilidade e o transporte daqueles que vivem na RMBH.

Diante de tal contexto e feitas essas considerações iniciais acerca da importância do Rodoanel da Região Metropolitana de Belo Horizonte, este capítulo visou narrar a experiência da modelagem do projeto, jogar luz em algumas reflexões obtidas e apontar desafios que permanecem, especialmente os relacionados à tecnologia de pedagiamento adotada e à regulação contratual.

2 Os desafios da estruturação do projeto e a âncora do *free flow*

O gargalo logístico do rodoanel e seu reflexo na dinâmica social e econômica da Região Metropolitana de Belo Horizonte motivaram a Secretaria de Estado de Infraestrutura, Mobilidade e Parcerias (SEINFRA) a iniciar, em 2019, a estruturação do projeto de concessão do Rodoanel da RMBH. O Movimento Brasil Competitivo (MBC) apoiou o governo de Minas Gerais e viabilizou os estudos técnicos de modelagem.

A estruturação do projeto foi desafiadora, tendo perdurado cerca de 5 anos entre o início dos estudos e a efetiva celebração do contrato, que ocorreu em março de 2023.

Em primeiro lugar, é preciso destacar que o Rodoanel é um projeto inteiramente *greenfield*, o que impôs o primeiro desafio da modelagem: a definição de um traçado referencial.

A definição desse traçado referencial não seria trivial. A implementação do rodoanel teria que acomodar complexas condições topográficas, ambientais e sociais da Região Metropolitana de Belo Horizonte, tais como relevo acidentado, regiões cobertas por densa floresta tropical e adensamento urbano.

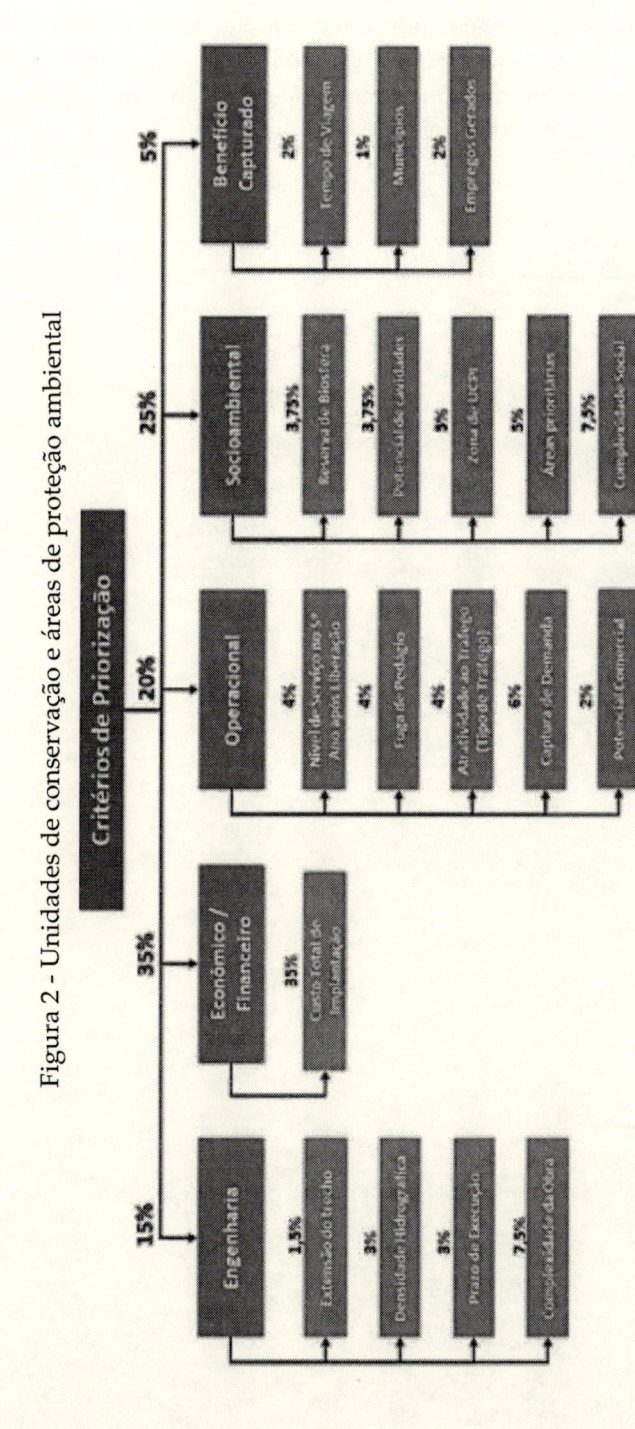

Figura 2 - Unidades de conservação e áreas de proteção ambiental

Critérios de Priorização

- **Engenharia (15%)**
  - Extensão do trecho: 1,5%
  - Densidade Hidrográfica: 3%
  - Prazo de Execução: 3%
  - Complexidade da Obra: 7,5%

- **Econômico / Financeiro (35%)**
  - Custo Total de Implantação: 35%

- **Operacional (20%)**
  - Nível de Serviço nos 5* Ano após Liberação: 4%
  - Fuga de Pedágio: 4%
  - Atratividade ao Tráfego (Tipo de Tráfego): 4%
  - Captura de Demanda: 6%
  - Potencial Comercial: 2%

- **Socioambiental (25%)**
  - Reserva de Biosfera: 3,75%
  - Potencial de cavidades: 3,75%
  - Zona de UCPI: 5%
  - Áreas prioritárias: 5%
  - Complexidade Social: 7,5%

- **Benefício Capturado (5%)**
  - Tempo de Viagem: 2%
  - Municípios: 1%
  - Empregos Gerados: 2%

Fonte: UNIVERSIDADE FEDERAL DE MINAS GERAIS. *Plano de Metropolitano RMBH*, Belo Horizonte, 2014. Disponível em: http://www.rmbh.org.br:8081/. Acesso em: 14 jan. 2023.

Por essas razões, os estudos técnicos adotaram uma matriz multicritério que sopesaria variáveis de engenharia, dinâmica operacional, socioambiental, econômico-financeiro e de benefício capturado, para avaliar uma variedade de opções de traçados.

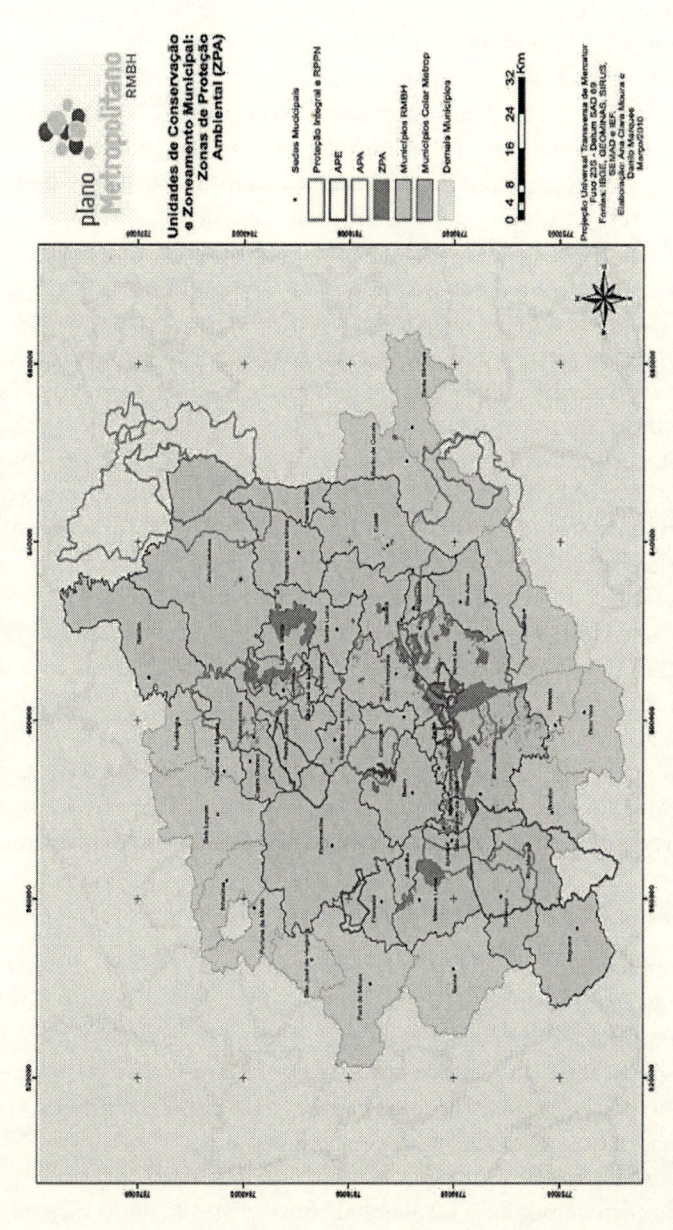

Figura 3 - Matriz multicritério

Fonte: MINAS GERAIS. Secretaria de Estado de Infraestrutura, Mobilidade e Parcerias (SEINFRA). *Projeto Rodoanel da Região Metropolitana de Belo Horizonte*, Belo Horizonte, [2023]. Disponível em: http://www.infraestrutura.mg.gov.br/component/gmg/page/2459-concorrencia-internacional-n-001-2022-rodoanel. Acesso em: 14 jan. 2023.

A partir dessa matriz multicritério, começou-se a observar que um sistema *free flow* impactava positivamente quase todos os aspectos, na medida em que diminuiria os custos de implementação (nas áreas onde se instalariam cabines de pedágios), os custos desapropriação, o impacto ambiental e o impacto social, além de reduzir o tempo de viagem dos usuários. A adoção dessa inovação regulatória também melhoraria o nível de serviço, já que que não haveria retenção de fluxo nas cabines, capturaria maior demanda e diminuiria a atratividade de eventuais rotas alternativas mais longas.

Além disso, a construção de um novo Rodoanel com um sistema *free flow* e cobrança por km acomodaria a demanda de deslocamento de curta distância entre as cidades da RMBH, ao mesmo tempo em que atenderia a necessidade de ligação com as rodovias federais, com o objetivo de permitir o tráfego rodoviário de média e longa distância, assegurando seu papel logístico e integrador.

Os resultados da matriz multicritério associados à compatibilização dessa dupla característica (urbano e rodoviário) levaram à conclusão de que seria necessário adotar uma via rápida, que admitisse padrões elevados de nível de desempenho e de operação, para suportar tamanha carga de veículos diários e para atender aos objetivos primários dos usuários. Além disso, a operação dessa via rápida deveria vir associada a um sistema de cobrança justo, que diferenciasse a cobrança do usuário na medida de sua utilização.

A solução passaria, portanto, pela adoção do sistema *free flow*, compreendido na sua acepção de pedagiamento por quilometragem percorrida. Foi esta uma das principais âncoras de decisão do projeto estruturado e é sobre ela que as próximas subseções se debruçam.

2.1 O custo do sistema do sistema *free flow*

A adoção da escolha regulatória pelo *free flow* enseja, de partida, uma redução de custos de Capex. Há economias significativas nas rubricas de equipamentos, sistemas e edificações operacionais, na medida em que não demanda grandes terraplanagens, ampliação de pistas nas praças de pedágio, construção de cabines e de infraestrutura de apoio aos funcionários alocados na operação das praças.

Para efeitos de comparação, enquanto o custo de implementação de uma praça de pedágio tradicional com 4 pistas (2 em cada sentido) implica em investimentos na ordem de R$ 8,5 milhões (data-base de jun/21) necessários para a pavimentação no "garrafão" de cobrança, construção de cabines de pedágio e construção de infraestrutura de apoio aos funcionários; no modelo *free flow*, esse custo é reduzido para aproximadamente R$ 3,5 milhões, destinados principalmente para a instalação de pórtico e construção de sala de equipamentos.

Em relação ao Opex, os valores estimados também são inferiores frente ao modelo tradicional de praça de pedágio, na medida em que uma única equipe de *back-office* é capaz de monitorar e acompanhar a tarifação de pedágio ao longo de toda a concessão, não sendo necessária a contratação de cobradores de pedágio e supervisores, tampouco a contratação do serviço de transporte de dinheiro físico armado, um custo alto nas concessões.

Também para efeitos de comparação, enquanto em uma praça de pedágio tradicional é necessário aproximadamente 36 funcionários em 3 turnos entre supervisores, coordenadores, arrecadadores, auxiliares de pista e faxineiros, no modelo *free flow*, o *back-office* de toda concessão pode ser ser dimensionado com quantitativo estimado de 9 a 20 funcionários, na figura de supervisores e assistentes de arrecadação/cobrança.

Assim, a opção de adotar *free flow*, principalmente em projetos *greefield*, em que inexiste cabines de pedágio pré-instaladas, mostra-se vantajosa na medida em que aprimora a viabilidade econômica-financeira do projeto e potencializa benefícios ao usuário final por meio de tráfego ininterrupto e menor tarifa.

2.2 A modelagem jurídica do Rodoanel Metropolitano de Belo Horizonte e o sistema *free flow*

O traçado referencial previu uma rodovia de 100 km de extensão, totalmente greenfield, que contemplaria 14 acessos controlados, permitindo a entrada e a saída no circuito viário. Os pórticos seriam dispostos com o objetivo de capturar esses movimentos e de calcular a distância proporcionalmente percorrida pelo usuário com sua tarifa correspondente.

A proposta seria que o projeto *greenfield* nascesse com o sistema de cobrança *free flow*, característica esta que traria desafios adicionais à atratividade do projeto, em razão da ausência de informações sobre volume de tráfego e o percentual de inadimplência que seria observado na execução do contrato.

Em meados de 2020, eram poucas as experiências de *free flow* no setor rodoviário brasileiro. O governo federal estava prestes a publicar o edital da Rio-SP (BR-116/101/SP/RJ) com esse mecanismo, adotando-o apenas em alguns trechos metropolitanos da BR 116.

Além disso, naquele momento, não havia a Resolução do Contran nº 984, de 15 de dezembro de 2023, que dispôs sobre a implementação do sistema de livre passagem (*free flow*) em rodovias e vias urbanas e sobre os meios técnicos a serem utilizados para garantir a identificação dos veículos que transitem por essas vias. Tampouco havia *cases* de ambientes experimentais em sede de contratos de concessão, os denominados "*sandbox* regulatório".

A Lei Federal nº 14.157/2021, que alterou o Código de Trânsito Brasileiro (CTB) para prever a aplicação de multa para aqueles que não realizassem o pagamento do pedágio em livre passagem, foi editada em junho de 2021, também posterior ao início dos estudos do projeto mineiro.

O Rodoanel da RMBH seria, então, o primeiro a adotar esse modelo de forma integral em todo o trecho viário e desde a etapa da estruturação do projeto.

É sabido que a adoção do sistema *free flow* implicará uma mudança cultural relevante. Os usuários de rodovias estão acostumados a parar nas cabines de pedágio, realizar o pagamento e seguir viagem. Ainda que as cabines automáticas, com a utilização de identificação automática do veículo (AVI), sejam adotadas, a cancela é uma forma de bloqueio física que exige a leitura automática para a liberação do veículo. A tarifação com tráfego livre é, portanto, uma novidade na forma da prestação de serviço à sociedade.

É por isso que, desde a perspectiva do usuário, a mudança cultural requer ampla divulgação e conscientização do novo modelo, com a adoção massiva de tecnologia embarcada na solução. Já sob o prisma da relação público-privada, a inovação também exigirá novos contornos, em especial, quanto aos mecanismos regulatórios capazes de alinhar incentivos.

Assim, o ineditismo da medida veio acompanhado de uma ampla discussão sobre os principais pilares: mecanismo de cobrança do usuário, manutenção da viabilidade da concessão nos primeiros anos de amadurecimento tecnológico/operacional, matriz de risco do projeto e a cobrança administrativa do valor da tarifa.

2.2.1 O mecanismo de cobrança do usuário

Em relação ao mecanismo de cobrança, restou determinado que o circuito seria integralmente implantado por meio do *free flow* e a concessionária somente se desincumbiria dessa obrigação, por eventos de força maior ou caso fortuito.[1]

Da mesma forma, restou determinado que o montante da tarifa deveria ser o valor do trecho de cobertura percorrido, assegurando, portanto, a acepção do instrumento como mecanismo de pedagiamento livre com cobrança proporcional à distância trafegada na rodovia. O trecho de cobertura percorrida e os montantes tarifários decorrentes foram estimados tendo em vista a distância entre os pórticos e os respectivos controles de acesso na rodovia. A cobrança dependerá ainda da categoria veicular do usuário, da mensuração de desconto de usuário frequente e ainda do desconto de usuário de longa de distância que adotar dispositivo eletrônico de identificação (*tag*).[2]

2.2.2 Matriz de risco do projeto

Em relação à matriz de risco do projeto que disciplina a temática do *free flow*, o debate principal girou ao redor da evasão de pedágio. Dada a mudança cultural requerida, não se sabia à época da estruturação do projeto qual seria o comportamento do usuário para aderir ao sistema, adotando em seu veículo o instrumento para leitura automática, ou sua busca ativa para realizar o pagamento da tarifa. Tampouco qual a capacidade de cobrança de tarifa por parte do privado e qual o percentual de evasores contumazes, que ensejaria a aplicação de multa por parte do poder concedente.

Em um primeiro pilar, com intuito de alinhar incentivos para a massificação da utilização de dispositivos eletrônicos de identificação (*tag*), o contrato determinou que compete à concessionária realizar as atividades de comunicação além do oferecimento gratuito de *tags*. É o que dispôs a cláusula 6.2 do "Anexo 7 - Sistema Tarifário":

---

[1] "66.1.1. Consideram-se eventos de força maior ou caso fortuito, exemplificativamente: vii. impossibilidade de implantação do sistema *free flow* por razões comprovadamente alheias à responsabilidade da CONCESSIONÁRIA, tais como, mas não se limitando, alterações legislativas que inviabilize a implantação do sistema."

[2] Vide "Anexo 7 - Sistema tarifário do Contrato de Concessão". Disponível em: http://www.infraestrutura.mg.gov.br/images/documentos/licitacoes/2022/ConcorrenciaInternacional-001-2022-Rodoanel/ANEXO-7-CONTRATO-SISTEMA-TARIFARIO-220622-NOVO.pdf. Acesso em: 14 jan. 2023.

6.2. Como medida de fomento a política tarifária prevista no presente ANEXO, a CONCESSIONÁRIA se obriga, a partir do início da cobrança da Tarifa de Pedágio até o fim do período de vigência do CONTRATO, a distribuir TAGs gratuitamente aos USUÁRIOS do Sistema Rodoviário, nas condições previstas no PER.

De acordo com os dispositivos contratuais, o usuário tem até cinco dias úteis contados do trânsito no trecho para o pagamento. Caso tais pagamentos não aconteçam, os usuários deverão honrar com os débitos inadimplidos corrigidos pela aplicação da taxa em vigor para a mora do pagamento de tributos devidos à Fazenda Estadual.

Ressalta-se que não havia sido editada a Resolução Contran nº 984/2023, que determinou o prazo de 15 dias para pagamento antes do enquadramento do fato como infração de evasão de pedágio. Diante disso, o contrato do Rodoanel deverá ser interpretado à luz da regulamentação posterior, tendo em vista que não pode ser o usuário compelido a pagar em prazo menor do que aquele previsto na referida normativa.

O risco de evasão, por sua vez, foi disciplinado entre as partes, conforme cláusulas contratuais a seguir destacadas:

> Contrato
> CLÁUSULA TRIGÉSIMA – RISCOS DA CONCESSIONÁRIA
> 30.1. A CONCESSIONÁRIA é integral e exclusivamente responsável por todos os riscos relacionados à presente CONCESSÃO, com exceção dos riscos contratuais e expressamente alocados ao PODER CONCEDENTE, incluindo os principais riscos relacionados a seguir:
> xi. Quedas de RECEITA TARIFÁRIA em virtude de erros sistêmicos (falhas no sistema de captura instalados para a cobrança das TARIFAS DE PEDÁGIO) e de falhas imputáveis à Concessionária;
> 31.1. O PODER CONCEDENTE, sem prejuízo das demais disposições deste CONTRATO, assume os seguintes riscos relacionados à CONCESSÃO:
> Riscos de receita
> xviii. Quedas de RECEITA TARIFÁRIA em virtude da EVASÃO de pedágio, inadimplemento ou inviabilidade de qualificar o evento de cobrança, quer por ausência de elementos (como placa ilegível), quer por erros cadastrais (impossibilidade de identificar o proprietário do veículo) conforme estabelecido no presente CONTRATO, observadas ainda as regras de compartilhamento de risco previstas na Cláusula 32ª do CONTRATO e o ANEXO 9.
> 32.2. O mecanismo de compartilhamento do risco de EVASÃO, detalhado no ANEXO 9, consiste no REEQUILÍBRIO ECONÔMICO-FINANCEIRO

em favor da CONCESSIONÁRIA, em função da caracterização de eventos de EVASÃO que superem 10% (dez por cento) das previsões de EVASÃO constantes do EVTE.
32.2.1. Eventuais falhas em equipamentos de cobrança ou monitoramento de veículos (não capturada) e/ou outros erros atribuíveis à Concessionária não devem ser considerados como evasão para fins de reequilíbrio econômico-financeiro (Anexo 9 - Mecanismo de compartilhamento de risco de receita).

De acordo com o clausulado, verifica-se que o risco de evasão foi compartilhado entre o poder público e o parceiro privado. É interessante notar que a concessionária responde pelo risco de até 10% de evasão comparado ao que fora estimado nos estudos referenciais (EVTE) e o poder concedente responde pelo o montante que superar os 10%.

O compartilhamento do risco de evasão será apurado por meio da variação da receita tarifária devida[3] descontado o montante de receita de fato recebida frente à receita tributária devida.[4] É o que se verifica:

Anexo 9 - Mecanismo de compartilhamento de risco de receita
5.2 O mecanismo de compartilhamento do risco de *evasão* consiste no *reequilíbrio econômico-financeiro* em favor da *concessionária* do excedente ao percentual de 10% das previsões de *evasão* constantes do EVTE, que será calculada pela seguinte fórmula:

$$\% \, Evasão = \frac{(Receita\,Tarifária\,Devida - Receita\,Tarifária\,Realizada)}{Receita\,Tarifária\,Devida}$$

Por fim, ressalta-se que, após cada implantação das alças do Rodoanel, haverá um período de três anos subsequentes para monitoramento do tráfego real e para acompanhamento dos parâmetros de receita bruta tarifária devida, com o objetivo de propor melhorias e implementar ações corretivas, se for o caso. Durante esse período, o mecanismo de compartilhamento de risco de receita e de evasão não será realizado.

---

[3] Receita Tarifária Devida = Receita Bruta Tarifária arrecadável com base na demanda efetivamente observada da rodovia, incluindo os valores decorrentes do tráfego de veículos que não pagaram a respectiva tarifa. A receita arrecadável relacionada a eventuais falhas em equipamentos de cobrança ou monitoramento de veículos (não capturada) não deve ser considerada como receita devida, constituindo esses exemplos como risco da concessionária.

[4] Receita Tarifária Prevista = Receita Bruta Tarifária da linha de base referencial inicial estabelecida conforme contrato e mecanismos do Anexo 9.

Dessa forma, em pese ausente o arcabouço de sandbox regulatório, o contrato inovou e adotou a premissa basilar desta importante ferramenta, ao dispor sobre período de maturação operacional para efetivar o mecanismo de compartilhamento de receita tarifária.

2.2.3 Cobrança administrativa

Em relação mecanismos de cobrança administrativa da tarifa, o contrato disciplinou que a concessionária deverá adotar medidas de cobrança dos usuários a fim de recuperar a receita tarifária perdida por aqueles que não realizaram o pagamento, até o limite do risco por ela assumido, devendo o montante que superá-lo compor a conta do projeto, denominada "Conta Contingência". Nesse sentido, dispõe o contrato:

> 32.3. Os valores tarifários decorrentes da EVASÃO que forem recuperados administrativamente pela Concessionária comporão sua receita tarifária bruta até o limite do risco por ela assumido.
> 32.4. Os valores que ultrapassarem o risco assumido pela Concessionária e que vierem a ser por ela recuperados administrativamente serão revertidos para a CONTA CONTINGÊNCIA.

A concessionária deverá, portanto, adotar medidas para facilitar o pagamento extemporâneo do usuário, o que ensejará a adoção de sistema informatizado fácil e ágil, além de uma ampla campanha de divulgação.

Em relação a esse tema, é interessante notar que para a redução do risco de crédito, decorrente do não pagamento da tarifa, é importante fomentar a adoção de *tags* pelos usuários. Isso porque os veículos que tiverem o sistema AVI instalado serão tarifados de forma automática, não dependendo, portanto, do usuário buscar as medidas de pagamento extemporâneo (pagamento pelo *website*, *app*, entre outros). Nesse sentido, a exigência contratual para distribuição gratuita de *tags* associado ao desconto de 8% para os usuários que tiverem o dispositivo objetivou endereçar essa questão, a fim de reduzir o risco de crédito da concessionária.

Lado outro, caso o usuário não adote *tag* poderá realizar o pagamento posteriormente, nos canais a serem disponibilizados pela concessionária. Tendo em vista o disposto na Resolução Contran nº 984/2023, o usuário terá até 15 dias para realizar o pagamento, momento a partir do qual se considera configurada a infração de evasão de pedágio.

A partir desse momento, o poder concedente deverá lavrar o auto de infração e realizar a cobrança da multa decorrente, permanecendo a concessionária com a atribuição de cobrar o valor da tarifa.

2.3 A modelagem econômica do Rodoanel Metropolitano de Belo Horizonte e o sistema *free flow*

A concessão do rodoanel envolve a realização de uma obra de grande vulto. São mais de R$ 3 bilhões de investimento só nas alças Norte e Oeste,[5] além de custos operacionais no valor de R$ 1,2 bilhão.

Tendo em vista o caráter greenfield do projeto e o prazo estimado para a realização das obras, a concessionária iniciará a arrecadação das praças de pedágio apenas a partir do quinto ano de contrato.

Esse lapso temporal de mais de cinco anos representaria um período bastante alongado de fluxo de caixa negativo. A lacuna de viabilidade decorrente do resultado do modelo econômico financeiro gerava desafios reais quanto à bancabilidade do projeto e elevado risco para realização das obras pré-operação.

Nesse sentido, foi fundamental incluir aportes governamentais para cobrir o *gap* entre despesas e receitas da concessão nesses primeiros anos. A partir dos estudos técnicos realizados, os valores de aporte foram destinados, mediante a complexa sistemática de contas da concessão, aos custos de desapropriações (R$ 422.534.826,72), à construção da Alça Norte (R$ 1.388.383.308,76), construção da Alça Oeste (R$ 939.114.652,61), às compensações ambientais (R$ 123.146.386,13), à verba de contingência[6] (R$ 211.935.173,28). Associado aos valores de aporte, foram também previstas parcelas de contraprestações, a serem pagas ao longo dos três primeiros anos após o início da operação.

---

[5] O projeto do Rodoanel contempla, ao todo, quatro alças, a Norte, a Oeste, a Sudoeste e a Sul. Na licitação realizada, houve a contratação, via PPP, da obra para a implementação, operação e manutenção da Norte e Oeste.

[6] A verba de contigência refere-se ao limite de valores destinados ao mecanismo de reembolso do contrato, que prevê o pagamento à concessionária de valores apurados em caso de materialização do risco de aumento dos custos com a execução de ações vinculadas à desapropriação, desocupação, reassentamento, licenciamento ambiental, remoção e/ou recolocação de interferências e infraestruturas existentes e mecanismo de risco de receita e de evasão.

Gráfico 1 - Destinação dos pagamentos governamentais

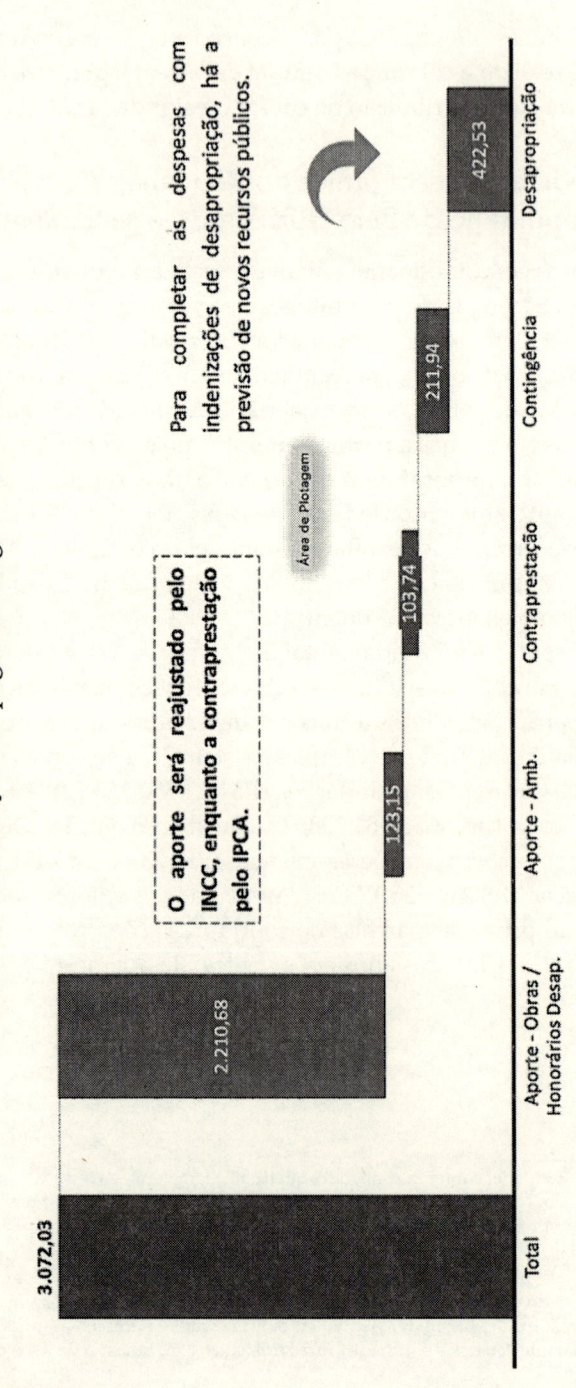

	Valor
Total	3.072,03
Aporte - Obras / Honorários Desap.	2.210,68
Aporte - Amb.	123,15
Contraprestação	103,74
Contingência	211,94
Desapropriação	422,53

O aporte será reajustado pelo INCC, enquanto a contraprestação pelo IPCA.

Para completar as despesas com indenizações de desapropriação, há a previsão de novos recursos públicos.

Fonte: MINAS GERAIS. Secretaria de Estado de Infraestrutura, Mobilidade e Parcerias (SEINFRA). *Estudos econômico-financeiro do projeto de concessão do Rodoanel da RMBH* – Modelo Financeiro Rodoanel, Belo Horizonte, 2022. Disponível em: https://dataroom.mg.gov.br/programa-de-concessoes/rodoanel-da-rmbh/#45-151-documentos-editalicios-retificados-em-22-06. Acesso em: 14 jan. 2023.

Em outros termos, além do aporte, a adoção do *free flow* implicou a adoção de mecanismos mitigadores, os quais se passam a descrever.

2.3.1 Contraprestações e manutenção da viabilidade para da concessão nos primeiros anos de amadurecimento tecnológico/operacional

Em relação especialmente às contraprestações, destaca-se que, como a tecnologia do *free flow* com cobrança por distância percorrida é uma tecnologia inovadora, o contrato de concessão estabeleceu a fixação de contraprestação nos três primeiros anos de operação de cada alça para fazer frente ao custeio da concessão:

> 21.4.2. CONTRAPRESTAÇÃO, a ser paga mensalmente, nos montantes indicados abaixo, conforme proposta vencedora da LICITAÇÃO, a partir do início da OPERAÇÃO de cada ALÇA do SISTEMA RODOVIÁRIO, após a emissão do TERMO DE RECEBIMENTO DA OBRA de cada ALÇA pelo ENTE REGULADOR:
> (i) 36 (trinta e seis) parcelas mensais equivalentes a R$ 293.176,57 (duzentos e noventa e três mil e cento e setenta e seis reais e cinquenta e sete centavos), totalizando o montante de R$ 10.554.356,49 (dez milhões e quinhentos e cinquenta e quatro mil e trezentos e cinquenta e seis reais e quarenta e nove centavos), a partir do início da OPERAÇÃO da ALÇA NORTE do SISTEMA RODOVIÁRIO;
> (ii) 36 (trinta e seis) parcelas mensais equivalentes a R$ 2.588.434,56 (dois milhões e quinhentos e oitenta e oito mil e quatrocentos e trinta e quatro reais e cinquenta e seis centavos), totalizando o montante de R$ 93.183.644,19 (noventa e três milhões e cento e oitenta e três mil e seiscentos e quarenta e quatro reais e dezenove centavos), a partir do início da OPERAÇÃO da ALÇA OESTE do SISTEMA RODOVIÁRIO.

O objetivo do mecanismo foi equalizar a necessidade de amadurecimento operacional e tecnológico da inovação regulatória, na medida em que a concessionária precisará implementar um sistema inédito (*free flow*) que deverá mensurar a tarifa devida, a partir de uma TKM de R$ 0,35/km, considerando a quilometragem percorrida, o desconto por uso de *tag* (8%), o desconto de usuário frequente (10%) e o desconto de usuário de longa distância (20%).

Tabela 1 - Tarifas cobradas (utilizando a tarifação de R$ 0,35 por quilômetro na data base de junho de 2021)

Alça	Extensão	Tarifa Cheia	Tarifa *Tag*	Tarifa Freq	Tarifa Longa Dist.
Norte	43,92 km	R$ 15,37	R$ 14,14	R$ 13,83	R$ 12,30
Oeste	25,85 km	R$ 9,05	R$ 8,32	R$ 8,14	R$ 7,24
Sudoeste	13,28 km	escopo futuro	escopo futuro	escopo futuro	escopo futuro
Sul	17,60 km	escopo futuro	escopo futuro	escopo futuro	escopo futuro
Total	100,65 km	R$ 24,42	R$ 22,47	R$ 21,98	R$ 19,54

Fonte: MINAS GERAIS. Secretaria de Estado de Infraestrutura, Mobilidade e Parcerias (SEINFRA). *Estudos econômico-financeiro do projeto de concessão do Rodoanel da RMBH –* Modelo Financeiro Rodoanel, Belo Horizonte, 2022. Disponível em: https://dataroom.mg.gov.br/programa-de-concessoes/rodoanel-da-rmbh/#45-151-documentos-editalicios-retificados-em-22-06. Acesso em: 14 jan. 2023.

O mecanismo tem o objetivo de mitigar o risco de imaturidade tecnológica na cobrança automática baseada em trechos percorridos, sendo fundamental para que a concessionária possa maturar a tecnologia e seus processos nos primeiros anos de operação.

A combinação do aporte governamental, contraprestação, Capex e Opex previstos resultou na seguinte estrutura financeira para o projeto:

Gráfico 2 - Fluxo de caixa estimado para projeto Rodoanel Metropolitano da RMBH

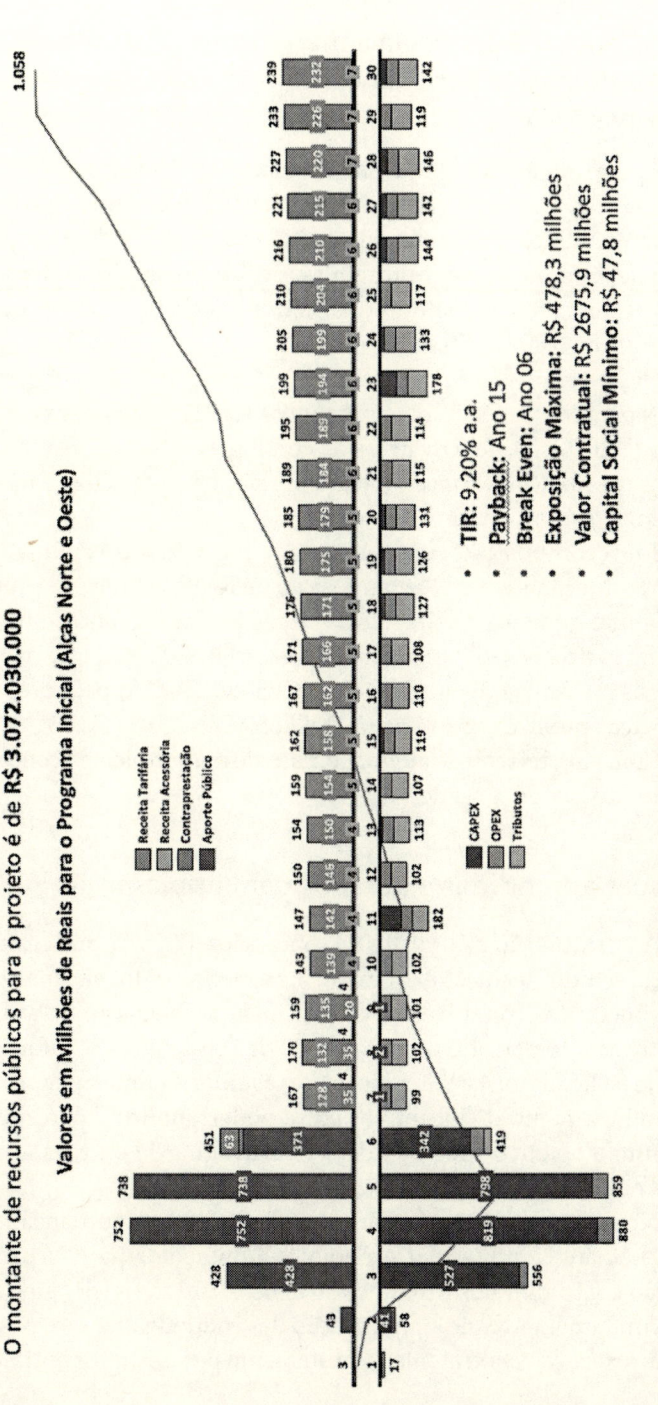

O montante de recursos públicos para o projeto é de **R$ 3.072.030.000**

Valores em Milhões de Reais para o Programa Inicial (Alças Norte e Oeste)

Legenda: Receita Tarifária, Receita Acessória, Contraprestação, Aporte Público; CAPEX, OPEX, Tributos

- **TIR:** 9,20% a.a.
- **Payback:** Ano 15
- **Break Even:** Ano 06
- **Exposição Máxima:** R$ 478,3 milhões
- **Valor Contratual:** R$ 2675,9 milhões
- **Capital Social Mínimo:** R$ 47,8 milhões

Fonte: MINAS GERAIS. Secretaria de Estado de Infraestrutura, Mobilidade e Parcerias (SEINFRA). *Estudos econômico-financeiro do projeto de concessão do Rodoanel da RMBH – Modelo Financeiro Rodoanel*, Belo Horizonte, 2022. Disponível em: https://dataroom.mg.gov.br/programa-de-concessoes/rodoanel-da-rmbh/#45-151-documentos-editalicios-retificados-em-22-06. Acesso em: 14 jan. 2023.

2.3.2 Conta contingência e mecanismo de reembolso automático para bancar risco de receita e de evasão

Apesar de o risco de evasão do montante que superar 10% do tráfego da rodovia ser alocado ao poder concedente, ainda existia, por parte do mercado, incertezas relacionadas à capacidade de o poder público de honrar com os compromissos contratuais assumidos e realizar os pagamentos dos valores financeiros relacionados a essa evasão (dentre outros compromissos).

Neste sentido, a fim de superar estas incertezas foi reservado recursos para contingência no montante de R$ 211 milhões somados ao deságio da licitação. Tais recursos de contingência são utilizados para pagar os reembolsos à concessionária derivados da conclusão de cada processo de recomposição automática.

Tal recomposição automática, por sua vez, é disciplinada no "Anexo 8 - Mecanismo de Recomposição de Receitas" e é um procedimento anual que visa aferir, calcular e reequilibrar eventos que "(...) geram impacto exclusivamente sobre as receitas de pedágio, receitas acessórias ou verbas devidas da CONCESSIONÁRIA, pela prestação dos serviços públicos objeto da CONCESSÃO".

Com isso, buscou-se atenuar o risco de inadimplência contratual por parte do poder concedente.

3 Lições aprendidas e desafios para implantação

A estruturação de projetos de concessão e PPPs é um mecanismo pelo qual estudos técnicos extremamente especializados são realizados e interconectados com objetivo de precificar a delegação do ativo de infraestrutura ao parceiro privado e reduzir a assimetria de informação existente na licitação. A realização desses estudos é também importante para o alinhamento de incentivos entre poder público e parceiro privado, com o objetivo precípuo de ser a salvaguarda da prestação do serviço público ao usuário.

No entanto, a estruturação de projetos será sempre incapaz de prever a dinamicidade social, econômica e ambiental que fará parte da execução contratual nos próximos 30 anos. É um exercício, ainda que muito fundamentado, de simplificação da realidade que será posta ao longo da execução contratual. E é exatamente por isso que contratos de concessão e PPP são contratos incompletos que requerem como âncora a denominada *mutabilidade contratual*.

A estruturação do Rodoanel da RMBH buscou endereçar o problema de logística, mobilidade e transporte da RMBH que remonta à década de 1970 e assola a vida cotidiana da população metropolitana.

Os desafios da concepção deste projeto foram de toda ordem. Aspectos ambientais relevantes tiveram de ser enfrentados, o que ensejou, inclusive, a mudança do traçado referencial proposto pelo poder público em sede de consulta pública. No âmbito social, grandes temas como desapropriação de áreas adensadas, a exemplo da comunidade do bairro Nascentes Imperiais de Contagem, e a presença de comunidades quilombolas tiveram como pilar o diálogo social e a construção de protocolos de ESG. No âmbito regulatório, adotou-se o mecanismo do *free flow* como solução, mesmo não havendo *benchmarking* com a similaridade capaz de vencer algumas etapas.

Os desafios postos no exercício da estruturação foram superados por meio do diálogo, da participação social e da importante capacidade técnica focada no princípio da atualidade.

No que tange ao ineditismo do *free flow*, é certo que o tema já avançou muito de 2019 até agora. É também certo que melhores práticas regulatórias serão adotadas e implementadas. O desafio será trazer o estado da arte à realidade contratual, com o objetivo de aprimorar a prestação do serviço público ao cidadão com olhar prospectivo.

O ineditismo na estruturação ensejará também ineditismo na gestão, requererá visão holística de política pública e capacidade de acomodação, nos exatos ditames da mutabilidade contratual.

Referências

UNIVERSIDADE FEDERAL DE MINAS GERAIS. *Plano de Metropolitano RMBH*, Belo Horizonte, 2014. Disponível em: http://www.rmbh.org.br:8081/. Acesso em: 14 jan. 2023.

FUNDAÇÃO JOÃO PINHEIRO. *Plano metropolitano de Belo Horizonte*. Esquema metropolitano de estruturas, Belo Horizonte, [2023]. Disponível em http://www.bibliotecadigital.mg.gov.br/consulta/verDocumento.php?iCodigo=53798&codUsuario=0. Acesso em: 14 jan. 2023.

MINAS GERAIS. Secretaria de Estado de Infraestrutura, Mobilidade e Parcerias (SEINFRA). *Estudos econômico-financeiro do projeto de concessão do Rodoanel da RMBH* – Modelo Financeiro Rodoanel, Belo Horizonte, 2022. Disponível em: https://dataroom.mg.gov.br/programa-de-concessoes/rodoanel-da-rmbh/#45-151-documentos-editalicios-retificados-em-22-06. Acesso em: 14 jan. 2023.

MINAS GERAIS. Secretaria de Estado de Infraestrutura, Mobilidade e Parcerias (SEINFRA). *Projeto Rodoanel da Região Metropolitana de Belo Horizonte*, Belo Horizonte, [2023]. Disponível em: http://www.infraestrutura.mg.gov.br/component/gmg/page/2459-concorrencia-internacional-n-001-2022-rodoanel. Acesso em: 14 jan. 2023.

Informação bibliográfica deste texto, conforme a NBR 6023:2018 da Associação Brasileira de Normas Técnicas (ABNT):

ALEN, Fernanda; COSTA, Vítor. *Free flow* no Rodoanel da Região Metropolitana de Belo Horizonte. *In*: FAJARDO, Gabriel; SAMPAIO, Guilherme Theo (coord.). Free flow *em concessões de rodovias*. Belo Horizonte: Fórum, 2024. p. 185-206. ISBN 978-65-5518-724-3.

O PRIMEIRO *FREE FLOW* NO BRASIL: *SANDBOX* REGULATÓRIO COMO INTRODUÇÃO À COBRANÇA AUTOMÁTICA E PROPORCIONAL DE PEDÁGIO EM RODOVIAS FEDERAIS CONCEDIDAS

LUCIANO LOURENÇO DA SILVA
FERNANDO BARBELLI FEITOSA
JOSINEIDE OLIVEIRA MONTEIRO
HERIK SOUZA LOPES

1 Introdução

O sistema de livre passagem, internacionalmente conhecido pela designação de Multi-Lane Free Flow (MLFF), é uma modalidade de cobrança de tarifa pelo uso de rodovias e vias urbanas, sem necessidade de praças de pedágio e com a identificação automática dos usuários, com o intuito de possibilitar pagamentos de tarifas que guardem maior proporcionalidade com o trecho da via efetivamente utilizado. Entre os benefícios que a tecnologia oferece, pode se identificar: a redução de congestionamentos, sobretudo em áreas urbanas; a maior fluidez de tráfego, ante a eliminação das praças de pedágio; a mitigação de sinistros nas referidas praças; a mitigação de poluição atmosférica, pela diminuição de tempo dos veículos nas estradas; e, sobretudo, melhoria da experiência dos usuários, que passam a ter uma viagem mais fluida.

Conforme publicação da Confederação Nacional dos Transportes (CNT) (2020), a despeito de precedente iniciais nos anos 1950, a 407 Express Toll Route, localizada na província de Ontario (Highway 407), foi a primeira iniciativa de cobrança eletrônica integral, sem praças de pedágio, em uma rodovia. Depois do Canadá, Austrália, Israel e Chile implantaram seus modelos de *free flow* no final dos anos 1990 e início dos anos 2000. Atualmente o modelo está presente em diversos outros países do mundo, como Estados Unidos (vários estados), Equador, Portugal, Austrália, África do Sul, Inglaterra, Suécia, Dinamarca, Nova Zelândia, Noruega e Irlanda. Cuida-se, portanto, de um sistema bastante difundido no mundo e que merece ser trazido também para o Brasil, considerando-se a robustez da malha rodoviária e a ampliação contínua do Programa de Concessões de Rodovias Federais (PROCROFE), que enseja e incentiva a busca de uma evolução perene na prestação de serviço de fornecimento de infraestrutura rodoviária.

Considerando a relevância e impactos positivos deste sistema de arrecadação de pedágio, e a existência de previsão legal para a implementação do *free flow* no país, por meio da Lei Federal nº 14.157/2021, regulamentada pela Resolução Contran nº 984/2022, a Agência Nacional de Transportes Terrestres (ANTT) deu início à realização um *sandbox* regulatório, em março de 2023, no âmbito da Rodovia BR-101/RJ, entre as cidades de Ubatuba-SP e Rio de Janeiro-RJ, com a instalação de pórticos nas cidades de Paraty, Itaguaí e Mangaratiba, protagonizando uma inovação para o modelo de pedagiamento até então vigente nas rodovias federais brasileiras, que adota praças tradicionais e pistas em sistema de identificação automática de veículos (AVI).

No curso dos testes experimentais do *sandbox* regulatório, um ponto que ressaltou de sobremaneira neste período de monitoramento foi o ciclo de pagamentos dos condutores que trafegam no referido trecho rodoviário, que indicou não estar alinhado com o prazo de 15 dias concedido para pagamento da tarifa de pedágio, conforme prevê o art. 8º, *caput*, da Resolução Contran nº 984/2023.

2 Experiência Internacional (*benchmarking*)

Internacionalmente, o MLFF é bastante difundido, adotado em mais de 20 países, entre eles Chile, Argentina, Equador, Colômbia, Estados Unidos, Canadá, Portugal, Espanha, Reino Unido, países da Escandinávia, Alemanha, França, Austrália, Nova Zelândia, Singapura,

Malásia, Indonésia e África do Sul, entre outros. Desse modo, uma análise que se faz importante é como o sistema de fluxo livre tem sido operado e quais as repercussões positivas e negativas que ele tem causado no âmbito internacional.

2.1 Chile

No caso do Chile a implementação de sistemas de cobrança eletrônica de pedágio, deu-se inicialmente em 2004. A Autopista Central de Santiago foi a primeira rodovia urbana da América Latina a empregar esse sistema. Para a implementação, foram utilizados equipamentos baseados nas normas do Comité Europeo de Normalización (CEN), e isso fez com que se tornasse uma norma no país para o restante dos sistemas implementados posteriormente (Vespucio Norte Express, Autopista Central, Costanera Norte, Vespucio Sur). Foi então adotado um sistema MLFF, em que se reduz significativamente o tempo em filas para acessar a rodovia, o que trouxe um aumento na capacidade da via, postergando a necessidade de novos investimentos de infraestruturas e impactando significativamente na experiência do usuário. A redução da poluição em torno da capital Santiago também foi bastante notada como fator positivo da tecnologia. Atualmente, as rodovias mencionadas já se encontram em operação utilizando o sistema MLFF de forma interoperável, com mecanismo de cobrança eletrônica de pós-pagamento. Em 2022 foi anunciada a segunda etapa do programa "Chile sin barreras", com o escopo de ampliar o pedágio eletrônico para rodovias mais distantes da capital Santiago, de forma a tornar a tecnologia perene ao longo de todo país.

Vale destacar que o pagamento é realizado através de pórticos distribuídos ao longo da rodovia e *transpoders* do tipo Dedicated Short Range Communications (DSRC) instalados nos veículos (que seriam correspondentes aos nossos *tags* ou etiquetas eletrônicas). Os ditos transponders são disponibilizados pelas próprias concessionárias, através de serviço para pagamento mensal e são compatíveis entre as concessões do país (conceito de interoperabilidade). A concessionária deve considerar que os veículos que circulam na rodovia obrigatoriamente deverão estar equipados com o dispositivo que permitirá a comunicação com as antenas localizadas nos pórticos "Pedágio de Fluxo Livre" e processamento da transação, assim, a adoção desta tecnologia permitirá à concessionária cobrar as referidas tarifas de pedágio, conforme descrito pelo Instituto Brasil Logística (IBL) (2021). No caso da inexistência no transponder, há a possibilidade de utilização de Automatic Number/License Plate Recognition (ANPR ou ALPR), tecnologia que permite o pagamento através dos canais eletrônicos das concessionárias quando se informa a placa do veículo. A tarifação é a mesma caso o pagamento seja realizado em até 72 horas nas vias rurais, implicando em multas caso não seja realizado neste prazo. Nas vias urbanas há a obrigação de uso de transponders, com a possibilidade de uso esporádico sem o equipamento de até 15 vezes ao ano.

A implantação desse tipo de sistema hoje não apresenta mais barreiras tecnológicas, mas sim barreiras institucionais e regulatórias para mitigar o risco de inadimplência. As rodovias, como qualquer atividade comercial, têm uma percentagem de perdas. No caso dos pedágios manuais, estes estão associados a falhas de controle e possíveis fraudes por parte dos operadores e/ou usuários, podendo ser minimizados com tecnologia e gestão. Por outro lado, no caso de pedágios de fluxo livre, estes dependem de:

- legislação e regulamentação do pagamento do pedágio para estabelecer como infração à falta de pagamento da tarifa e associar multas e prejuízos por esta conduta;
- rigor definido na fiscalização das infrações;
- tecnologia usada para identificar, controlar e transferir fundos do usuário para a concessionária;
- cultura cívica e de trânsito dos usuários.

Se as falhas técnicas resultam em detecção incorreta de usuários, e os erros de fiscalização levarem muito tempo para forçar o pagamento e até mesmo não pagar em alguns casos, então o índice de perdas será alto. Essas perdas podem inviabilizar um pedágio de fluxo livre. No Chile, cada passagem pelos pórticos eletrônicos de arrecadação gera uma transação. Em 2016, desse universo de transações, a maioria é do tipo pós-pago associado à utilização de *tags* (> 90%), o restante distribui-se por transações pouco frequentes (viajantes sem *tag* que adquirem um passe que cobre o dia da viagem feitas), relativas a 2%, e infratores e perdas técnicas com até 3% do total de transações em cada caso. Trata-se de um patamar baixo quando comparado aos itens de varejo ou telefonia móvel que podem chegar a dois dígitos na região. As razões que levaram a esses resultados são:

- classificação de infração à lei de trânsito e à lei de concessões ao trafegar em via urbana sem meio de pagamento autorizado;
- multas altas, que excedem várias vezes o valor sonegado;
- bases cadastrais centralizadas de placas e multas não pagas, juntamente com a obrigatoriedade de renovação de documento anual, impondo aos usuários a regularização das dívidas e multas não pagas;
- existência de um relatório financeiro e comercial dos devedores, consultado por instituições que concedem crédito a particulares;
- controle policial contínuo e que a população a perceba como "não subornável".

Já em 2019, o sistema de pedágio *free flow* no Chile enfrentou uma inadimplência elevada, de quase 10% dos veículos que utilizam as vias com esse tipo de cobrança de pedágio, em que a arrecadação é feita por quilômetro percorrido. Hoje, praticamente 2 de cada 3 carros no país têm algum sistema de *tag*.

Pelas regras, quem circula nas rodovias é obrigado a ter o sistema de pagamento que faz a cobrança automatizada. Mas ter o sistema não é obrigatório para quem não circula. Quem anda nas rodovias sem o sistema pode fazer o pagamento posteriormente e, se não pagar, recebe uma multa. O problema, é que as multas não têm sido o instrumento adequado para forçar o pagamento. Há cerca de 10 milhões de multas não pagas, o que tem sido um incentivo para o não pagamento da cobrança via *free flow*.

Em razão da inadimplência, um conjunto de rodovias na região metropolitana de Santiago fez inserir em suas clausulas econômico-financeiras a possibilidade de reequilíbrio por causa das fugas de pedágio, como risco do poder concedente, o que não havia nos primeiros contratos.

Segundo o Ministério de Obras Públicas (MOP) existem ainda vários desafios do sistema que devem ser superados:

- Clonagem de placas: são cada vez mais frequentes as reclamações de usuários de terem sido vítimas de clonagem de suas placas, onde os veículos que portam as placas clonadas possuem a mesma marca, modelo e cor do veículo com as placas legalizadas.
- Diminuição do número de transações eletrônicas: embora seja um aumento nos custos operacionais das concessionárias, é

importante aumentar o número de transações eletrônicas pois são 100% confiáveis, ou seja, não há erros na sua identificação, evitando associar cobranças a quem não corresponde e o aparelho não pode ser clonado.
- Padronizar o mecanismo de cobrança para usuários pouco frequentes: as seis rodovias que aderiram ao sistema fluxo livre permitiam a geração de um mecanismo que contemplasse as passagens em um dia (*ticket* diário). Posteriormente, não foi viável continuar incorporando mais rodovias, pois o valor do mecanismo teria de ser aumentado consideravelmente, o que não correspondia a uma cobrança equitativa para os usuários que usassem pouco o sistema durante o dia. Disso decorreu que, atualmente, não há um mecanismo padronizado para a cobrança pela utilização dos usuários pouco frequentes de maneira padronizada para todos os contratos de concessão. No entanto, o governo vem buscando junto com as concessões rodoviárias um mecanismo para suprir essa falta.
- Reduzir o número de infrações: para infrações por *tag* desativada, em que o contato do usuário é o mais importante para poder ser avisado sobre o estado de sua *tag*. Para infrações de trânsito sem um contrato *tag* válida, existe o portal pasastesintag.cl, que objetiva reduzir o número desses tipos de infrações.
- Redução de veículos que transitam sem placa: a lei de trânsito permite que veículos novos circulem sem placa do veículo, até 5 dias após a compra, porém, a pouca capacidade de controle dessa medida faz com que os veículos transitem por um maior número de tempo sem uma placa de identificação veicular, situação que prejudica o sistema e o estado, no caso de contratos de indenização por modificações contratuais de *free flow*.

Uma classificação importante que impacta significativamente o sistema de cobrança, relaciona-se aos tipos de usuários, que são divididos em frequente, pouco frequente e infrator. No caso do usuário frequente, os dados necessários para uma eficaz política operacional estão disponíveis, sobretudo em relação ao contato de pagamento automático, características do veículo, endereço de cobrança e formas de pagamentos (modalidades pré-pago e pós-pago), todos atrelados à *tag* cadastrada. Para os usuários pouco frequente, há meios alternativos para pagamento, pela aquisição de *day pass* (que cobre grande parte das rodovias pedagiadas, sobretudo aquela localizadas em Santiago), podendo também ser utilizadas as facilidades de pré e pós-pago. A detecção é por meio de Reconhecimento Óptico de Caracteres (OCR), que vai capturar placa do veículo, categoria do veículo, data e hora de circulação. Já o usuário infrator, identificado no condutor que trafega sem placa ou sem os meios alternativos disponibilizados e não detém assinatura contratual (*tag*), sua detecção se dá por meio de OCR, que vai gerar um processo de cobrança da tarifa (com os adicionais permitidos) e pode levar a uma multa de trânsito.

Com efeito, algumas ações afirmativas governamentais foram tomadas para mitigar problemas de inadimplência. Nesse sentido, o governo adotou medidas para apoiar o processo de cobrança de pedágio, tais como aplicação multa por infração de trânsito de natureza grave que um veículo que circulou em rodovia de concessão, sem etiqueta ou diária única Passe (Lei nº 18.290, art. 114), e a punição quanto ao atraso no pagamento da tarifa de pedágio com sanção equivalente a 5 vezes o que é devido ou, em caso de reincidência, 15 vezes (Lei das Concessões, art. 42).

Ressalte-se que o inadimplemento das multas tem efeitos sobre os condutores. Anualmente, todo proprietário de veículo precisa pagar a autorização de uso do veículo; contudo essa taxa de licenciamento não pode ser paga se houver multa em atraso, o que enseja a retenção do veículo em caso de fiscalização. No caso da venda do veículo, há também empecilho, pois o registro nacional de veículos é consultado e pode haver óbices para a transferência caso as multas não tenham sido pagas.

2.2 Colômbia

No caso da Colômbia, neste momento não existem projetos que incluam um sistema *free flow* a serem implementados. O país avança na introdução do colpass, cuja regulamentação entrou em vigor a partir de 1º de novembro de 2022, e que exige a obrigatoriedade das concessionárias de terem uma passagem eletrônica nos pedágios.

O colpass é um sistema de interoperabilidade de pedágio com cobrança eletrônica de veículos (IP/REV) desenvolvido e implantado pelo Ministério dos Transportes, e cujo objetivo é melhorar a eficiência da mobilidade das rodovias do país. O sistema proporciona vantagens significativas para a mobilidade dos corredores, uma vez que reduz o tempo gasto nos pedágios, evita as filas para efetuar a cobrança, gera economia de combustível, evita o manuseio e movimentação de dinheiro, diminui o desgaste das viaturas, atenua a poluição causada pelos gases emitidos pelos veículos e favorece na possibilidade do grêmio dos transportadores associar toda a frota ao produto financeiro à sua escolha para pagar pedágios por via eletrônica.

Compreendendo esta instrução, os atores do Sistema que descumprirem o prazo estarão sujeitos a inquéritos administrativos pela Superintendência de Transportes, sempre com garantia do devido processo legal e direito de defesa.

Atualmente o país tem 88 pedágios habilitados em todo o território nacional e mais 20 pedágios estão em rodovias que futuramente serão habilitadas, o que representaria um total de 63%, uma vez concluído o processo com sucesso. Da mesma forma, o Sistema conta com 4 empresas autorizadas (Flipasse, Copiloto, Gopass e Facilpass), com os quais os usuários podem adquirir o dispositivo de pagamento.

2.3 Equador

No Equador, o primeiro sistema de pedágio de fluxo livre foi implementado em agosto de 2020, em um dos acessos mais importantes de sua capital, Quito. O sistema de fluxo livre melhorou significativamente a mobilidade nesta rota da cidade, ao permitir o pagamento eletrônico do pedágio sem que os motoristas precisem parar para pagar.

O Túnel Guayasamín, cujo acesso é controlado por este pedágio, conecta vários povoados do norte e nordeste com a cidade e também é uma das principais vias de acesso ao aeroporto. Portanto, gera um fluxo de mais de 40.000 veículos trafegando diariamente. No acesso ao túnel, havia uma praça de pedágio com dinheiro e meios eletrônicos de pagamento, o que causava longos congestionamentos, principalmente nos horários de pico, já que um grande percentual de usuários tinha que parar para pagar manualmente. Segundo dados do Grupo Kapsch, 85% dos usuários aderiram às *tags*.

2.4 Canadá e Estados Unidos – operação da Cintra Highways

Toronto, por exemplo, teve a primeira autoestrada do mundo que fez uso do sistema eletrônico e sem barreiras, com início em 1999. Cuidou-se de uma rodovia de 67 milhas (correspondente a 107,83 km) que se estende de Burlington (Sudoeste de Toronto) até Pickering (Nordeste), com custos iniciais acima dos USD 3 bilhões e com prazo contratual de gestão de 99 anos. O sistema operacional conta com gestão de duas empresas parceiras. A Cintra, que gere o negócio em todas as fases, potencializada pelas suas estratégias de investimentos a longo prazo, alavancagem da experiência global como operador industrial e da sua carteira de ativos, sob gestão com a Ferrovial. A operação e a manutenção são realizadas internamente pela Cintra, incluindo o sistema de cobrança de pedágio que lida com mais de um milhão de transponders de usuários distribuídos aos usuários.

No Texas, Virginia e Carolina do Norte (EUA), a proposta de negócio diz respeito à gestão das pistas. Nesses, o enfoque nas soluções inovadoras recai sobre a gestão de congestionamentos das rodovias pedagiadas. No Texas, são 21,24 km de rodovia. No projeto da via expressa Lyndon B. Johnson (LBJ Express), os condutores podem optar por trafegar pelas faixas não pedagiadas ou pedagiadas. As faixas pedagiadas são totalmente eletrônicas e com preços dinâmicos, o que garantem fluidez e segurança. Na Virginia, a I-66, uma das principais vias da região, com 3 faixas em cada sentido, sendo duas faixas gerenciadas em cada sentido, com gestão de tráfego focado em amplitude e intercâmbio entre as vias, proporcionam mais segurança e redução de congestionamentos. Na Carolina do Norte, são 41,84 Km de vias expressas ao longo da I-77. O projeto propõe a conversão das faixas existentes em faixas expressas e com planejamentos para minimizar os impactos ambientais. Alguns com investimentos iniciais em bilhões, chegando a superar os 3 bilhões, como é o caso da I-66 na Virginia (EUA), e com prazos contratuais entre 50 anos e até quase 100 anos.

Com relação ao processo de cobrança, a Cintra trabalha com as transações de processamento, que corresponde a supervisão do processo de criação de transação, criando isenções de pedágio, processando descontos, criando arquivo de transação, processamento de exceção de vídeo. Em uma outra frente, no processo conhecido como reconciliação, ela supervisiona a validação de faturas diárias, emissão de relatórios de pagamento, as transações rejeitadas e contestadas, faz um tratamento de ajustes e valida as taxas de transação. Outra função corporativa da Cintra, é a de análise, em que verifica tendências e recomenda melhoramentos orientados por dados para aumentar a receita e melhorar a eficiência, identifica problemas com o sistema de *back-office* operacional e o sistema de *back-office* comercial.

No caso dos dados necessários dos usuários para efetivação das cobranças, medidas são tomadas pela empresa de pedágio para identificar o endereço do proprietário do veículo que cometeu a infração. Alguns estados podem fazer parceria com entidades ou empresas de outros estados, para garantir acesso aos dados de infratores de outras localidades. Nos casos em que o endereço principal não está atualizado, a empresa usa outras fontes como banco de dados disponíveis no mercado para identificar canais de comunicação com o infrator. Desse modo, a empresa coletora de pedágio dá aos infratores a opção de pagar as tarifas de pedágio e as taxas de administração mais reduzidas, antes de gerar quaisquer faturas com encargos adicionais (como juros, impressão, custos de processos judiciais etc.).

A etapa de cobrança, inclui o envio de cópias físicas das faturas de pedágio aos infratores, com um aviso prévio para pagar com um período definido. A empresa de pedágio fornece normalmente vários meios de pagamento, tais como aplicativo da *web*, telefone, lojas de varejo local, entre outros. Algumas empresas chegam até a emitir uma terceira fatura, com aviso final para pagamento antes da judicialização. Quando a empresa de pedágio não tem êxito de recuperar a tarifa, remete o processo para o departamento governamental encarregado da cobrança de pedágios, que o fará na esfera judicial.

A North Texas Tollway Authority (NTTA) é uma organização que mantém e opera estrada com pedágio, pontes e túneis na área do norte do Texas e regula as rodovias operadas pela Cintra, S.A. funcionando como uma subdivisão política do estado do Texas, sob o Capítulo 366 do Código de Transporte, a NTTA tem autoridade para: adquirir, construir, manter, reparar e operar projetos de rodovias; levantar capital para projetos de construção por meio da emissão de títulos de receita de pedágio; e cobrar pedágios para operar, manter e pagar o serviço da dívida desses projetos. A NTTA é uma entidade sem fins lucrativos e executa muitas das mesmas funções do Departamento de Transportes do Texas, mas é limitada apenas às instalações que opera para obter receita.

O proprietário do veículo, classificado como "infrator habitual" pela NTTA, após várias evasões sem pagamento, recebe uma notificação escrita dessa determinação e uma oportunidade para a conciliação judicial podendo contestar o seu status de infrator habitual. A NTTA deve fornecer à pessoa classificada como um infrator habitual, um informe de proibição, avisando que o seu veículo estará sujeito à "proibição do veículo". Esse aviso dá ao infrator habitual mais uma oportunidade de resolver a sua dívida de pedágio com a NTTA. No que se refere à utilização continuada das estradas com pedágio pelos infratores habituais, a NTTA impõe a proibição de veículo na estrada com pedágio e apreende o veículo. Um infrator habitual que tenha acumulado 100 ou mais de pedágio não pagos e que tenha recebido dois avisos de não efetuado o pagamento durante o ano está sujeito a um bloqueio de matrícula de veículos.

A NTTA gerencia todas as vendas de *tags* no estado, incluindo ações de marketing, distribuição, processamento de pagamentos, gerenciamento de perfil de pagamento etc. A concessionária transmite à NTTA todas as operações de passagens corretamente registradas, atuando como um centro de vendas e de atendimento ao cliente.

2.5 Considerações parciais

Dessa forma, quatro elementos precisam ser destacados, a partir dessas experiências internacionais:

- O MLFF tem clara inserção em rodovias urbanas, com grande densidade tráfego de veículos e comportamento pendular ao longo do dia e do mês, hipótese que permite uma experiência mais agradável ao usuário, com redução dos congestionamentos e da poluição atmosférica e postergação de investimentos em ampliação de capacidade;
- A praticidade de instalação e alocação dos pórticos, em relação às tradicionais praças de pedágios, permite a captação de tráfego que, até então, não era percebido pelas praças de pedágios tradicionais, ou seja, permite um aumento no número de veículos pagantes em uma via pedagiada. Com a difusão da utilização do *free flow*, o que se espera, a longo prazo, é um impacto positivo nas tarifas cobradas dos usuários diante da redução dos custos de operação das rodovias, mas, principalmente, pelo incremento no número de pagantes

o que deve melhorar a previsibilidade do fluxo de caixa do projeto (Marques; Bertoccelli, 2022);
- As taxas de evasão acabam se alocando entre 10% e 20%, o que não se aplica aos períodos de início de operações, que acabam por registrar uma curva de aprendizado dos usuários em relação ao novo sistema de pedágio;
- As fraudes, como é o caso da clonagem de placas de veículos, merecem um tratamento específico, pois, em tese, não configuram uma evasão, pela não identificação correta do veículo e de seu proprietário;
- O compartilhamento de riscos há de se manter como uma regra contínua, não alocado exclusivamente a um ou outro agente, sob pena de se impor ônus excessivos aos usuários ou à concessionária, em caso de uma evasão inesperada.

Ao analisar o quadro internacional, o cenário que mais se aproxima com a realidade do Brasil seria a experiência Chilena. Um dos maiores desafios do sistema MLFF é viabilizar que o máximo de usuários paguem corretamente a tarifa, uma vez que não existem barreiras que impedem a passagem do veículo na rodovia. Isso facilita diversas situações em que podem ocorrer a evasão do pedágio, o que significa que os usuários podem ser classificados como infratores. Um caminho que contribuirá para o bom funcionamento do sistema de fluxo livre é a instituição de um arcabouço legal e gerencial capaz de processar os infratores devidamente, o que requer o envolvimento e a coordenação adequada do Estado, do Judiciário e da Segurança Pública.

Diante de tudo que foi exposto percebe-se que o *free flow* tem o potencial de alterar o cenário atual das concessões no Brasil, pois além dos aspectos positivos já enumerados, também se poderá aumentar a base de arrecadação de uma rodovia, o que se traduz em melhor resultados econômicos financeiros para os negócios e impactando a estruturação dos projetos de concessões, podendo com isso aumentar os investimentos sem alterar os níveis tarifários ou então reduzir as tarifas praticadas por meio do aumento da base pagante.

3 Experiência brasileira – *sandbox* regulatório da ANTT e ciclos de pagamentos na BR-101/RJ (CCR RioSP)

A regulamentação brasileira sobre o tema tem início com debates sobre a cobrança de pedágio exigida de usuários que realizavam curtos deslocamentos, mas que passavam por praças de pedágio, conforme se verifica nos debates desenvolvidos em torno do Projeto de Lei nº 886, de 2021.[1] Com efeito, na busca de uma cobrança que guarde proporcionalidade pelo uso da infraestrutura rodoviária, optou o Poder Legislativo por aprovar a Lei nº 14.157/2021, que estabeleceu condições para a implementação da cobrança pelo uso de rodovias por meio de sistemas de livre passagem, também denominado MLFF.

Pela referida lei, foram estabelecidas condições para o funcionamento do MLFF no Brasil, em especial: a definição do instituto da livre passagem, relacionada à modalidade de cobrança da tarifa rodoviária por meio da identificação automática (art. 1º, §1º); Assim como, o dever de o Contran estabelecer meios técnicos que assegurem identificação dos veículos que transitarem por rodovias e vias urbanas com cobrança de uso pelo sistema de livre passagem, a tipificação de infração de trânsito para aquele que não efetuar o pagamento da tarifa na forma estabelecida, que constituiria uma nova modalidade de evasão de pedágio e um teto para a recomposição das perdas com essa cobrança (art. 2º, que dispões sobre alterações nos artigos 115, 209-A e 320 da Lei nº 9.503/1997, CTB; e alterações na Lei nº 10.233/2001, para impor à Agência Nacional de Transportes Terrestres (ANTT), obrigações de fiscalização da evasão de pedágio e de previsão do MLFF de forma a compatibilizar nos novos projetos rodoviários de concessão a tarifa do pedágio com as vantagens econômicas e o conforto de viagem, bem como a utilização de sistema que guarde maior proporcionalidade com o trecho da via efetivamente percorrido (art. 3º).

Assim, coube ao Contran, por sua vez, na qualidade de coordenador do Sistema Nacional de Trânsito e órgão máximo normativo e consultivo setorial, regulamentar o MLFF, exercendo-o pela via da Resolução Contran nº 984/2022. Três pontos são bastante relevantes no caso dessa regulação que merecem destaque: a tecnologia de identificação eletrônica, as alternativas de pagamento conferidas ao usuário e o prazo para adimplemento da tarifa.

---

[1] Disponível em: www.senado.leg.br. Acesso em: 27 dez. 2023.

Sobre o recognição dos usuários, entendeu-se por bem estipular na referida norma que a identificação dos veículos que transitem por rodovias ou vias urbanas equipadas com sistema de *free flow* deve ser realizada por meio de tecnologia de OCR, exigindo-se de forma complementar a obrigatoriedade de o usuário manter as condições de visibilidade e legibilidade da Placa de Identificação Veicular (PIV). A escolha se justificou como meio abrangente já detido por todos os usuários, em contrapartida ao modelo internacional, que obriga a contratação de serviço e pagamento automático de pedágio e a utilização de *tag*. Contudo, a norma merece crítica pelas dificuldades colocadas pelas autoridades de trânsito para a obtenção dos dados dos usuários, o que dificulta a cobrança dos usuários que não detenham *tags*. Note-se que, somente como meio de redundância, foi admitida outra tecnologia para a identificação automática dos veículos, nos termos do art. 6º e §§ da mencionada resolução.

A escolha da tecnologia repercute diretamente nos meios de pagamento disponibilizados aos usuários do sistema rodoviário servido pelo *free flow*. Como se aponta no art. 7º da Resolução Contran nº 984/2022, cabe ao usuário, então, promover o autopagamento[2] ou o pagamento via tecnologia alternativa, pela contratação do serviço de pagamento eletrônico de pedágio. Com isso, para cada usuário que não tiver contratado o serviço de pagamento por *tag* ou não tiver feito o autopagamento, exige-se da concessionária uma busca ativa da tarifa devida, através do acesso aos dados dos proprietários dos veículos nas bases da Secretaria Nacional de Trânsito (Senatran), para que não se converta em perda do sistema. Não obstante, as bases disponibilizadas pela Senatran, até o momento, só permitem acesso aos dados de endereço desses usuários, o que prejudica muito essa busca ativa pelas tarifas. Em qualquer caso, a norma veta a utilização dos dados de identificação dos usuários fora dos estritos limites da Lei nº 13.709/2018, Lei Geral de Proteção de Dados.

Afinal, coloca-se a questão do prazo para pagamento. Importante recordar também que a minuta de resolução do Contran, vocacionada para dispor sobre a implementação do sistema de livre passagem (*free flow*) em rodovias e vias urbanas e sobre os meios técnicos a serem

---

[2] Conforme definido no artigo 2º da referida resolução, "adimplemento da tarifa de pedágio devida, realizado pelo usuário por meio de canais válidos de recebimento, em observância aos prazos e condições preestabelecidas, realizado em momento que, não necessariamente, seja o mesmo no qual transitou pela via dotada de *free flow*".

utilizados para garantir a identificação dos veículos que transitem por essas vias, foi objeto de Consulta Pública pelo Sistema Participa + Brasil, realizada pelo Ministério Setorial, entre os dias 31 de agosto e 30 de setembro do ano de 2022, conforme ainda se registra no sítio eletrônico do Ministério dos Transportes. Na oportunidade, a previsão que constava no art. 7º, §3º, era de que "o não pagamento da tarifa de pedágio decorrente do trânsito em via dotada de *free flow* no prazo de trinta dias, contados do dia seguinte ao da passagem do veículo pelo ponto de leitura, configura infração de trânsito prevista no art. 209-A CTB, conforme regulamentação do órgão ou entidade de trânsito com circunscrição sobre a via.

Após a análise das contribuições, a Senatran, responsável por conduzir a consulta, sensível às contribuições enviadas e ao cenário de incerteza que ainda pairava em relação à implementação do *free flow*, houve por bem reduzir o prazo para pagamento de 30 para 15 dias, nos termos do artigo 8º, *caput*, da Resolução Contran nº 984/2022. Vale ressaltar que essa decisão foi tomada com base nos argumentos recebidos, mas sem esteio em base de dados, que ao tempo não existiam. Essa alteração impacta diretamente na quantidade de autos que viriam a ser lavrados, pois o tempo pode ser um elemento fundamental na ação do condutor em relação ao pagamento da tarifa.

Neste contexto, a concessionária CCR RioSP trouxe proposta alternativa para o pedagiamento da Rodovia BR-101/RJ, em 1º de setembro de 2022. A solução proposta foi justamente a implantação do pedágio eletrônico, pela detecção dos veículos em pórticos alocados próximos às áreas designadas para a instalação das praças de pedágio.

A partir da solicitação da concessionária instituiu-se um ambiente regulatório experimental (*sandbox* regulatório) para atuar na implantação da proposta de teste operacional da cobrança eletrônica pelo uso da rodovia, por meio de sistema de livre passagem (*free flow*), e acompanhar as atividades específicas relacionadas ao ambiente regulatório. Ressalte-se que a utilização de *sandbox* regulatório para dar início ao *free flow* no Brasil agregou duas grandes vantagens, quais sejam, a possibilidade de reversão ao *status quo ante*, sem prejuízo aos usuários, assim como um monitoramento *pari passu* do desempenho dos equipamentos e da operação de cobrança de pedágio nesta nova modalidade. Com apuração de dados para tomada de decisão.

Como amplamente noticiado pela mídia, desde 31 de março de 2023 a ANTT colocou em prática *sandbox* regulatório, para testar de forma prática o funcionamento do *free flow* na BR-101/RJ, do trecho que vai da Praia Grande de Ubatuba/SP até a cidade do Rio de Janeiro/RJ, com pontos de cobrança na cidade fluminenses de Paraty, Itaguaí e Mangaratiba. O foco do *sandbox* está em testar a acurácia dos equipamentos e a reação da comunidade em face da nova tecnologia. Essencial destacar que entre os principais elementos monitorados estão: percentual alto de leitura de *tags* e placas de veículos; perdas técnicas por falha nos equipamentos ou manipulação das placas; sinistros ocorridos em até 100 metros dos pórticos; meios de pagamento utilizados; valores recebidos com atraso; e percentuais de inadimplência e de evasão do pedágio.

Desde o início do monitoramento do *free flow* no âmbito do *sandbox* regulatório, foi possível compreender o comportamento relacionado ao prazo de pagamento estabelecido pela Resolução Contran nº 984/2022. Considerando os dados encaminhados pela CCR RioSP, foi possível identificar as seguintes evidências:

Tabela 1 - Pagamentos recebidos em atraso e percentual correspondente da receita tarifária

Pagamentos	Recebido com atraso							Pendente (R$)	%Pendente
Dias de Atraso	De 16 a 30 dias			De 31 a 60 dias					
Mês	QTD	Valor (R$)	% receita total	QTD	Valor (R$)	% Receita total			
mar./2023	2.312	11.929,78	5,79%	1.059	5.896,47	2,86%		28.439,36	13,81%
abr./2023	42.988	250.270,73	4,12%	27.119	171.397,95	2,82%		671.669,35	11,05%
maio/2023	70.027	401.238,95	7,40%	57.260	340.765,13	6,28%		604.019,39	11,14%
jun./2023	37.809	204.012,90	4,04%	21.768	119.100,57	2,36%		544.647,57	10,79%
jul./2023	40.277	219.184,42	3,78%	26.961	150.020,72	2,59%		631.193,61	10,88%
ago/2023	44.909	241.812,24	4,47%	37.386	207.708,64	3,84%		574.174,66	10,61%
set./2023	46.494	279.718,86	3,80%	6.023	37.039,75	0,50%		919.942,84	12,49%
out./23	34.410	217.893,11	3,34%	3.633	24.067,89	0,37%		893.867,29	13,69%
Total	284.816	1.608.167,88	4%	177.576	1.031.929,23	2,5%		4.867.954,07	11,63%

Fonte: Elaboração do autor a partir de dados do Processo SEI da ANTT nº 20411442.

Como se nota, a maioria dos pagamentos é realizada no prazo de 15 dias, sobretudo considerando-se que a taxa de permeabilidade dos serviços de pagamento eletrônico chega a mais de 65% nessa região. Não obstante, significativa quantidade de pagamentos tem sido feita entre o 16º e o 30º dia após a passagem no pórtico, o que representa, em média, 4% da receita total da concessionária no período. Isso se traduziu em quase 300.000 proprietários de veículos no período, que seriam potenciais infratores, sujeitos à autuação por evasão do pedágio (art. 209-A do CTB). No mesmo sentido, isso geraria movimentação da máquina pública, talvez de forma desnecessária, pois estes agentes estavam dispostos a pagar a tarifa.

Nesse cenário, as ações de cobrança da tarifa executadas nos primeiros quinze dias de forma a incentivar que um usuário inadimplente não se torne um usurário infrator, passível de multa, podem variar de R$ 0,04 à R$ 6,31, conforme dados apresentados pela Concessionária CCR RioSP no âmbito do *sandbox* regulatório da ANTT, para uma tarifa praticada atualmente de R$ 7,60.

De outra forma, considerando o ciclo de pagamento dos cidadãos, o prazo de 30 dias também se mostra mais pertinente, pois permite que o usuário alcance o dia do pagamento de seu salário neste período, considerando que o ciclo de pagamento mais adotado no Brasil é o ciclo mensal. Portanto, também sob o aspecto social faz sentido que o prazo seja mais dilatado que o atual.

Sob a perspectiva comparada, o olhar não é diferente. Muitos são os países que concedem 30 trinta dias para o pagamento desta tarifa, como é o caso do Chile e Argentina na América Latina.

Com isso, denota-se com base nas evidências, em *benchmarking* internacional e nos aspectos social e da Administração Pública, que a opção pelos 30 dias de prazo para pagamento se mostraria mais acertada, motivo pelo qual avalia-se que a referida resolução deve ser modificada neste ponto. Sendo certo que essa modalidade de cobrança tende a ser incorporada em todas as concessões de rodovias federais, cumpre que este tipo de evidência seja observada com atenção pelo Contran.

4 Considerações finais

O presente artigo teve por objeto tratar do MLFF sob uma perspectiva comparada e a partir de análise de seu marco legal e regulamentar.

Como se observou, cuida-se de instituto bastante consolidado no mundo e, em especial, na América do Sul.

A atual forma de cobrança por meio de praças de pedágio permite que alguns usuários utilizem a rodovia sem pagar qualquer tarifa, caso não passem por uma praça de pedágio. Além disso, usuários que percorrem apenas um pequeno trecho que possui uma praça de pedágio paga a mesma tarifa que aqueles que percorrem extensões muito maiores da rodovia.

Com efeito, a Lei nº 14.157/2021 estabeleceu condições para a implementação da cobrança pelo uso de rodovias por meio de Sistema de Livre Passagem (*free flow*) e sua fiscalização. Com a publicação da Resolução Contran nº 984/2022, viabilizaram-se as regras de funcionamento do *free flow* no Brasil, o que permitiu que essa tecnologia tivesse plena efetividade.

Como visto, pode se indicar que o meio utilizado para a identificação dos veículos não constitui escolha alinhada com a prática internacional mais utilizada, pois prioriza o OCR. Isso demanda maior esforço da concessionária na busca ativa pelas tarifas não pagas. De outra sorte, os órgãos de trânsito responsáveis ainda não oferecem informações suficientes para a comunicação com os usuários, o que prejudica a referida cobrança.

Ademais, importante mensagem também deve revelada em relação ao prazo insuficiente de pagamento indicado na Resolução nº 984/2022. Com efeito, muitos ainda são os usuários que precisam de mais tempo para efetivar o adimplemento do pedágio, o que gera um efeito perverso no sistema, de possível aumento da quantidade de autos de infração, talvez desnecessários, considerado o comportamento apurado.

Por fim, os resultados parciais obtidos no *sandbox* também demonstram uma necessidade de aprimoramento dos mecanismos de cobrança dos veículos não pagantes no sentido de reduzir os custos das transações, que tem se mostrado elevados frente aos valores das próprias tarifas de pedágio.

A implementação do sistema de cobrança *free flow* emerge como um instrumento crucial para aprimorar a eficiência na cobrança tarifária, fortalecer a segurança viária e otimizar os custos operacionais nas vias rodoviárias. Os benefícios substanciais dessa abordagem são evidentes, no entanto, ao considerar sua expansão como modelo de cobrança nas concessões rodoviárias brasileiras, bem como a ampliação do número de pórticos para viabilizar a cobrança automática e proporcional, depara-se com o desafio premente do enfrentamento à evasão de pedágio.

Esse modelo se revela essencial para a modernização das rodovias e o aprimoramento do setor de transportes, sendo sua viabilidade intrinsecamente vinculada à capacidade de manter a evasão em patamares aceitáveis. É imperativo assegurar que os evasores não imponham desequilíbrios contratuais, resultando em aumentos tarifários para os usuários adimplentes.

No combate à evasão, os dados até então colhidos por meio do *sandbox* regulatório da ANTT indicam que estratégias de busca ativa podem impactar significativamente os índices de usuários inadimplentes. Nesse contexto, é essencial viabilizar abordagens rápidas, de execução simplificada e com custos que não comprometam o equilíbrio contratual. É fundamental evitar que os custos dessa busca ativa se aproximem do valor da própria tarifa, especialmente durante o período de pagamento voluntário, antes que o inadimplemento se configure e o usuário se torne um infrator.

Ademais, para aqueles que se tornam infratores, é crucial adotar a mesma dinâmica. Além disso, a alteração promovida pela Lei Federal nº 14.157/2021, no art. 209-A do Código de Trânsito Brasileiro (Lei Federal nº 9.503/1997), que estabelece que o valor total destinado à recomposição das perdas de receita das concessionárias em decorrência do não pagamento de pedágio não pode ultrapassar o montante total arrecadado por meio das multas aplicadas, deve ser interpretada não apenas como um limite legal de valores de reequilíbrio, mas também como uma diretriz para a destinação dessa receita de multa. Esta destinação deve ser voltada para a manutenção do equilíbrio econômico-financeiro do contrato de concessão, sem impor ônus excessivos ao usuário adimplente.

Referências

CONFEDERAÇÃO NACIONAL DO TRANSPORTE. *Novas tecnologias de pagamento de pedágio*. Transporte em movimento. Brasília, DF, 2020. Disponível em: https://cdn.cnt.org.br/diretorioVirtualPrd/bf8665da-3e39-45cf-9fbd-2dbbafc9ddd4.pdf. Acesso em: 4 jan. 2024.

INSTITUTO BRASIL LOGÍSTICA (IBL). *Free flow* – desafios para implantação de pedágio de fluxo livre no Brasil. Brasília, DF: IBL, 2021. Disponível em: https://ibl.org.br/documents/free-flow-desafios-para-implantacao-de-pedagio-de-fluxo-livre-no-brasil/. Acesso em: 15 jan. 2024.

MARQUES, J. M. N.; BERTOCCELLI, R. P. Rodovias inteligentes: O sistema *free flow* e o futuro das tarifas. *In*: DAL POZZO, A. N.; ENEI, J. V. L. (org.). *Tratado sobre o setor de rodovias no direito brasileiro*. São Paulo: Contracorrente, 2022.

Informação bibliográfica deste texto, conforme a NBR 6023:2018 da Associação Brasileira de Normas Técnicas (ABNT):

SILVA, Luciano Lourenço da; FEITOSA, Fernando Barbelli; MONTEIRO, Josineide Oliveira; LOPES, Herik Souza. O primeiro *free flow* no Brasil: *sandbox* regulatório como introdução à cobrança automática e proporcional de pedágio em rodovias federais concedidas. *In*: FAJARDO, Gabriel; SAMPAIO, Guilherme Theo (coord.). Free flow *em concessões de rodovias*. Belo Horizonte: Fórum, 2024. p. 207-227. ISBN 978-65-5518-724-3.

Reis, o volume de água, em 24 horas, chegou a mais de 600 mm. O alto volume de chuva provocou um total de 450 sinistros nos 270 km da Rio-Santos, trecho concedido.

Foram quedas de árvores, rochas e de barreiras que deixaram a rodovia intransitável por sete dias. Tempo necessário para atuação da concessionária desobstruir e liberar parcialmente o tráfego de veículos. Com a situação normalizada, a concessionária entendeu que a instalação das praças convencionais de pedágio poderia trazer riscos à segurança dos colaboradores e clientes.

Outro importante fator é a presença das Usinas Nucleares no município de Angra dos Reis, que até mesmo por sua atividade de risco, com uma praça física implantada, configura uma barreira física, um gargalo a ser transposto em uma eventual necessidade de evacuação da região, já que a BR-101 figura como única possibilidade de escoamento terrestre da Usina de Angra dos Reis.

Adicionalmente, para a própria operação da usina, faz-se necessário um complexo e frequente transporte de cargas de material nuclear, e a praça de pedágio traria outras complexidades para esse transporte tão peculiar.

Outra questão é o perfil de tráfego turístico relevante – 92% do tráfego é composto por veículos de passeio –, provendo acesso a destinos bastantes procurados como o balneário de Angra dos Reis, Mangaratiba e a cidade histórica de Paraty. Com as praças de pedágio, provavelmente, haveria retenção de tráfego, principalmente, em períodos de grande movimento na rodovia, entre eles, os feriados prolongados.

Por fim, os aspectos ambientais relacionados à Rodovia Rio-Santos. A área circundante é envolta por regiões de preservação ambiental. A transição das tradicionais praças de pedágio para os pórticos de sistema *free flow* representa uma significativa redução nos impactos ambientais.

A partir dessas premissas, iniciou-se o planejamento da concessionária de substituir as três praças de pedágios, previstas no contrato de concessão, por pórticos com a tecnologia de *free flow*.

O contrato de concessão acomoda essa possibilidade de forma assertiva, pois já conta com a realização do gerenciamento de tráfego no Trecho Metropolitano de São Paulo (do km 205 ao km 230 da BR-116/SP), através do monitoramento da densidade da via e da cobrança de tarifa de pedágio na modalidade de fluxo livre (*free flow*), cujos parâmetros técnicos já foram estabelecidos e devem ser implementados a partir do 37º mês da concessão. Sabe-se, porém, que essa região, onde

FREE FLOW: A TRANSFORMAÇÃO DE MOBILIDADE NA RIO-SANTOS

CARLA FORNASARO

A implantação do primeiro *free flow* do país foi realizada pela concessionária CCR RioSP na Rodovia Rio-Santos, a BR-101, cuja operação foi iniciada em 31 de março de 2023, como um modelo inovador de cobrança de tarifa de pedágio sem a necessidade de paradas. Este contribui para aumentar a fluidez na rodovia, além de reduzir os acidentes e diminuir a emissão de CO_2 no meio ambiente, uma vez que, sem as tradicionais praças de pedágio, não há mais a necessidade de desacelerar e acelerar o veículo como ocorre nas tradicionais praças de pedágio.

Conforme o Programa de Exploração da Rodovia (PER), estava prevista a instalação de três praças de pedágio convencionais nos seguintes pontos: km 538; em Paraty (RJ); km 447, em Mangaratiba (RJ) e km 414, em Itaguaí (RJ). Contudo, diante das peculiaridades da rodovia e de alguns acontecimentos registrados no primeiro mês da concessão, tornou-se necessário revisar o planejamento.

A implementação do *free flow* demandou uma colaboração sinérgica entre diversas áreas da concessionária. Nesse contexto, é pertinente contextualizar os impulsionadores que motivaram a transição da tradicional praça de pedágio para a pioneira adoção do sistema *free flow* no Brasil.

Um mês após assinar o contrato de concessão com o governo federal, em março de 2022, todo o trecho da Rodovia Rio-Santos foi atingido por fortes chuvas. Em algumas regiões, como a de Angra dos passam cerca de 350 mil veículos dia, possui uma complexidade de tráfego muito maior que na BR-101. Assim, será importante para a evolução o modelo de cobrança o aprendizado a ser obtido por meio da implementação prévia em uma localidade com risco controlado, conforme exposto anteriormente, e com diversos benefícios para os usuários, meio ambiente e comunidades.

Ou seja, do ponto de vista jurídico e regulatório, o contrato já contava com os dispositivos necessários para sua implementação, que vão ao encontro do interesse público de prover soluções que gerarão menos interferência ao tráfego, ao meio ambiente e gerarão economicidade quando comparados às soluções tradicionais de construção de praças de pedágio, benefício que poderá ser revertido em favor dos usuários.

Implantar a solução para a cobrança de tarifa na modalidade *free flow* ainda protagonizaria a inovação no cenário nacional nesse tema, com uso de tecnologias e implementação de processos consagrados em outros países, o que promoveria a antecipação e oportunidade de planejar, implementar e testar o funcionamento e resultados de processos determinantes como a identificação e tarifação dos veículos/usuários, o autopagamento para usuários sem *tag*, processo de *enforcement* à luz da Lei nº 14.157, de 1º de junho de 2021, e avaliação das suas consequências no Código de Trânsito Brasileiro (CTB), cobrança de tarifas por meio da identificação OCR e autopagamento.

Não obstante, seria possível conhecer o comportamento dos motoristas e sua satisfação e engajar todo o setor envolvido – poder público, entes privados e representativos –, construindo nova solução regulatória aplicável a projetos brasileiros de pedagiamento na modalidade *free flow*.

Para viabilizar essa inovação tanto tecnológica quanto regulatória, o projeto foi idealizado e realizado no ambiente do primeiro *sandbox* regulatório da Agência Nacional de Transportes Terrestres (ANTT).

O *sandbox* é um ambiente em que o órgão regulador permite que alguma empresa opere com regras diferentes das demais empresas por um período determinado para possibilitar o teste de alguma inovação nos serviços de transporte terrestre e avaliar os benefícios e riscos que essas inovações podem trazer ao setor. Foi estabelecido um modelo de governança entre a ANTT e a concessionária, visando dirimir discussões e tomar decisões de maneira eficaz.

Foram seis meses de trabalho – outubro de 2022 a janeiro de 2023 – até o início da operação assistida. Período importante de testes dos equipamentos. Em 31 de março de 2023, teve início a cobrança da tarifa do *free flow* autorizada pela ANTT.

Após a operação, iniciou-se o processo de *enforcement*, capaz de identificar os evasores, processar e emitir a notificação de infração de acordo com artigo 209-A do CTB, provendo à ANTT – na condição de órgão autuante – todos os elementos legais para a correta lavratura de infrações. As opções nas quais um sistema de *enforcement* pode ser utilizado são:

- prover informações por meio de acesso direto ao sistema para que seja realizada a lavratura de infrações pela ANTT de forma manual;
- ou realizar integração eletrônica/sistêmica no ambiente de lavraturas eletrônica da ANTT;
- ou prover ferramenta completa para que a ANTT possa realizar o processo de *enforcement* em sistema provido pela concessionária, de acordo com processo de lavratura da ANTT.

Em todas as opções são garantidas as práticas de mercado relativas à segurança de acesso e segregação de funções dentro do sistema a ser disponibilizado. Destaca-se, ainda, que a coleta e o uso de informações realizados para propósitos legítimos específicos e explícitos ao titular podem ser utilizados, segundo a LGPD.

Como a rodovia Rio-Santos nunca havia sido concedida, o primeiro grande desafio foi explicar que a cobrança somente foi autorizada após a concessionária concluir os trabalhos iniciais do contrato de concessão, além de mostrar os benefícios que a cobrança traz para essas localidades. Para isso, foi elaborado um amplo plano de comunicação, que buscou atuar nos meios de comunicação para informar sobre o *free flow*.

O desafio principal do plano era de explicar o sistema pioneiro de pagamento de pedágio sem paradas no Brasil, as suas funcionalidades e benefícios, para uma população que até então, não tinha uma rodovia administrada por uma concessionária e muito menos pedagiada. Além de apresentar as formas disponíveis de autopagamento para os clientes com e sem *tag* no veículo e difundir o desconto do usuário frequente.

A campanha de comunicação teve como alvo motoristas, população das cidades às margens da rodovia, empresas e formadores de opinião para disseminar a informação. Para facilitar o acesso às informações, a concessionária desenvolveu uma página exclusiva. O *site* entrou no ar em janeiro de 2023.

A página foi pensada para que todas as informações ficassem disponíveis num único acesso. No site, o cliente pode consultar e pagar o débito, encontrar a localização dos pórticos de cobrança, o valor da tarifa, a rede credenciada para pagamento presencial e outras informações. Foram ainda desenvolvidos vídeos para tornar a comunicação mais clara e didática com o nosso cliente. Por se um assunto novo, a divulgação do *free flow* começou seis meses antes do início da cobrança com materiais informativos na rodovia, veiculação de spots em rádios comerciais, visitas à imprensa e divulgação de releases e matérias na tevê. O tema pautou os principais veículos de comunicação do país e da região. No entanto, era preciso manter uma constância na divulgação. Por isso, toda nova fase do *free flow* – como a implantação dos pórticos, operação assistida e início da cobrança – foi divulgada à imprensa. Para dar uma identidade local para o *free flow*, a campanha de mídia buscou influenciadores locais para conversar sobre o tema com os clientes. Além dessa ação específica, foram preparadas postagens nas redes sociais do Grupo CCR e no APP de mobilidade Waze.

Outra forma de comunicar foi realizar ativações em postos de serviços, estabelecimentos comerciais e shoppings das cidades lindeiras. Aqui, o contato da concessionária com o cliente é direto. Esclarecendo dúvidas e ajudando, por exemplo, a cadastrar no APP, realizar consulta de placa e pagar a tarifa.

A implementação do *free flow* no Brasil apresenta desafios consideráveis, que envolvem tecnologia, infraestrutura, regulatório, gestão, capacitação e transformação de cultura, que devem ser superados de maneira colaborativa. O *free flow* emerge como uma estratégia promissora para otimizar a eficiência do sistema viário, promover a fluidez do tráfego e oferecer uma experiência mais conveniente aos clientes da rodovia, o que já ocorre na rodovia Rio-Santos (BR-101) e está em plena evolução. Os benefícios substanciais observados, como a redução do tempo de deslocamento, a minimização do impacto ambiental e a simplificação das operações de cobrança, indicam não apenas uma modernização do setor, mas também uma resposta eficaz às demandas crescentes de mobilidade. À medida que avançamos para um cenário mais tecnologicamente orientado, o *free flow* se destaca como uma solução inovadora que contribui não apenas para a eficácia do transporte, mas também para a qualidade de vida da população. A busca contínua por aprimoramentos e adaptações tecnológicas nesse contexto se apresenta como um caminho promissor para impulsionar o desenvolvimento sustentável e aperfeiçoar a infraestrutura rodoviária do país.

Referências

BRASIL. Lei nº 14.157, de 1º de junho de 2021. Altera as Leis nº 9.503, de 23 de setembro de 1997 (Código de Trânsito Brasileiro), e 10.233, de 5 de junho de 2001, para estabelecer condições para a implementação da cobrança pelo uso de rodovias por meio de sistemas de livre passagem. *Diário Oficial da União*: Brasília, DF, 1997. Disponível em: https://pesquisa.in.gov.br/imprensa/jsp/visualiza/index.jsp?data=02/06/2021&jornal=515&pagina=4&totalArquivos=131. Acesso em: 19 mar. 2024.

COMISSÃO DE VALORES MOBILIÁRIOS. *Resolução CVM 29*. Dispõe sobre as regras para constituição e funcionamento de ambiente regulatório experimental (*sandbox* regulatório). Brasília, DF: CVM, 11 maio 2021. Disponível em: https://conteudo.cvm.gov.br/legislacao/resolucoes/resol029.html#:~:text=Disp%C3%B5e%20sobre%20as%20regras%20para,15%20de%20maio%20de%202020. Acesso em: 19 mar. 2024.

Informação bibliográfica deste texto, conforme a NBR 6023:2018 da Associação Brasileira de Normas Técnicas (ABNT):

FORNASARO, Carla. *Free flow*: a transformação de mobilidade na Rio-Santos. *In*: FAJARDO, Gabriel; SAMPAIO, Guilherme Theo (coord.). Free flow *em concessões de rodovias*. Belo Horizonte: Fórum, 2024. p. 229-234. ISBN 978-65-5518-724-3.

EIXO 3
SOLUÇÕES TECNOLÓGICAS E VISÃO DOS ESTRUTURADORES

A EXPERIÊNCIA DA KAPSCH COM A TECNOLOGIA DE PEDÁGIO *FREE FLOW* E AS TENDÊNCIAS PARA O FUTURO

CARLOS WIEDMAIER
ANTONIO CARLOS MIRÓ

1 Introdução

A empresa austríaca Kapsch TrafficCom é uma das pioneiras no mundo no desenvolvimento e implementação de sistemas de pedágio *free flow*. Sua primeira grande implementação foi em 1998, para o projeto Melbourne City Link – o primeiro e maior sistema de pedágio eletrônico do mundo para um ambiente interurbano. O sistema de pedágio eletrônico implementado na época – que não requeria o uso de dinheiro vivo e com fluxo livre entre múltiplas pistas – estava na vanguarda da tecnologia, e, apesar dos enormes desafios, essa nova estrada de pedágio e seu inovador sistema de cobrança sem barreira alcançaram sucesso para a operadora, para os usuários, e para a indústria.

Desde então, a experiência da Kapsch em pedágios baseia-se no desenvolvimento e implementação de grandes projetos de pedágio *free flow* em todo o mundo, inclusive em nível estadual, como o sistema da New York State Thruway Authority (NYSTA), e em nível nacional como o da ASFINAG (Autoridade Rodoviária Nacional) da Áustria.

Na América Latina, o Chile que começou seu programa de concessões há mais de 20 anos, hoje possui modernas autopistas urbanas na capital, Santiago, que em sua maioria também contam com sistemas de pedágio *free flow* desenvolvidos pela Kapsch. É o caso de autopistas como a Vespúcio Oriente, Vespúcio Sur, a Costanera Norte e a Autopista Central. Atualmente, os sistemas desenvolvidos pela Kapsch processam mais de 1,7 bilhão de transações anuais de *free flow* em autopistas urbanas na Região Metropolitana de Santiago. Em todo o Chile, esse número aumenta para mais de 2 bilhões de transações anuais.

Figura 1 - Área de testes de *free flow* da Kapsch Teesdorf, Áustria

Fonte: Arquivo Kapsch.

2 Breve descrição da tecnologia de pedágio *free flow*

Como muitos outros setores de infraestrutura, o setor de pedágio passou por mudanças significativas nas últimas duas décadas de modo a tornar-se completamente digital. Atualmente, tudo, desde a identificação de um usuário dirigindo em um pórtico de cobrança até os sistemas de *back-office*, é alimentado pela tecnologia de pedágio *free flow*.

Os sistemas de cobrança eletrônica de pedágio (do inglês, Electronic Toll Collection – ETC), em um ambiente de fluxo livre entre várias faixas, permitem a cobrança de pedágio sem qualquer interferência e obstáculos ao fluxo de tráfego, detectando e processando de forma totalmente automática, e eletronicamente, os dados de pedágio dos veículos. Os principais benefícios deste tipo de pedágio são:

manter o tráfego fluindo, reduzir a perda de tempo de viagem, evitar congestionamentos, segurança na cobrança e na operação, melhor experiência para o usuário, benefícios sociais (diminuição dos tempos de deslocamento de transporte de carga e de deslocamento para o trabalho), impacto positivo na imagem dos países que adotam o sistema e redução nos impactos ambientais.

As soluções tecnológicas dos sistemas de pedágio sem barreira mais comumente implementadas atualmente se compõem, por um lado, de equipamentos de pista montados nos pórticos (antenas, sensores e iluminadores) para detecção, seguimento e classificação de veículos e suas *tags* correspondentes, e por outro, de equipamentos centralizados com sistemas de *back-office* comercial e operacional.

É o conjunto desses elementos que basicamente permite aplicar as tarifas condizentes – sem a necessidade de os motoristas pararem em uma cabine de pedágio.

Figura 2 - Pórtico equipado com sensores, antenas, iluminadores

Fonte: Arquivo Kapsch.

Os equipamentos presentes em um pórtico podem ser diversos, cada um com finalidades específicas, entre as quais estão: detecção e rastreamento de veículos, classificação de veículos, detecção e monitoramento de *tags*, identificação do veículo com base na comunicação com *tag* (RFID ou DSRC), correta correlação entre *tag* y veículo, captura de imagem de veículos e leitura de placas, captura da imagem da "vista superior" e captura de imagens laterais para validação.

Com a evolução da tecnologia ao longo do tempo, hoje em dia os sensores mais avançados, já atingem mais de 99% de precisão em cada um dos indicadores, o que torna o sistema *free flow* cada vez mais confiável.

Os benefícios de um sistema de pedágio sem cancelas são inquestionáveis, mas para lidar com os desafios da migração a este tipo de sistema, os parceiros tecnológicos precisam ter uma ampla gama de capacidades, desde produtos tecnológicos até capacidades de integração, implantação e operação para adaptar-se as características de cada país.

3 Tecnologias para a detecção e classificação dos veículos

Para a detecção dos veículos existem muitas tecnologias, como laser, sensores de contato, laços indutivos, câmeras de vídeo etc. A seguir, detalharemos o funcionamento da tecnologia por câmeras de vídeo estereoscópicas, que tem demonstrado possuir um excelente desempenho na detecção e classificação de veículos.

As câmeras de vídeo estereoscópicas, são um tipo de câmera que possui duas ou mais lentes, com um sensor de imagem ou quadro de filme para cada lente. Isso permite que a câmera simule a visão binocular humana, e, portanto, lhe dá a capacidade de capturar imagens tridimensionais, um processo conhecido como estereoscopia.

A detecção de eixos é feita ao longo da passagem por uma combinação de medições tridimensionais e processamento de vídeo com aprendizagem profunda (Deep Learning), a partir de um único pórtico sem equipamentos na superfície da rodovia, o que oferece maior segurança aos condutores e equipe de manutenção).

Várias câmeras estereoscópicas cobrem a área do ponto de cobrança, onde a câmera com o melhor ângulo em direção às rodas é usada para detecção dos eixos.

Câmeras laterais podem ser instaladas para garantir uma maior precisão na detecção de eixos e identificação de eixos suspensos e rodagens dupla. Essas câmeras laterais são alinhadas no mesmo sistema de coordenadas para que os algoritmos saibam exatamente onde procurar os eixos. As câmeras laterais também ajudam na análise de vídeo aprendizagem para definir melhor as categorias dos veículos. A faixa lenta sempre possui uma visão completa dos veículos e várias câmeras laterais podem ser combinadas para que sempre haja pelo menos um dos lados do veículo livre de oclusão.

Durante a passagem, é usada a área de imagem de melhor qualidade de cada exposição. Essas exposições individuais são combinadas em uma visualização única e a detecção do eixo é realizada através das exposições individuais e daimagem combinada. Para detectar eixos suspensos e rodagens duplas com maior precisão, são analisadas as características das rodas individuais, tais como: o raio, a geometria do aro, a altura medida em 3D, as diferenças entre os veículos próximos. Tudo isso é combinado com alta precisão para determinar se um eixo é suspenso e se consiste em rodagens duplas.

Figura 3 - Exemplo de sensores e da interface de um sistema de classificação

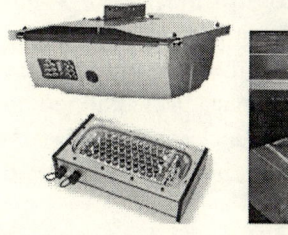

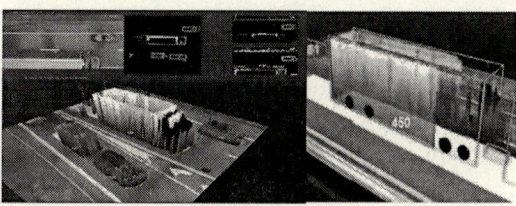

Fonte: Arquivo Kapsch.

Câmeras frontais e traseiras registram as placas dianteira e traseira de cada veículo.

Para o reconhecimento de placas se utiliza a tecnologia OCR (do inglês, Optical Character Recognition) baseada em processamento de imagens onde são combinados vários resultados para se obter um melhor desempenho. Nos casos em que o veículo possui uma placa reconhecível pelo olho humano, porém não pelo OCR, é realizada a revisão manual no *back-office*. Em alguns casos o *back-office* ajuda a melhorar o desempenho de OCR (por exemplo, instalação de um segundo motor OCR, fusão de placas, impressão digital da placa). Também é possível utilizar outras tecnologias como sugestão de placa (de acordo às sintaxes), rota de viagem do veículo, lista de aprendizagem, tudo isto em favor de otimizar a identificação do veículo para a cobrança adequada.

Adicionalmente, iluminadores externos (infravermelho para câmeras monocromáticas e luz branca para câmeras coloridas) são usados para assegurar maior condição de exposição dos veículos e suas placas para os sensores.

4 Tarifas e categorias de veículos

A eficiência das tecnologias de classificação é sumamente importante porque as tarifas dependem da classificação dos veículos e de outros fatores que sejam pré-definidos (dia da semana, horário, congestionamento, cobrança por *tag* ou placa, infrator, distância de viagem, quantidade de passageiros...). Para isso, o sistema precisa ter precisão ao detectar eixos (suspensos e rodantes), rodas duplas, as dimensões do veículo (altura-largura-comprimento), a velocidade e o sentido de tráfego, separar o trator do reboque e diferenciar entre ônibus e caminhão.

As categorias urbanas para classificação normalmente se baseiam em volume e reboque, enquanto as categorias interurbanas também consideram o número de eixos. As bases mais comuns no mundo para classificação e tarifação são: volume (comprimento principalmente), presença de reboque, eixos (todos os eixos, diferenciação de eixos suspensos ou rodantes, sua agrupação), rodagem dupla, diferenciação entre caminhão e ônibus, e categoria de emissão.

Na Noruega por exemplo se categoriza veículo *versus* ônibus/caminhão baseando-se no volume. Na Franca, a categorização se baseia em peso e eixos, e em Portugal se considera também a altura do veículo.

5 Tipos de tecnologia de pedágio *free flow*

O pedágio baseado nastecnologias DSRC (do inglês, Dedicated Short Range Communication) e RFID (do inglês, Radio Frequency Identification) oferece quase 100% de confiabilidade para a leitura dos *tags* (unidades de bordo) dos veículos e permitem a identificação dos usuários de maneira confiável.

Já o pedágio baseado em vídeo suporta a identificação do veículo através do reconhecimento automático da placa. As soluções em vídeo simplificam as operações de pedágio sem a necessidade de *tags*, porém necessitam de um registro nacional confiável de proprietários de veículos.

A evolução do pedágio *free flow* vai em direção aos sistemas baseados em geolocalização, que já estão sendo implementados nos EUA e alguns países da Europa. É realizado por um equipamento a bordo (*tag*) que informa a localização do veículo através de uma conexão sem fio ao sistema de localização geográfica.

O pedágio *free flow* permite outras aplicações como as vias controladas, que possibilitam às autoridades ou concessionárias moldar ou controlar o tráfego para alcançar objetivos específicos, incluindo faixas de alta ocupação (HOV), ou pedágio por alta ocupação (HOT). Essas soluções suportam a gestão do tráfego para além das pistas expressas de pedágio.

No Brasil a tecnologia usada nos primeiros projetos de *free flow* que estão sendo implementados é a RFID com protocolo Artefato, composta por uma rede com múltiplos leitores e antenas, integrada com sistema SLT que permite leitura em velocidades de até 160 km/h.

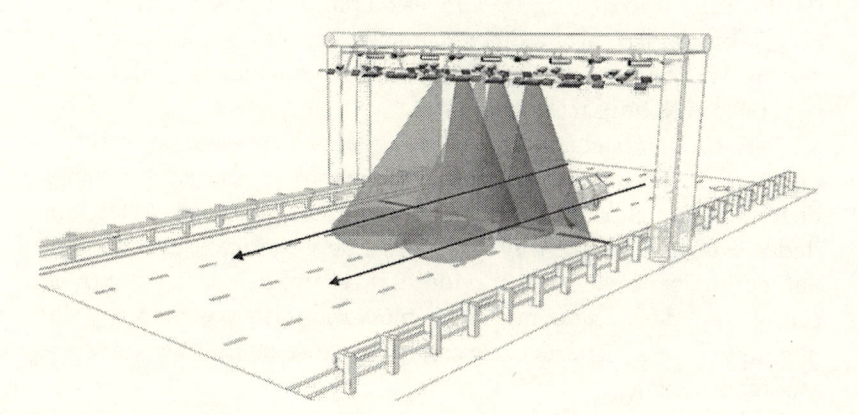

Figura 4 - Esquema de leitores e antenas

Fonte: Arquivo Kapsch.

Em contraste com outros sistemas AVI (do inglês, Automatic Vehicle Identification), onde as antenas realizam leituras das *tags* isoladamente (por via), os resultados de leitura de todas as antenas do sistema *free flow* devem ser combinados para calcular a posição do veículo e a trajetória para uma precisa correspondência com as placas dos veículos e com as informações de detecção e classificação. A comunicação aprimorada entre o *tag* e a antena RFID atende aos requisitos altamente dinâmicos das condições de tráfego e processa as *tags* simultaneamente, usando diferentes tipos de transação e conjuntos de chaves.

6 Back-office

As funções de *back-office* de um sistema de pedágio *free flow* abrangem operações vitais para um pedágio contínuo. Isso inclui o processamento de transações, o gerenciamento de contas e da fiscalização. O gerenciamento eficiente de dados, análises robustas e relatórios em tempo real são essenciais para monitorar os padrões de tráfego e a arrecadação de receita e a integração com as agências de *enforcement* ajuda a garantir a conformidade.

O *back-office* divide-se em duas partes: operacional e comercial.

No *back-office* operacional, ou centro de operações, são realizadas as tarefas de validação automática e manual das transações, processamento do segundo motor OCR, homogeneização de informações, aplicação de tabelas de tarifas, aplicação do Desconto Usuário Frequente (DUF), atribuição de uma *tag* através da placa e todas as informações necessárias para o correto funcionamento do sistema. Este Nível é responsável por alimentar o *back-office* comercial com todas as informações com relação às transações e contas.

O *back-office* comercial, ou nível de gestão, é responsável pela manutenção de contas de usuário, faturamento, arrecadação, cobrança de inadimplentes, processamento de infratores, integrações com entidades externas, *enforcement* etc. O nível de gestão possui servidores autônomos, conectados aos servidores do centro de operações de nível central, e pode contar com os mais modernos sistemas para o rápido atendimento dos usuários, tais como: conexões de internet, *call center* automático etc.

Figura 5 - Esquematização de um *back-office*

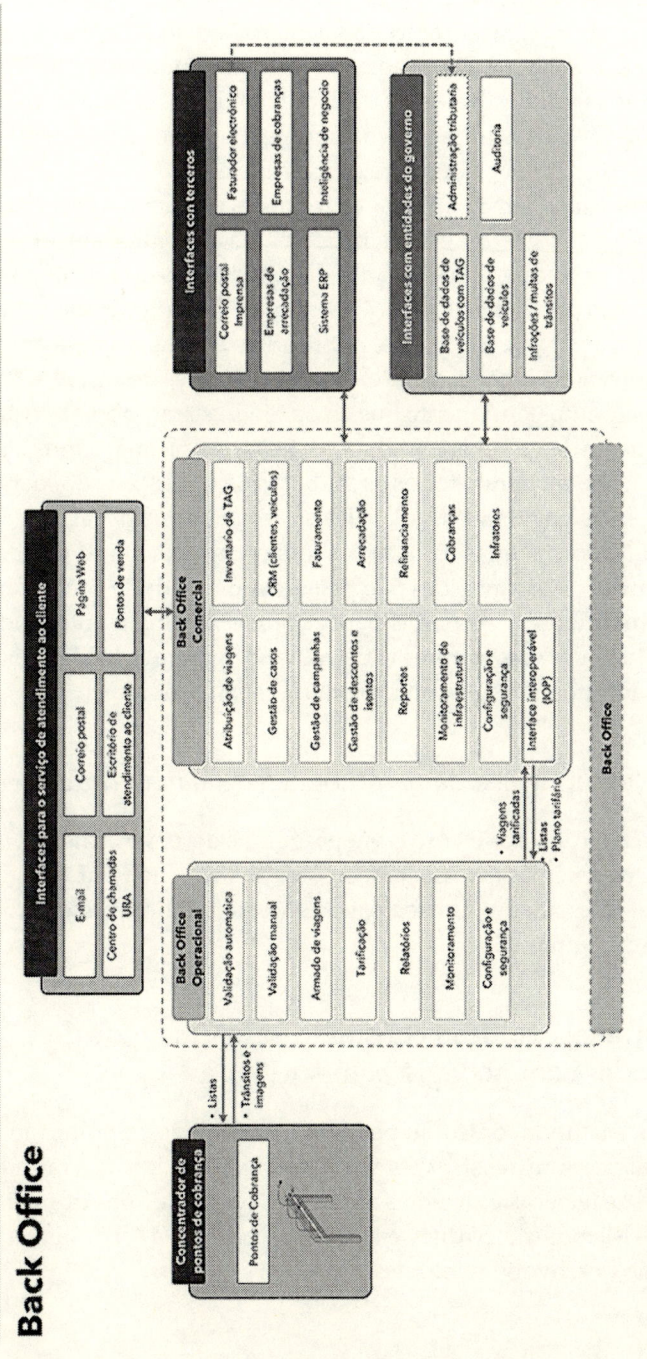

Fonte: Arquivo Kapsch.

Ambos os sistemas de *back-office* podem possuir diversas interfaces externas de integração, entre elas a interoperabilidade, intercambio de informações comos Operadores de Sistema Automático (OSAs), o Documento Fiscal Equivalente (DFE) para emissão de cupom fiscal, o Sistema de Gestão de Infrações, responsável pela gestão da evasão de pedágio onde não há pagamento da passagem.

Também podem se integrar com empresas terceiras que fornecem "cupom de pedágio" ou outros meios de pagamentos, empresas de trânsito para a recuperação de dados do proprietário do veículo e envio de notificação por carta/*e-mail*/SMS, sistema ERP para o envio de todas as transações pagas e não pagas, notificações a terceiros para enviar a clientes uma notificação amigável de dívida através de e-mail, SMS ou carta, site de autoatendimento que envia todas as transações não pagas (normalmente de veículos sem *tag* ou com *tag* bloqueada) a um *gateway* de pagamento, incluindo todos os atributos da transação para permitir que os clientes paguem a dívida. Neste caso, uma vez pagas as transações, o *site* informa quais transações foram pagas incluindo os dados de pagamento. As transações não pagas em um período pré-definido, são automaticamente enviadas para *enforcement*. Finalmente, pode-se integrar também com empresas de cobrança para que as dívidas dos usuários infratores com a concessionária sejam cobradas.

7 Implementações da tecnologia *free flow* no mundo

Com os devidos esforços em pesquisa e desenvolvimento, a tecnologia dos sistemas *free flow* tem o potencial de se adaptar a distintos cenários e necessidades de cada país, como exemplificam esses projetos ao redor do mundo.

8 Austrália: evolução constante para uma rede de estradas com pedágio bem-sucedida

Na Austrália, o uso de pedágio em estradas como ferramenta para financiar a infraestrutura é um dos mais antigos do mundo. A evolução de técnicas e sistemas altamente avançados nas três maiores cidades – Melbourne, Sydney e Brisbane – colocou a Austrália na vanguarda do desenvolvimento nessa área.

A autopista urbana Melbourne City Link com 22 km de extensão iniciou suas operações de pedágio em 2000. Conecta 3 grandes rodovias urbanas e foi parte da primeira onda de estradas com pedágio equipadas com sistemas eletrônicos apenas para pagamento. Hoje tem mais de 1,8 milhão de usuários registrados como clientes.

Desde o início do sistema original de cobrança eletrônica de pedágio *free flow*, as atualizações contínuas em conjunto com a Kapsch o mantiveram atualizado e alinhado com os mais recentes desenvolvimentos tecnológicos, para maximizar o desempenho. Um exemplo foi a introdução de ferramentas mais avançadas de processamento de imagens e um repositório centralizado de veículos para aumentar a eficiência e a precisão da cobrança de pedágio por vídeo.

Depois de City Link, o pedágio *free flow* vem sendo instalado em várias estradas do país ao longo dos anos, como East Link, M2, Westlink M7, Clem 7, Queensland Motorways, Airport Link etc. em um ambiente de interoperabilidade real que garantiu o sucesso do sistema no país.

9 Áustria: 2.200 km de pedágio *free flow*

Dentro do contexto da rede rodoviária trans europeia, a Áustria é uma artéria principal para o tráfego rodoviário. Este sistema rodoviário oferece aos viajantes uma capacidade de trânsito segura e sem obstáculos, com um foco particular na conexão com os outros estados membros da UE.

Em 2001, a ASFINAG, a autoridade rodoviária nacional de propriedade integral da República Federal da Áustria, lançou uma licitação para um sistema de pedágio nacional para veículos pesados de mercadorias com peso total admissível de 3,5 toneladas ou mais. A solução técnica tinha que atender todos os requisitos para um sistema preciso, auditável e executável, adequado para uma rápida implementação em todo o país e um volume inicial de 400.000. De acordo com a política de transportes da Áustria e os objetivos europeus, as questões-chave de interoperabilidade e não discriminação dos usuários também foram elementos críticos dentro do concurso.

O escopo do projeto "chave na mão", desenvolvido para o sistema austríaco de pedágio de caminhões, incluiu o conceito e o projeto do sistema, incluindo componentes críticos de comunicação, redes de dados LAN/WAN, desenvolvimento, fabricação e entrega do sistema CEN DSRC de 5,8 Ghz e *tags*, todas as aplicações de *software* relacionadas ao pórtico de cobrança, segurança de dados, equipamento de pontos de venda, todo o sistema de fiscalização incluindo dispositivos estacionários, portáteis e móveis, LPR/OCR, um sistema central de fiscalização, e o sistema central do transceptor que suporta a interface necessária com o sistema central de faturamento, bem como a manutenção e a operação técnica do sistema.

O sistema entrou em operação em 1º de janeiro de 2004, e a cada dia o sistema arrecada e processa mais de 2,5 milhões de transações em tempo real, o que resulta em uma receita diária de 3 milhões de euros.

10 Sistema de pedágio *free flow* para a autoridade viária do estado de Nova York (NYSTA), EUA

O sistema de pedágio eletrônico desenvolvido para a New York State Thruway Authority (NYSTA) começou com 4 pórticos na ponte Tappan Zee e entrou em funcionamento em 2016. A partir daí, com o êxito das implementações em termos de funcionamento e receita, foram desenvolvidas novas propostas para abranger todas as necessidades.

Em 2019, a NYSTA optou por converter o restante de suas rodovias principais ao sistema *free flow*. Esse escopo adicional de trabalho em 24 estações de pedágio incluía 44 novos pórticos, e converteria todos os pontos de pedágio de alto volume das rodovias estaduais de Nova York ao sistema de cobrança totalmente eletrônica.

Para detecção e classificação de veículos foi instalado um avançado sensor da Kapsch (nVDC), para a detecção de detalhes como altura, comprimento e peso do veículo. O uso do nVDC junto com sensores suplementares fornece os detalhes completos de classificação para determinar com precisão a categoria de pedágio do veículo em todos os pontos de pedágio do NYSTA.

Para centralizar as operações, foram construídos uma pista de testes e um laboratório de configuração nas instalações da Kapsch no norte do estado de Nova York. Este processo otimizado permitiu que a equipe Kapsch apoiasse implementações em até seis locais em paralelo, em diferentes regiões do estado.

A instalação nesses 24 locais começou em março de 2020 e foi concluída em outubro de 2020. Hoje, são 51 novos pontos de pedágio de pórtico único e 148 pistas com equipamentos de pedágio ao longo das rodovias da NYSTA para facilitar as transações de pedágio.

11 Grécia: um sistema híbrido de pedágio

Olympia Odos é uma das mais importantes concessões de rodovia da Grécia. Conecta as cidades de Atenas, Corinto e a cidade portuária do Peloponeso de Patras em 202 quilômetros de rodovia.

Como não foi possível substituir o sistema existente na Rodovia A8/A8A Elefsina-Korinthos-Patra por um sistema de pedágio totalmente eletrônico, a solução encontrada foi combinar o sistema de pedágio canalizado existente com os pórticos de pedágio *free flow* estrategicamente localizados nos pórticos de entrada e saída. O resultado é um sistema híbrido de pedágio (pedágio com cancelas combinado com pedágio *free flow*): o primeiro sistema de pedágio eletrônico da Europa no qual os motoristas pagam apenas pelos quilômetros efetivamente percorridos.

A tecnologia para o projeto se baseia nas funções básicas de comunicação Dedicated Short Range Communication (DSRC) e leitura de placas de matrícula (ANPR) e classificação de veículos. O projeto incluiu a aplicação de proxy central para combinar o sistema de detecção com o sistema de pedágio existente, operado pela concessionária, assim como acessos de entrada e saída equipados com sistemas de detecção e classificação para passagem de veículos e instalação dos sistemas de detecção e classificação diretamente nos acessos ao longo da rodovia.

Assim, o sistema permite a funcionalidade do cálculo da taxa de pedágio e do desconto para garantir que eles sejam baseados na distância. Os usuários pagam na cancela tradicional e um desconto é aplicado dependendo do ponto de entrada e/ ou saída. Para evitar fraudes, o equipamento é colocado nos pontos de acesso como uma estação completa de pedágio e fiscalização.

12 Chile: interoperabilidade que garante 20 anos de sucesso com pedágio *free flow*

O Chile foi o primeiro exemplo no mundo em que rodovias urbanas foram implementadas em uma cidade quase simultaneamente com tarifas de pedágio *free flow* que são interoperáveis.

A tecnologia implementada no Chile se baseia em completos sistemas DSRC totalmente interoperáveis, *back-office* e controle operacional. Por ser uma tecnologia já madura no país, o sistema de cobrança eletrônica de pedágio eletrônico tem servido como a como a espinha dorsal para novas oportunidades, como estacionamento. Nesse contexto, a interoperabilidade significa que um cliente de qualquer uma dessas concessões pode usar sua *tag* em todas as concessões. Além disso, a interoperabilidade implica o acesso futuro a novas instalações de pedágio *free flow*.

A mais recente autopista urbana inaugurada na cidade de Santiago com pedágio *free flow* é a Vespúcio Oriente (AVO), uma autopista subterrânea construída com o objetivo de redirecionar o transito intenso que havia na superfície da Avenida Américo Vespúcio.

O projeto de pedágio incluiu 21 pórticos, um em cada entrada e saída da autopista, assim como o *back-office* para as operações e gestão de clientes. O sistema implementado em AVO é inovador no país por permitir a aplicação de tarifas de acordo com a distância percorrida.

Figura 6 - Pórtico na entrada a autopista subterrânea AVO em Santiago

Fonte: Arquivo Kapsch.

13 Equador: Pórtico bidirecional para a via de acesso ao Túnel de Guayasamín, em Quito

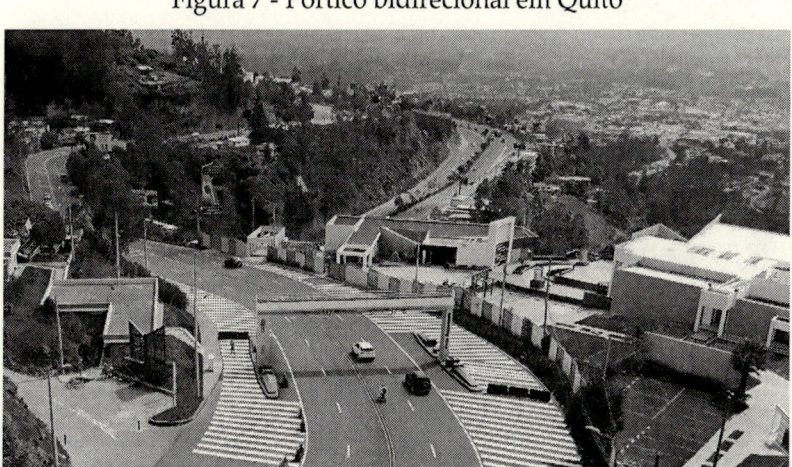

Figura 7 - Pórtico bidirecional em Quito

Fonte: Arquivo Kapsch.

O Túnel de Guayasamín está localizado na rodovia que conecta o centro de Quito com as regiões norte e nordeste da cidade. É também uma das principais vias de acesso ao aeroporto. Isso se traduz em um fluxo de tráfego diário de 40.000 veículos. Para acessar o túnel, havia praça de pedágio manual funcionando por muitos anos, causando longos congestionamentos nas horas de pico. Em um esforço da autoridade local para melhorar a experiência do usuário, e ao mesmo tempo de reduzir esses congestionamentos, em 16 de novembro de 2020, foi inaugurado no Túnel Guayasamín o primeiro sistema de pedágio *free flow* a operar no Equador e na região andina, com tecnologia da Kapsch.

A solução para essa localidade consistiu em um pórtico reversível para permitir mudar a direção do fluxo de tráfego de acordo com a demanda. Isso facilita a gestão do fluxo de tráfego nas horas de pico, por exemplo, quando a maioria dos veículos está se movendo na mesma direção.

Também foi implementada uma tecnologia mista que permite aos detectores ler tanto *tags* (RFID) quanto *tags* DSRC, devido à multiplicidade de *tags* existente no país. Isso exigiu que o sistema de cobrança fosse desenvolvido especialmente para adequar-se a esse cenário e ao modelo de negócios presente do Equador.

14 Brasil: transferência de conhecimento entre vários países

A primeira implementação de um sistema de pedágio *free flow* da Kapsch no Brasil dentro de um marco regulatório foi na Rio-Santos (BR-101), administrada pela concessionária CCR RioSP.

O projeto para a BR-101 consistiu na instalação de 3 pórticos equipados com equipamentos de última geração, incluindo antenas RFID e leitores com protocolo Artefato, câmeras de vídeo estereoscópicas, câmeras de visão lateral e iluminadores infravermelhos. São equipamentos de alta precisão, que tem por objetivo garantir a performance do sistema, a exatidão das detecções e adequada identificação, classificação dos veículos (diferenciando ônibus de caminhões) e contagem de eixos (incluindo detecção de dupla rodagem, eixos suspensos e rodantes).

Também foi desenvolvido o *back-office* operacional para a validação automática e manual, processamento das imagens através de dois motores com tecnologia OCR, com *fingerprint* e fusão de placas. O *back-office* operacional se integra ao *back-office* comercial da concessionária para envio das transações processadas e disponibilização para os meios de pagamentos, e por outro lado, ao sistema de *enforcement* para envio das notificações de multas por evasão.

Mas o processo de chegada desta tecnologia ao Brasil começou muito antes deste primeiro projeto e envolveu um grande trabalho de transferência de conhecimento tecnológico entre a Áustria, o Chile e o Brasil.

Foram várias visitas de representantes de concessionárias e agências reguladoras de transporte do Brasil a instalações e implementações de *free flow* da Kapsch no Chile, nos EUA e na Áustria. Além de inúmeras sessões informativas entre todos os envolvidos, webinars e compartilhamento de conteúdo sobre a tecnologia, o *enforcement* em outros países, os KPIs etc.

15 O *free flow* como alternativa sustentável

Os sistemas de pedágio *free flow* geram uma redução de ruído e poluição, pois evitam que os veículos que trafegam nas rodovias parem ou reduzam a velocidade. Além disso não se usa espaço adicional para a instalação de praças de pedágio.

Há exemplos de operações em que 36 faixas de pedágio canalizadas foram convertidas em 6 faixas de *free flow*. Isso também gera espaço para outros usos, especialmente para mais pistas ou áreas verdes e serviços para a comunidade (pontos de ônibus, pontos de vendas).

Adicionalmente, há uma redução na pegada de carbono gerada pelos usuários da rodovia, pois o ciclo de frenagem/aceleração é reduzido, tornando o uso de combustível mais eficiente.

Em uma avaliação da qualidade do ar relacionada ao tráfego para a instalação da autoestrada I-294 em Illinois, EUA, constatou-se que os níveis de concentração de CO perto da rodovia foram reduzidos em até 37% e as emissões de PM (do inglês, *particulate matter*) diesel em até 58% com a implementação de um sistema de pedágio *free flow* em comparação com o pedágio convencional.

16 Evolução e tendências para o futuro

Sistemas de pedágio sem barreiras são sem dúvida a tendencia para o futuro, e nos últimos anos a tecnologia de pedágio tem avançado muito. A última geração de tecnologia de pedágio está possibilitando benefícios de eficiência e experiência para as concessionárias, as autoridades e os usuários das rodovias como nunca antes.

Com a evolução das tecnologias de veículos conectados e geolocalização, a tendencia para o futuro são sistemas de pedágio que podem consumir e usar fontes de dados alternativas, como dados de veículos conectados e dados móveis para oferecer suporte a sistema pedágios totalmente sem infraestrutura nem mesmo de pórticos.

Esses sistemas de pedágio sem necessidade de infraestrutura são facilitados por equipamentos a bordo dos veículos que informam a localização dos mesmos por meio de uma conexão sem fio com plataformas de geolocalização. A fonte de dados no veículo para pedágio baseado em localização pode ser uma *tag* GNSS (do inglês, Global Satelite Navigation System) dedicado, um dispositivo de rastreamento de frota, um smartphone ou, em um cenário futuro, o próprio veículo.

Um exemplo é um recente projeto de cobrança com base na distância implementado na Bulgária, que usa pedágio em conformidade com o Serviço de Pedágio Eletrônico Europeu para veículos pesados (HGV) com base em dados de localização de diversas fontes, processados em um avançado sistema de geolocalização (Geo Location Platform) para calcular e aplicar as tarifas dos veículos de forma precisa. Soluções de pedágio baseadas GNSS já estão em operação na também na Alemanha, Eslováquia, Hungria, Bélgica, Rússia, República Tcheca e Bulgária.

Esses tipos de sistemas podem suportar modelos de pedágio inovadores, como cobrança por usuário (RUC, do inglês: Road User Charging), ou as chamadas "zonas de baixas emissões", que podem aplicar tarifas mais justas baseadas na distância aos veículos ou níveis de emissão. Isso não apenas melhora a experiência do usuário da estrada, mas também pode ajudar as autoridades a gerenciar a transição para veículos elétricos, ou uma redução das receitas dos impostos sobre combustíveis.

Considerando a multiplicidade de projetos exitosos e a evolução do uso da tecnologia, se conclui que os sistemas de pedágio *free flow* oferecem total confiabilidade e um potencial para distintas aplicações. À medida que a tecnologia evolui, começa a oferecer ferramentas mais inovadoras para melhorar a mobilidade e a sustentabilidade nas operações viárias urbanas e interurbanas em todo o mundo.

Informação bibliográfica deste texto, conforme a NBR 6023:2018 da Associação Brasileira de Normas Técnicas (ABNT):

WIEDMAIER, Carlos; MIRÓ, Antonio Carlos. A experiência da Kapsch com a tecnologia de pedágio *free flow* e as tendências para o futuro. *In*: FAJARDO, Gabriel; SAMPAIO, Guilherme Theo (coord.). Free flow *em concessões de rodovias*. Belo Horizonte: Fórum, 2024. p. 237-254. ISBN 978-65-5518-724-3.

FREE FLOW: RUMO A UMA MOBILIDADE CONVENIENTE E SUSTENTÁVEL NO BRASIL

ANDRÉ TURQUETTO

Nos últimos anos, o setor de mobilidade no Brasil tem passado por uma transformação impulsionada pelos avanços tecnológicos e pela busca por deslocamentos mais eficientes, seguros e convenientes. Surgiram aplicativos de transporte compartilhado, o desenvolvimento e a adoção de veículos elétricos para reduzir emissões de carbono e melhorar a segurança nas estradas, e a integração de tecnologias como inteligência artificial, Internet das Coisas (IoT) e análise de dados, permitindo soluções mais inteligentes e eficientes. Nesse contexto, o conceito de *free flow* emerge como uma solução transformadora na experiência dos usuários de rodovias, não apenas simplificando o tráfego, mas também trazendo benefícios econômicos, sociais e ambientais.

Países desenvolvidos como Estados Unidos, Suécia, Noruega e Singapura já operam modelos de *free flow* em suas rodovias há décadas, demonstrando o potencial e os benefícios dessa tecnologia em todo o mundo. Na América Latina, o Chile foi pioneiro ao adotar o sistema em suas rodovias há quase 20 anos e, por isso, é considerado um *benchmark* para a expansão do modelo em território brasileiro. Essas experiências internacionais bem-sucedidas, ainda que tenham culturas e normas distintas, ressaltam a viabilidade e os benefícios do *free flow*, encorajando sua implementação em outras regiões.

No Brasil, a modalidade tem provado sua eficiência. Em operação há pouco mais de um ano, foi implantado de forma pioneira pela concessionária CCR RioSP, no trecho da Rio-Santos (BR-101) que liga

Ubatuba (SP) à cidade do Rio de Janeiro (RJ). Em caráter de *sandbox* regulatório (ambiente regulatório experimental), dados positivos têm sido reportados, concretizando a expectativa otimista que se tinha desse modelo, além de sinalizarem desafios a serem superados, entre eles questões envolvendo inadimplência no pagamento de tarifas. Mesmo com os desafios, a satisfação com o projeto é unânime e a concessionária prevê a expansão do *free flow* em outras rodovias, como a Presidente Dutra (BR-116), no trecho de Guarulhos (SP), em meados de 2025.

A segunda operação a ter início no país foi proporcionada pela implantação do sistema pela concessionária Caminhos da Serra Gaúcha (CSG) responsável pelo Bloco 3 do plano de Concessão de Rodovias no estado do Rio Grande do Sul, localizadas na Serra Gaúcha e Vale do Caí. Ao todo, foram instalados seis pórticos e o primeiro começou a funcionar em dezembro de 2023, na ERS-122, em local próximo à praça física que existia no município de Flores da Cunha, apresentando resultados favoráveis e suficientes para confirmar que a tecnologia de passagem livre em pedágios é um modelo que "veio para ficar" no Brasil.

Ambas as experiências refletem o aprendizado mais que esperado em qualquer cenário de inovação tecnológica e o enorme potencial de crescimento no país, uma vez que há mais de 30 projetos de concessão previstos pelo governo federal para os próximos 3 anos e, portanto, uma previsão de dobrar a malha rodoviária concedida nesse período, passando de 25 mil km para mais de 50 mil km. Essas novas concessões preveem a implementação do sistema *free flow*, bem como descontos proporcionais por trechos, que deverão ser incorporados ao longo dos próximos anos de forma gradual.

1 Uso de *tags* será impulsionado pelo *free flow*

Ainda que as discussões sobre o tema, o estabelecimento de normas e regras e as iniciativas do setor para que o *free flow* avance no Brasil estejam caminhando a passos largos, a expansão da tecnologia esbarra em alguns pontos-chave que merecem ser debatidos amplamente e serão mencionados a seguir. A Associação Brasileira das Empresas de Pagamento Automático para Mobilidade (Abepam), entidade que reúne as principais empresas do setor – ConectCar, Taggy (GreenPass), Move Mais, Sem Parar e Veloe –, criada com a missão de contribuir com a agenda pública de mobilidade do país, tem atuado de forma contundente e colaborativa nesse debate.

Desde sua fundação, em 2021, a Abepam vem se estabelecendo como protagonista na evolução da experiência de pagamento automático de mobilidade e na disseminação do uso de *tags* como solução de pagamento, além de colaborar de forma propositiva com a criação de normas e documentos que influenciam positivamente em importantes discussões em curso, como o regimento para a implementação do *free flow* no Brasil.

Nesse período, a associação obteve importantes conquistas para o setor de mobilidade e contribuiu de forma ativa na elaboração de documentos e estudos fundamentais para a construção das atuais políticas públicas envolvendo a ampliação do uso da tecnologia de fluxo livre, e prossegue na estreita colaboração com autoridades governamentais e agências reguladoras, visando transferir conhecimento e experiência acumulados pelas empresas associadas.

Atualmente, existem mais de 60 milhões de veículos leves no Brasil para mais de 12 milhões de *tags* instaladas, ou seja, uma penetração de aproximadamente 20% do setor. Com a expansão do modelo de concessões, e consequentemente do *free flow*, cerca de 20 milhões de veículos poderão contar com os benefícios das *tags* nos próximos 2 ou 3 anos.

2 A importância da interoperabilidade no avanço do *free flow* no Brasil

Para que o *free flow* avance no Brasil, a Abepam entende que um dos pontos-chave é a interoperabilidade. A capacidade de os sistemas de pagamento automático estarem integrados de forma transparente, permitindo uma experiência contínua para os usuários, é preponderante para que a tecnologia seja escalada nos próximos anos. Na visão da Abepam, o verdadeiro potencial do *free flow* reside na universalidade desse conceito. Os motoristas desejam simplificar suas vidas e o carro torna-se, cada vez mais, um instrumento não apenas de locomoção, mas também de transação, já que preferem ter suas aplicações de pagamento em poucos lugares.

As Administradoras de Meios de Pagamento para Arrecadação de Pedágio (AMAPs) associadas à Abepam já estão à frente nesse aspecto, proporcionando não apenas a interoperabilidade nacional entre os sistemas de pedágio, mas também integrando outros serviços de mobilidade. Desde o pagamento de pedágios até o abastecimento de combustível e o pagamento de refeições e estacionamentos, o veículo se torna uma espécie de carteira móvel, oferecendo uma gama diversificada de serviços que aumentam a comodidade para os usuários.

Além disso, é crucial compreender que o *free flow* não se limita apenas aos pedágios sem cancelas. Embora a eliminação das barreiras físicas seja uma faceta importante, esse conceito transcende as concessões rodoviárias. Estacionamentos, sistemas de *drive-thru*, lava-rápidos, postos de combustíveis e outros serviços de mobilidade também podem se beneficiar da abordagem ainda mais livre de fricções, ou frenagens, melhorando a fluidez nesses serviços e proporcionando uma experiência mais agradável e conveniente aos usuários.

Outro aspecto importante da interoperabilidade refere-se ao fato de que os indivíduos conviverão por um bom tempo com pistas manuais, automáticas e pórticos de livre passagem e, portanto, é preciso zelar pela melhor experiência desses usuários nas vias, eliminando a necessidade de acesso a vários ambientes para realizar as transações devidas.

Nesse sentido, as AMAPs têm vantagem competitiva absoluta, porque já garantem a interoperabilidade, a integração entre os sistemas e as concessões rodoviárias, além de terem a capacidade tecnológica – seja por meio de *tag* (RFID) ou leitura da placa – para identificar um veículo e efetuar toda a transação de forma eletrônica, além de endereçar os valores correspondentes às concessionárias e órgãos, similar a um correspondente bancário, principalmente à medida que o sistema *free flow* evolua por rodovias interestaduais com concessões diferentes e o tarifário proporcional por quilômetro rodado seja adotado, como propõe a modalidade de passagem livre. A leitura de placa, no entanto, exige um longo processo de identificação do condutor, tentativas de cobranças e possíveis penalidades.

Portanto, na visão da Abepam, o conceito do *free flow* vai além das barreiras dos pedágios, abrangendo também áreas como estacionamentos, que adotam a livre passagem, tornando o trânsito mais fluído. Qualquer obstáculo ao pagamento, como cancelas em pedágios, é considerado uma forma de maior fricção como foi mencionado. As AMAPs entendem que o conceito do *free flow* se tornará mais abrangente, englobando soluções de pagamento de refeições através do veículo, abastecimento de combustível sem paradas e outras iniciativas que envolvem o uso do automóvel. Essa abordagem ampliada do *free flow* promete tornar grande parte das interações com o veículo mais simples e eficientes.

Em um cenário onde a fluidez e a praticidade são imperativos para a mobilidade, a Abepam ressalta a interoperabilidade como pedra fundamental para o avanço do *free flow* no Brasil. A visão da Abepam sobre a universalidade desse conceito é clara: os motoristas almejam simplificar suas vidas, transformando o veículo não apenas em um meio de locomoção, mas também em uma carteira móvel, abrangendo uma diversidade de serviços. Em suma, a integração e a tecnologia são essenciais para pavimentar o caminho rumo a uma experiência de mobilidade verdadeiramente fluida e conveniente para os usuários nas vias brasileiras.

3 Incentivos financeiros: repensando benefícios em tarifas para expandir a inovação

Um dos principais desafios na promoção do *free flow* é expandir a adoção da tecnologia pelos usuários. É possível afirmar que o sistema ainda está dando seus primeiros passos no Brasil e, à medida que os motoristas obtenham cada vez mais conhecimento acerca da nova tecnologia, a adesão aos meios de pagamento automático aumentará. Em 2023, as associadas da Abepam registraram um crescimento de 33% – de 9 para 12 milhões – no número de veículos que utilizam as *tags* e esse resultado também é creditado ao entendimento em relação aos seus benefícios em rodovias com o *free flow*. Atualmente, 20% da frota de veículos leves utiliza *tag*.

Isso posto, outro ponto-chave relacionado ao tema central deste livro refere-se à necessidade de uma diferenciação tarifária como incentivo financeiro para quem utiliza *tag*, atualmente insuficiente no Brasil. Existem exemplos já implementados nas concessões rodoviárias em todo o país: o Desconto de Usuário Frequente (DUF), um sistema que reduz o valor da tarifa por viagem para usuários que utilizam frequentemente a via, podendo chegar a descontos consideráveis, de até 90% em algumas rodovias, e o Desconto Básico de Tarifa (DBT), adotado em algumas concessões para os usuários que optam por utilizar uma *tag* para transitar, proporcionando um desconto automático de 5%. Em comparação com outros países, no entanto, onde os níveis de incentivo são significativamente mais altos, fica evidente a necessidade de políticas mais robustas para promover a adesão ao pagamento automático.

A Abepam defende uma revisão desses incentivos, visando torná-los mais atrativos aos usuários. Um levantamento da associação estima que o desconto ideal seria em torno de 20%, ou seja, até quatro vezes mais do que é praticado atualmente. Esse incentivo maior não apenas estimularia a migração para sistemas de pagamento mais eficientes, como aumentaria a segurança, simplificaria o processo de cobrança e contribuiria para a redução dos congestionamentos nas praças de pedágio de maneira geral, melhorando a eficiência do sistema como um todo. No caso do *free flow*, em que uma das bases desse modelo é a utilização de forma de pagamento automático, os ganhos podem ser ainda maiores, visto que a *tag* é o meio de pagamento mais eficaz também para reduzir índices de inadimplência efetiva.

Para efeito de comparação, um relatório técnico elaborado, em 2022, por um grupo de trabalho da Abepam, com objetivo de contribuir com a regulamentação do *free flow*, mostrou que os descontos praticados nas rodovias norte-americanas são relevantes, no caso daqueles motoristas que optam pelo pré-pagamento ou pelo pagamento automático em relação ao pagamento pós. Em se tratando do Chile, onde há previsão de aumento de 100% na tarifa para quem não usa *tag* (equivalente a um desconto de 50% para quem usa), a diferenciação tarifária é também significativa. Com isso, é possível concluir que os esforços para que os usuários utilizem os métodos de pagamento mais eficientes (menos custosos, menor evasão e inadimplência e melhor experiência do usuário) são claros nas referências internacionais consideradas.

Portanto, oferecer incentivos financeiros, como descontos maiores aos motoristas que utilizam *tag*, não apenas reconhece sua contribuição para a eficiência do sistema, mas também incentiva mais pessoas a adotarem essa tecnologia, promovendo ainda mais benefícios para toda a sociedade.

4 Vantagens do *free flow*: de redução de tempo ao cuidado com o meio ambiente

As vantagens do *free flow* vão muito além da conveniência para os usuários e são pontos importantes para impulsionar o modelo no país: de redução de tempo, por conta da fluidez do trajeto, a redução do gasto de combustível e, consequentemente, da emissão de CO^2. Para os transportadores de cargas e frotistas, por exemplo, os benefícios são ainda mais significativos, ao isentar, por completo, os motoristas da necessidade de frenagem e retomada de velocidade e impactando positivamente no negócio de transporte de cargas.

A hipótese de que praças de pedágios contribuem para o aumento do tempo de viagem, do consumo de combustível e da emissão de poluentes foi constatada em um estudo realizado pelo engenheiro Gustavo Siqueira Alvarenga em sua dissertação de mestrado em Engenharia Mecânica, na Escola de Engenharia de São Carlos, da Universidade de São Paulo, em 2010. Na simulação realizada, verificou-se que a utilização do sistema de cobrança eletrônica através da identificação em passagem livre proporcionou uma redução de aproximadamente 73% do tempo necessário para cruzar uma praça de pedágio no local do estudo, e, de combustível, redução de até 89% no consumo, a depender da categoria do caminhão e do tamanho da fila de espera no atendimento manual.

Do ponto de vista ambiental, a passagem livre desempenha um papel importante na redução das emissões de poluentes. Ao extinguir os congestionamentos e otimizar o fluxo de veículos, o sistema contribui para a melhoria da qualidade do ar e para a mitigação das mudanças climáticas, promovendo um futuro mais sustentável para as gerações futuras. O estudo do engenheiro avaliou que as emissões de CO^2 de um caminhão poderiam ser reduzidas em 21% no período de um ano em comparação com a cobrança manual.

5 Conclusão

Em última análise, o avanço do *free flow* no Brasil não é apenas uma questão de conveniência ou eficiência, mas uma necessidade imperativa para o futuro sustentável da mobilidade no país. Com uma abordagem que prioriza a interoperabilidade, oferece incentivos financeiros atrativos e reconhece as vantagens substanciais desse modelo, o Brasil está pavimentando o caminho para uma experiência de mobilidade verdadeiramente fluida e sustentável para todos os seus cidadãos. O momento é de aproveitar as oportunidades oferecidas pelo *free flow* e transformar positivamente o cenário da mobilidade no país.

Como representantes do setor de pagamento automático para mobilidade, a Abepam mantém seu compromisso de colaboração com o governo, órgãos reguladores, concessionárias e outras partes interessadas para tornar o *free flow* uma realidade em todo o país. Juntos, podemos construir um futuro em que as viagens nas rodovias sejam mais convenientes, econômicas e amigáveis ao meio ambiente, beneficiando a todos os brasileiros.

Informação bibliográfica deste texto, conforme a NBR 6023:2018 da Associação Brasileira de Normas Técnicas (ABNT):

TURQUETTO, André. *Free flow*: rumo a uma mobilidade conveniente e sustentável no Brasil. *In*: FAJARDO, Gabriel; SAMPAIO, Guilherme Theo (coord.). *Free flow em concessões de rodovias*. Belo Horizonte: Fórum, 2024. p. 255-262. ISBN 978-65-5518-724-3.

A EXPERIÊNCIA CHILENA COM O *FREE FLOW*: LIÇÕES PARA O BRASIL[1]

PABLO PEREIRA DOS SANTOS
RODRIGO ROSA DA SILVA CRUVINEL

1 Introdução

Primeiro de dezembro de 2004 foi um marco no Programa de Concessões Viárias chileno. Nesse dia, a concessionária Autopista Central começou a operação parcial do primeiro sistema de cobrança automática de pedágio em fluxo livre da América Latina, ou *free flow*.[2] A concessão foi a primeira a ser adjudicada em setembro de 2000 no âmbito do programa de concessões rodoviárias urbanas chileno. A Autopista Central conta com 2 eixos paralelos que cortam a capital Santiago de norte a sul: Norte-Sul (40 km) e General Velásquez (21 km). Vinte anos depois, o sistema de vias expressas urbanas da Região Metropolitana de Santiago abrange oito concessões que somam 201 km operando pelo sistema *free flow*, dos quais somente 8 km ainda se encontram em construção. A expansão do sistema para as vias interurbanas teve início em 2018 com o programa Chile Sin Barreras, que prevê a transição

---

[1] Os autores agradecem as contribuições de Juan Eduardo Chackiel e Bruno Carnelosso por sua ajuda na compreensão das taxas de inadimplência e os mecanismos contratuais para sua compensação.

[2] COSTANERA NORTE. *Memoria Anual 2022*. Santiago: Sociedad Concesionaria Costanera Norte S.A., 2022. Disponível em: https://web.costaneranorte.cl/memorias/CN-memoria-2022.pdf. Acesso em: 9 jan. 2023.

gradual de praças de pedágios tradicionais por pórticos de *free flow*,[3] Atualmente, o sistema opera em todas as rodovias urbanas e de forma híbrida em oito das vinte e uma concessões interurbanas em operação.

Esse longo histórico e avançado estágio de desenvolvimento do *free flow* no Chile despertaram grande interesse por parte de especialistas dos setores público e privado brasileiro que se intensificou com início da expansão do sistema no Brasil em rodovias estaduais e federais. As concessões chilenas têm sido objeto de inúmeras visitas por especialistas brasileiros. No entanto, as informações compiladas em essas visitas e possíveis lições para o Brasil ainda não foram documentadas. Buscamos, com este artigo, suprir parte dessa lacuna.

No exercício de se identificar lições da experiência chilena que podem ser aplicadas ao Brasil há algumas diferenças importantes a serem consideradas. Gostaríamos de destacar duas. Primeiro, as rodovias chilenas que operam totalmente em *free flow* são urbanas, enquanto no Brasil o sistema está sendo adotado em rodovias interurbanas. Conforme veremos, ainda que as concessões rodoviárias urbanas tenham muito a nos ensinar, o balanço de custos e benefícios entre um caso e outro é distinto. Ademais, no Chile a adoção do *free flow* em rodovias interurbanas é relativamente recente e está sendo implantado lado a lado aos pedágios tradicionais de forma paulatina. No Brasil, a diretriz para as concessões federais é de transição para um sistema de cobrança cem por cento *free flow* em até cinco anos.[4]

Uma segunda diferença está relacionada ao tipo de problema que a adoção do *free flow* busca endereçar. A gênese da implantação e ampliação do sistema nas concessões chilenas está associada à busca por soluções de melhora na fluidez do tráfego e redução de congestionamentos urbanos, principalmente na região metropolitana de Santiago que concentra cerca de 40% da população do país. Essa mesma justificativa está presente na expansão do sistema para vias interurbanas.

---

[3] CHILE. Ministerio de Obras Públicas. Parte Programa Chile Sin Barreras, que reemplazará casetas de peajes por sistema de flujo libre en rutas interurbanas. *MOP*, Santiago, 15 mayo 2018. Disponível em: https://www.mop.gob.cl/parte-programa-chile-sin-barreras-que-reemplazara-casetas-de-peajes-por-sistema-de-flujo-libre-en-rutas-interurbanas/ Acesso em: 30 dez. 2023.

[4] BRASIL. Ministério dos Transportes. Nova política de concessões vai impulsionar investimentos, garantir obras e prever tarifas justas. *Gov.br*, Brasília, DF, 15 jun. 2023. Disponível em: https://www.gov.br/transportes/pt-br/assuntos/noticias/2023/06/nova-politica-de-concessoes-vai-impulsionar-investimentos-garantir-obras-e-prever-tarifas-justas. Acesso em: 30 dez. 2023.

Já a motivação inicial das autoridades federais brasileiras parece ser a busca por maior equidade tarifária.[5] O custo relativamente baixo de instalação e operação de pórticos em relação às tradicionais praças de pedágio facilita a implantação de mais pontos de cobrança. Assim, a tecnologia permite que os usuários paguem proporcionalmente ao trecho percorrido.

É certo que a adoção do *free flow* traz muitos outros benefícios além da maior equidade tarifária e melhora da fluidez do tráfego, entre eles a redução dos impactos socioambientais. O fluxo livre de veículos reduz os tempos de viagem, o consumo de combustível e, portanto, implica menores emissões de carbono. Uma segunda dimensão é a menor necessidade de desapropriação de áreas para a construção de praças de pedágio.

O principal desafio imposto pelo *free flow* é o maior nível de inadimplência em relação ao sistema de cobrança tradicional. A existência de uma barreira física onde o usuário deve pagar o pedágio antes de seguir viagem limita a possibilidade de não pagamento à fuga por rotas alternativas ou contornos às praças de pedágio. No caso do *free flow* existe a possibilidade de inadimplemento pois a cobrança se materializa após a passagem do veículo. Esse risco é minimizado pelo uso do transponder, ou *tag*, associado a meios de pagamento automáticos pós ou pré-pagos. Por outro lado, a fuga pode ser minimizada pela introdução de mais pontos de cobrança. No Chile, cada passagem pelos pórticos gera uma fatura que é incorporada à conta vinculada à *tag* que deve ser paga posteriormente na sua data de vencimento. Os usuários sem *tag* têm sua placa identificada por meio de tecnologia OCR e recebem a cobrança diretamente em seu endereço de correspondência.

Como tratar a inadimplência e mitigar seus efeitos em um sistema de cobrança *free flow* à luz da experiência chilena é o principal foco desse artigo. Esse é um tema que tem sido objeto de intensas discussões entre o Ministério dos Transportes (MT), a Agência Nacional de Transportes (ANTT), a Infra S.A. e os estruturadores dos estudos de viabilidade das novas concessões rodoviárias no Brasil, como o Banco Interamericano de Desenvolvimento (BID). Há uma grande incerteza com relação a

---

[5] Essa é uma leitura dos autores do anúncio oficial do governo de junho de 2023 que menciona "tarifas justas de pedágio", mas não faz referência explícita à motivação para introduzir a obrigatoriedade do *free flow*. No anúncio, a modicidade tarifária é associada à possibilidade de aportes em forma de contraprestação. Como veremos, o *free flow* não necessariamente possibilita menores tarifas de pedágio.

quais níveis de inadimplência devem ser considerados na modelagem financeira tendo em vista o histórico recente de implantação do sistema no Brasil. Se bem que o Ambiente Regulatório Experimental (*sandbox regulatório*) da BR-101[6] tem provido insumos importantes, os dados disponíveis remontam a menos de um ano. Ademais, as características de tráfego e operacionais dessa via não são necessariamente as mesmas que se observam nas próximas concessões rodoviárias federais.

O estudo do caso do Chile com sua experiência de quase vinte anos com o *free flow* em concessões rodoviárias fornece insumos importantes ao debate no Brasil. Mas aqui também há pontos de atenção. A experiência chilena é mais ampla nas concessões viárias urbanas. A introdução do sistema de cobrança nas rodovias interurbanas é relativamente recente e tem sido adotado de forma paulatina, com um período de cobrança híbrida com praças de pedágio tradicionais. Na conclusão, buscaremos resumir as principais lições da experiência chilena e indicar quais caminhos devem ser adotados no programa concessões rodoviárias brasileiro para garantir os objetivos do governo de equidade e modicidade tarifária e garantir a atratividade das concessões aos potenciais investidores.

2 O que é *free flow*?

O sistema *free flow*, ou Sistema de Rodovia de Pedágio Aberto Eletrônico, é um método cuja cobrança de pedágio é realizada com o auxílio de equipamentos eletrônicos de maneira automatizada, sem a necessidade de que o usuário pare em alguma praça de pedágio ou que altere as condições de tráfego, como redução de velocidade, para que realize o pagamento. O termo *free flow* vem sendo utilizado em diversos países da América Latina, como o Chile e o Brasil, como uma forma de tipificar e simplificar a compreensão desse método de cobrança. Na literatura internacional, essa tecnologia é chamada de Electronic Open-Road Tolling, uma evolução da Electronic Toll Collection (ETC), que é a adoção de mecanismos de pagamentos eletrônicos automatizados de pedágio.

---

[6] BRASIL. Agência Nacional de Transportes Terrestres (ANTT). ANTT e CCR RioSP (BR-101) iniciam a implantação de cobrança de pedágio eletrônico (*free flow*). *Gov.br*, Brasília, DF, 20 dez. 2022. Disponível em: https://www.gov.br/antt/pt-br/assuntos/ultimas-noticias/antt-e-ccr-riosp-iniciam-a-implantacao-do-primeiro-sistema-free-flow-em-rodovias-federais. Acesso em: 9 jan. 2023.

A proposição do estabelecimento de um pedágio eletrônico advém da década de 1950, quando o economista e ganhador do prêmio Nobel de Economia, William Vickey, propôs a sua adoção como uma forma de gerenciar congestionamentos na região metropolitana de Washington, EUA.[7]

A efetiva primeira implementação do ETC somente ocorreu três décadas mais tarde, no final da década de 1980, quando foi implementada em Alesun, Noruega, um primeiro sistema de pagamento eletrônico de pedágio que funcionava de maneira conjunta com pedágios tradicionais.[8] Ainda no final da década de 1980, o uso dessa tecnologia se expandiu, com a implementação da primeira rodovia com pagamento eletrônico de pedágio nos Estados Unidos, pela North Texas Tollway Authority.

Ao longo da década de 1990, inúmeros entes buscaram a adoção de ETCs, de maneira conjunta com a presença de praças de pedágio tradicionais, como o estado da Flórida nos EUA,[9] Portugal e Turquia.[10] Portugal se destaca como um dos primeiros países da Europa a adotar esse mecanismo em suas rodovias pedagiadas, associado com o conceito de arquitetura de pedágio fechado[11] (isto é, obrigando os usuários a sempre passarem por pontos de cobrança de pedágio quando da entrada e saída da rodovia).

Em 1997, foi implementada na província de Otário no Canadá a primeira rodovia tipo Electronic Open-Road Tolling com cobrança totalmente eletrônica de pedágio, sem a existência de praças de pedágio, a 407 Express Toll Route (Ontario Highway 407).[12] E ao longo da

---

[7] CONFEDERAÇÃO NACIONAL DOS TRANSPORTES (CNT). Novas tecnologias de pagamento de pedágio. *In:* CNT. Informe *Transporte em movimento*. Brasília, DF: CNT, jun. 2020. Disponível em:https://cdn.cnt.org.br/diretorioVirtualPrd/bf8665da-3e39-45cf-9fbd-2dbbafc9ddd4.pdf. Acesso em: 30 dez.

[8] CONFEDERAÇÃO NACIONAL DOS TRANSPORTES (CNT). Novas tecnologias de pagamento de pedágio. *In:* CNT. Informe *Transporte em movimento*. Brasília, DF: CNT, jun. 2020. Disponível em:https://cdn.cnt.org.br/diretorioVirtualPrd/bf8665da-3e39-45cf-9fbd-2dbbafc9ddd4.pdf. Acesso em: 30 dez. 2023.

[9] TEXAS A&M TRANSPORTATION INSTITUTE. *Electronic Toll Collection Systems*. [S. l.]: [s. n.], 2023.

[10] EUROPEAN UNION. 4icom – Steer Davies Gleave. Study on "State of the Art of Electronic Road Tolling". MOVE/D3/2014-259, [S. l.], 2015.

[11] EUROPEAN UNION. 4icom – Steer Davies Gleave. Study on "State of the Art of Electronic Road Tolling". MOVE/D3/2014-259, [S. l.], 2015.

[12] CONFEDERAÇÃO NACIONAL DOS TRANSPORTES (CNT). Novas tecnologias de pagamento de pedágio. *In:* CNT. Informe *Transporte em movimento*. Brasília, DF: CNT, jun. 2020. Disponível em:https://cdn.cnt.org.br/diretorioVirtualPrd/bf8665da-3e39-45cf-9fbd-2dbbafc9ddd4.pdf. Acesso em: 30 dez. 2023.

década de 2000, houve uma ampla adoção dessa tecnologia em distintos países, como Estados Unidos,[13] França, Suécia, entre outros.[14]

O principal motivo que levou ao desenvolvimento tanto da cobrança eletrônica de pedágio, quanto do pedágio aberto eletrônico, é a busca por mitigar congestionamentos, já que a cobrança eletrônica evita a necessidade de que os usuários parem para realizar pagamentos, aumentando a eficiência e velocidade do fluxo de tráfego nas rodovias. Estimativas do Texas A&M Transportation Institute[15] apontam que pedágios manuais permitem um fluxo de 350 veículos por hora por faixa, enquanto nas rodovias pedagiadas que adotam o ETC essa capacidade é de 1.200 veículos por hora por faixa, e naquelas que adotam o Electronic Open-Road Tollling essa capacidade sobe para 1.800 veículos por hora por faixa.

A implementação de tecnologias de pedágio automático, como o *free flow*, tem demonstrado benefícios significativos em diversos aspectos:

1) *Segurança viária*: a introdução dessas tecnologias não apenas agiliza o processo de cobrança, mas também contribui para um ambiente rodoviário mais seguro. A eliminação das praças de pedágio físicas reduz a probabilidade de acidentes, evitando colisões diretas nas estruturas e impactos com veículos em espera.[16]

2) *Sustentabilidade ambiental*: além da segurança, o *free flow* promove melhorias ambientais notáveis. O fluxo contínuo de tráfego resulta em redução de emissões de gases poluentes e de efeito estufa. Estimativas apontam que a adoção do *free flow* leva a uma redução de um terço das emissões de monóxido de carbono (CO) e compostos orgânicos voláteis para veículos leves, enquanto para veículos pesados há uma redução de dois terços nas emissões de óxido de nitrogênio (NOx) e material particulado fino (PM2.5).[17]

---

[13] TEXAS A&M TRANSPORTATION INSTITUTE. *Electronic Toll Collection Systems*. [S. l.]: [s. n.], 2023.

[14] EUROPEAN UNION. *4icom* – Steer Davies Gleave. Study on "State of the Art of Electronic Road Tolling". MOVE/D3/2014-259, [S. l.], 2015.

[15] TEXAS A&M TRANSPORTATION INSTITUTE. *Electronic Toll Collection Systems*. [S. l.]: [s. n.], 2023.

[16] ALI M. *Evaluation and Modeling of the Safety of Open Road Tollin System*. [S. l.]: [s. n.], 2013.

[17] EIBERT, A. et al. *Estimating Emission Benefits of Electronic Open-Road Tolling Conversion Projects*. [S. l.]: [s. n.], 2022.

3) *Impacto socioambiental reduzido*: a ausência de praças de pedágio físicas preserva áreas que, de outra forma, seriam impactadas pela construção dessas infraestruturas, minimizando o impacto socioambiental do empreendimento.

4) *Eficiência operacional e redução de custos*: a automação do pagamento de pedágio não apenas simplifica a gestão de ativos e operações rodoviárias, mas também resulta em redução substancial dos custos operacionais. Estudos indicam uma diminuição significativa dos custos operacionais com mão de obra para a coleta de tarifas de pedágio dos concessionários de rodovias, da ordem de 32% para aquelas concessionárias que adotam tecnologias automatizadas de pagamento.[18] Ademais, a automatização de pagamentos reduz o fluxo de dinheiro em espécie, consequentemente reduzindo a estrutura operacional associada, mitigando riscos de assaltos e proporcionando mudanças na quantidade e perfis dos profissionais necessários à manutenção e operação da concessão.

5) *Flexibilidade em políticas tarifárias*: a facilidade proporcionada pela automação permite a implementação de políticas tarifárias diferenciadas, como tarifas dinâmicas, ajustadas às necessidades dos operadores ou entidades públicas, e a aplicação de tarifas por tipo de usuário.

6) *Redução de custos logísticos*: a eliminação de filas e paradas em praças de pedágio resulta em menor tempo de viagem, reduzindo os custos operacionais dos veículos. Estima-se uma redução em aproximadamente um quarto no consumo energético para veículos leves[19] e um custo por transação de US$ 0,20 para aquelas concessionárias que adotam o *free flow*, *abaixo do valor de US$0,50 médios por transação para os processos de coleta de pedágio realizados manualmente*.[20]

---

[18] OPEN Opportunity – A global benchmark of toll operator efficiency. *KPMG*, [S. l.], 9 ago. 2019. Disponível em: https://kpmg.com/br/pt/home/insights/2019/08/open%20opportunity.html. Acesso em: 9 jan. 2023.

[19] EIBERT, A. et al. *Estimating Emission Benefits of Electronic Open-Road Tolling Conversion Projects*. [S. l.]: [s. n.], 2022.

[20] KPMG. Open Opportunity – A global benchmark of toll operator efficiency. [S. l.]: [s. n.], 2018.

3 Infraestrutura tecnológica

A tecnologia para a cobrança eletrônica de pedágio pode variar e incluir diferentes tipos, tais como:[21]

1) Comunicação por Rádio de Curto Alcance (DSRC):
   - funciona por meio de comunicação bidirecional por rádio entre um equipamento fixo na rodovia e um equipamento móvel no veículo.
2) Identificação por Radiofrequência (RFID):
   - utiliza ondas de rádio para identificar automaticamente *tags* nos veículos, por meio de antenas ao longo das vias;
   - opera como o DSRC, mas com frequência menor e sem comunicação bidirecional.
3) Sistema de Posicionamento Global (GNSS):
   - baseado no GPS e sinais de telefonia celular (especialmente GSM) para detectar a posição do veículo na rodovia.
   - requer a instalação de equipamento no veículo para coletar informações para a cobrança do pedágio.
4) Tacógrafo:
   - utiliza mecanismos eletrônicos nos hodômetros dos veículos para identificar a distância percorrida, informando aos operadores rodoviários para cobrança de pedágio.
5) Reconhecimento Óptico de Caracteres (OCR):
   - usa equipamentos de videodetecção para identificar a placa do veículo e enviar a cobrança de pedágio com base em registros de propriedade veicular.
6) *Smartphones* ou dispositivos móveis:
   - em fase de desenvolvimento, utiliza rede celular e/ou comunicação por dados para detectar o veículo na via e permitir a cobrança do pedágio.

A definição do padrão tecnológico e suas características operacionais é crucial para estabelecer um sistema interoperável entre diferentes operadores de concessões rodoviárias. Isso é especialmente relevante em regiões com tráfego internacional, como na União Europeia, onde países podem adotar tecnologias distintas, ou em países como os Estados

---

[21] EUROPEAN UNION. *4icom* – Steer Davies Gleave. Study on "State of the Art of Electronic Road Tolling". MOVE/D3/2014-259, [*S. l.*], 2015.

Unidos, onde os padrões são estabelecidos individualmente por cada estado, sem um padrão nacional.[22]

No caso do Chile, é obrigatório que todos os usuários que utilizem vias em que se operem um sistema eletrônico de tarifas ou pedágios, tenham um dispositivo eletrônico habilitado que permitam sua cobrança,[23] sob pena de multa para aqueles usuários de vias pedagiadas com pagamento automático que não tiverem um meio de pagamento válido.

O país optou por utilizar a tecnologia baseado no DSRC para cobrança de pedágio, por meio de equipamentos chamados no país de *tag*. Tal tecnologia, além de identificar o veículo para futura cobrança de pedágio quando este passa por antenas instaladas ao longo das vias, permite que as operadoras de rodovias comuniquem com os usuários, por meio de *bips*, informações relativas a operação daquele veículo na via: (i) um bip, cobrança do pedágio ao passar por antenas, sem preocupações adicionais; (ii) dois bips, significa que a conta possui pendência de pagamentos; (iii) três ou quatro bips, significa que o dispositivo está mal instalado ou que está passando por um processo de verificação, e; (iv) não emite bip, requer assistência para checar o estado do dispositivo.[24]

As *tags* são obtidas pelos usuários junto as concessionárias de rodovias, seja presencialmente em escritórios das concessionárias ou por meio de página web. Todas as *tags* emitidas no Chile são interoperáveis entre as distintas concessionárias de rodovias que operam no país. Os custos para emissão das *tags* é cobrado dos usuários quando do momento de sua adoção, e é realizada a cobrança de valores mensais dos usuários a título de aluguel da *tag*.

Ressalta-se que as *tags* são vinculadas aos veículos (leves, pesados e motocicletas), e ao usuário que o dirige. Isso significa que, quando da venda do veículo, é necessário que o usuário devolva a *tag* do veículo para a operadora que efetuará sua baixa. O custo da devolução é alocado ao usuário que a está desativando. Em caso de necessidade de

---

[22] EUROPEAN UNION. *4icom* – Steer Davies Gleave. Study on "State of the Art of Electronic Road Tolling". MOVE/D3/2014-259, [S. l.], 2015.

[23] CHILE. Superintendencia de Seguridad Social. Ley 18.290, artículo 114. *SISS*, [S. l.], [2023]. Disponível em: https://www.suseso.cl/612/w3-propertyvalue-99786.html#:~:text=Art%C3%ADculo%20114.,desconocimiento%20o%20incumplimiento%20de%20ellas. Acesso em: 9 jan. 2023.

[24] CONOCE los sonidos de tu TAG. *Sociedad Concesionaria Costanera Norte S.A.*, [S. l.], [2023]. Acesso em: 29 dez. 2023.

substituição, também é cobrando uma taxa do usuário pela devolução e o envio de novo equipamento.[25]

Com relação ao pagamento dos pedágios pelos usuários, este não é único. Cada concessionária emite uma fatura para pagamento relativo aos trechos transitados pelos usuários em suas vias no período de um mês, e que devem ser pagos pelos usuários. Aqueles grupos concessionários que operam mais de uma rodovia concedida, quando do envio da fatura, podem agrupar as cobranças de distintas vias operadas pelo seu grupo em uma única fatura, como forma de facilitar a gestão do processo de pagamento pelos entes envolvidos. Exemplos desse são o Autopase, que reúne as concessionárias Autopista Central, Autopista Los Libertadores, Ruta 68 e Autopista del Sol, e o Grupo Costanera, que reúne as concessionárias Autopista Nororiente e Vespúcio Sur.[26]

No caso do Brasil, a tecnologia adotada no país utiliza o RFID, em que são instaladas nos veículos *tags* unidirecionais, que permitem a leitura e futura cobrança dos usuários por meio de antenas localizadas ao longo das vias concedidas. As cobranças por meio de *tags* somente podem ser realizadas para veículos leves e pesados, não se aplicando a motocicletas (que não podem usar *tags*).

O sistema de cobrança automatizada é realizado por empresas privadas, que exploram o serviço. Regulamentos em nível federal garantem a interoperabilidade do sistema de cobrança automática nas vias pedagiadas federais. Para as vias sob o gerenciamento dos estados, estes possuem regulamentações próprias, porém, de maneira geral, há uma busca pela padronização de requerimentos técnicos com vistas a interoperabilidade entre os sistemas adotados, tanto considerando aqueles regulamentos estabelecidos a nível federal,[27] como aqueles

---

[25] PRECIO de servicios. *Autopase*, [S. l.], [2023]. Disponível em: https://www.autopase.cl/tarifa/otras/tem. Acesso em: 29 dez. 2023.

[26] LIRA, G. Trânsito sin TAG por las autopistas concessionadas: ¿Qué hacer? *Autofact*, [S. l.], 10 ene. 2023. Disponível em: https://www.autofact.cl/blog/mi-auto/tag/transito-sin-tag#:~:text=Las%20alternativas%20que%20tienes%20para,Individual%20por%20Autopista%2C%20cuando%20aplica. Acesso em: 11 mar. 2024.

[27] BRASIL. Ministério dos Transportes. Agência Nacional de Transportes Terrestres. *Resolução ANTT nº 4.281, de 17 de fevereiro de 2014*. Dispõe sobre as normas para padronização, implementação e operação do sistema de arrecadação eletrônica de pedágio nas rodovias reguladas pela ANTT. Brasília, DF: Ministério dos Transportes. Agência Nacional de Transportes Terrestres, 2014. Disponível em: http://www.cnttt.org.br/wp-content/uploads/2014/02/RESOLU%C3%87%C3%83O-N%C2%BA-4.281-DE-17-DE-FEVEREIRO-DE-2014-ANTT.pdf. Acesso em: 11 mar. 2024.

estabelecidos a nível estadual, em especial por regramentos do Estado de São Paulo.[28]

Pela legislação atualmente existente no país, não é obrigatório que o usuário da via tenha uma *tag* para utilizar as vias pedagiadas. Na via federal em que foi implementada o regime *free flow* no país, a BR-101/RJ/SP (Rio-Santos), os pagamentos podem ser realizados por diversos meios disponibilizados pela concessionária aos usuários, como: *tags*, boletos bancários e pix, entre outros.

A gestão das *tags* e os processos de pagamento no Brasil são realizadas por empresas intituladas de Operadoras de Sistema de Arrecadação (OSA). Essas empresas são responsáveis por realizar a emissão de *tags* para os usuários das vias e por intermediar o processo de cobrança das tarifas de pedágio do usuário das vias para as concessionárias de rodovias.

No que se refere ao processo de pagamento dos valores cobrados pelas OSAs dos usuários pelo uso das *tags*, estas funcionam por meio de pagamentos prévios, cujas principais estratégias comerciais de pagamento se baseiam em:

(i) um requerimento da OSA de um cadastro de um meio de pagamento automático (ex. cartão de crédito), com o depósito de valores para sua operação inicial, e a realização de débitos automáticos quando do atingimento na conta de um valor mínimo estabelecido pelo usuário (ex: sempre quando a conta possuir menos que R$30,00 é realizado um depósito automático no valor de R$50,00 por meio do cartão de crédito cadastrado).

(ii) Pré-pago, com o depósito de valores pelo usuário na conta.

Pelo atual modelo de OSAs adotado no Brasil, o risco de não pagamento de pedágio por um usuário de *tag* está totalmente alocado a OSA. Isto é, no caso de um usuário da rodovia com *tag* ativa não pagar a tarifa de pedágio, a OSA deve pagar a concessionária pela tarifa de pedágio devida pelo usuário, e faz parte do risco do negócio da OSA em realizar as devidas gestões para cobrar do usuário a tarifa de pedágio devida.

---

[28] Resolução SLT nº 14, de 4 de novembro de 2011.

As OSAs podem ou não cobrar dos usuários taxas relativas a ativação ou manutenção mensal dos serviços, a depender da estratégia comercial adotada por estas. Destaca-se que, mais recentemente, as OSAs vêm realizando parcerias com instituições financeiras que operam no Brasil, para a disponibilização aos clientes dos bancos parceiros acesso facilitado a *tags* (como pela não cobrança de tarifa de manutenção mensal pelo uso de *tags*). Alguns exemplos de parcerias são: o Banco Santander, que possui uma parceria com a Sem Parar; o Banco do Brasil, que possui parceria com a Veloe; o Banco Itaú, que possui parceria com a Connect Car.

A automatização do processo de cobrança traz potenciais ganhos operacionais para o concessionário, já que este permite um maior fluxo de veículos em uma mesma infraestrutura disponível (quando comparada com praças de pedágio tradicionais).[29] Além disso, com cada vez mais presença de elementos de TI nas operações, trazidos pelo *free flow* e por outras tecnologias (como a pesagem em movimento), está levando a uma mudança do perfil requerido para as posições no setor de concessão de rodovias, com uma tendência do incremento da qualificação requerida da mão de obra empregada. Essa mudança tende a levar a um aumento salarial médio pago pelo setor (que notadamente atualmente possui elevada quantidade de posições de menores qualificações, em especial para operacionalizar as cobranças manuais nas praças de pedágio), além de trazer desafios para atração de profissionais qualificados e a manutenção da atualização tecnológica.

A adoção do *free flow* requer elevados investimentos em Tecnologia da Informação (TI) por parte das concessionárias, tanto para a sua implantação quanto para a sua operação, em todos os seus níveis. E por consequência, também requer do ente regulador uma robusta estrutura em TI, seja de infraestrutura, software ou de pessoal, para poder receber, tratar, auditar e monitorar as informações recebidas das concessionárias.

4 Evolução do *free flow* no Chile

A década de 1990 foi marcada por um período de estabilidade e prosperidade econômica sem precedentes no Chile. A taxa média de

---

[29] TEXAS A&M TRANSPORTATION INSTITUTE. Electronic Toll Collection Systems. [*S. l.*]: [*s. n.*], 2023.

crescimento do PIB foi de 6,5%, a maior de sua história, enquanto a inflação caiu à metade em relação a observada na década de 1980 (Animat, 2000).[30] Os padrões de vida e consumo da população se elevaram consideravelmente o que se refletiu em uma pressão sem precedentes na infraestrutura do país. Os moradores de Santiago passaram a conviver com congestionamentos severos e frequentes. A capital necessitava de investimentos consideráveis em vias urbanas para melhorar a fluidez do trânsito e reduzir os tempos de viagem. No entanto, o programa de estabilização econômica chileno envolvia uma política fiscal austera que deixava pouco espaço para ampliação dos investimentos públicos. Nesse contexto, as autoridades chilenas optaram por um modelo de concessão, cujos pedágios financiariam a construção e operação por trinta anos de uma rede de vias expressas cobrindo toda a região metropolitana de Santiago.[31]

O primeiro contrato de concessão rodoviária urbana foi adjudicado em 14 de setembro de 2000 por um prazo de 30 anos. A Autopista Central é a concessão rodoviária urbana mais antiga, mais extensa e de maior volume de tráfego do Chile. A ela somaram-se nos 2 anos seguintes mais 3 concessões: Vespucio Sur, que administra o trecho sul de 24 km do rodoanel Américo Vespúcio; Vespucio Norte, operadora de 23 km do trecho norte do rodoanel, e; Constanera Norte responsável pelo tramo leste-oeste com 42,7 km. Essas 4 concessões respondem por 95% do fluxo e 78% da extensão total de 201 km das 8 concessões rodoviárias urbanas atualmente em operação na região metropolitana de Santiago.

Mais de 10 anos depois, concluiu-se a licitação do trecho chamado Américo Vespucio Oriente (AVO), divido em duas concessões: AVO1, com 9,1 km parte elevados e parte em túnel inaugurados em julho de 2022, e AVO2, com 5,2 km subterrâneos, cujas obras devem estar concluídas em 2028, finalizando assim o círculo completo do anel viário Américo Vespucio.[32]

---

[30] ANINAT, E. Chile in the 1990s: Embracing Development Opportunities. *Finance & Development*, [S. l.], p. 19-22, Mar. 2000. Disponível em: https://www.imf.org/external/pubs/ft/fandd/2000/03/pdf/aninat.pdf. Acesso em: 29 dez. 2023.

[31] VASSALO, M. *et al*. Urban Toll Highway Concession System in Santiago, Chile: Lessons Learned After 15 Years. *Journal of Infrastructure Systems*, [S. l.], n. 26, n. 2, 2020.

[32] CHILE. Ministério de Obras Públicas. Conozca los detalles de la nueva Autopista Américo Vespucio Oriente 2. *Gob.cl*, Santiago, 28 dic. 2023. Disponível em: https://www.gob.cl/noticias/conozca-los-detalles-de-la-nueva-autopista-americo-vespucio-oriente-2/. Acesso em: 30 dez. 2023.

Tabela 1 - Chile: concessões rodoviárias urbanas em operação com *free flow*

Concessão	Acionistas	País[1]	Extensão (km)	Prazo (anos)	Início da Concessão (mês/ano)	Fluxo[2] (2023; milhões)	Pedágio[3] (US$/km)
Autopista Central	Abertis	ESP	61.9	30	jul/2001	579.8	0.1036
Vespucio Sur	Mundys (50%) CPP Investment Board (50%)	ITA CAN	23.5	30	dez/2002	317.7	0.1002
Vespucio Norte	Globalvia (34%) Infraestructura Alpha (33%) Apoquindo (33%)	ESP CHL CHL	28.5	30	abr/2003	289.9	0.1002
Costanera Norte	Mundys (50%) CPP Investment Board (50%)	ITA CAN	42.8	30	jul/2003	357.9	0.1064
Acceso Nororiente a Santiago	Mundys (50%) CPP Investment Board (50%)	ITA CAN	21.5	40 ou VPI ⩾ ITC	jan/2004	14.9	0.3617 [4]
Túnel San Cristóbal	Globalvia (34%) Infraestructura Alpha (33%) Apoquindo (33%)	ESP CHL CHL	4.1	32.5	fev/2005	21.1	0.1376
Acceso Vial Aeropuerto	Mundys (50%) CPP Investment Board (50%)	ITA CAN	10*	40 ou VPI ⩾ ITC	set/2008	12.1	0.3742 [5]
Américo Vespucio Oriente (AVO1)	Aleática (51%) Sacyr (49%)	ESP ESP	9.1	45 ou VPI ⩾ ITC	mar/2014	35.0	0.2267

Fonte: Elaboração dos autores.

Notas:
VPI: Valor Presente nos Ingressos; ITC: Ingressos Totais da Concessão.
*2,3 km em operação e 7,7 km em construção.
1. País sede dos acionistas: ESP – Espanha; ITA – Itália; CAN – Canadá; CHI – Chile.
2. Transações por ponto de cobrança de 2023.
3. Tarifa-base com cobrança por *tag* categoria 1 (veículos leves e motos) vigente em 2024.
Valores em pesos chilenos convertidos em dólares à taxa de 930,78 (31/01/2024).
Tarifa horário de pico: tarifa-base x 2; tarifa de saturação: tarifa base x 3.
4. Tarifa pico equivale a 1,5 x tarifa-base. Não há tarifa de congestionamento. Motocicletas têm desconto de 70% da tarifa-base.
5. Sistema híbrido de cobrança. Pedágio com pagamento manual equivalente a 2 x tarifa-base.

À exceção do acesso viário ao Aeroporto Internacional Arturo Merino Benitez, que possui a opção de pagamento manual, o sistema de concessões rodoviárias urbanas da Região Metropolitana de Santiago opera 100% em *free flow*. É o único sistema de vias expressas urbanas do mundo em regime de concessão e é o maior sistema com uso de *tag* totalmente interoperável entre as concessionárias.[33] A introdução do

---

[33] VASSALO, M. *et al*. Urban Toll Highway Concession System in Santiago, Chile: Lessons Learned After 15 Years. *Journal of Infrastructure Systems*, [S. l.], n. 26, n. 2, 2020.

sistema *free flow* teve como principal objetivo melhorar a fluidez do tráfego e reduzir os tempos de viagem dos usuários. O uso de praças de pedágios tradicionais, ou mesmo um sistema de cobrança automática *stop and go*, em vias expressas urbanas de alto volume de tráfego não atenderia a esses objetivos.

4.1 Estrutura tarifária das vias urbanas

As tarifas de pedágio são estabelecias por categoria de veículo, dia e horário de passagem pelas vias, e nível de saturação. São 4 as categorias de veículos: categoria 1) automóveis e camionetes; categoria 2) ônibus e caminhões; categoria 3) caminhões com reboque; categoria 4) motos e motonetas. As categorias 1 e 4 são comumente agregadas, pois não se diferencia as tarifas de pedágio de veículos leves e motos, exceto na concessão Acceso Nororiente a Santiago, em que os usuários de motos têm um desconto de 70% em relação à tarifa de pedágio da categoria 1.

Enquanto ao horário são três as categorias de tarifas de pedágio: tarifa base, tarifa horário de pico e tarifa de saturação. A Tabela 2 traz como exemplo a estrutura tarifária da Autopista Central. A tarifa de horário de pico corresponde a duas vezes a tarifa base e varia conforme a concessão, o pórtico e o dia da semana. Em geral se aplica entre as 7 horas e 30 minutos e as 9 horas e 30 minutos e entre as 17 horas 30 minutos e 19 horas e 30 minutos, de segunda à sexta, mas também pode incidir em distintos horários nos finais de semana e feriados.[34] Já a tarifa de saturação é de três vezes a tarifa base e se aplica quando a velocidade média da via fica abaixo de 50 km/h.[35] Funciona, portanto, como uma espécie de pedágio dinâmico que aumenta conforme o volume de tráfego.

---

[34] As tabelas de tarifa com o detalhamento de horários e trechos podem ser acessadas em: CHILE. Ministerio de Obras Públicas. Dirección General de Concesiones. Valores de Peajes y Pórticos 2024. *MOP*, [*S. l.*], [2024]. Disponível em: https://concesiones.mop.gob.cl/peajesporticos/Paginas/valores.aspx. Acesso em: 11 mar. 2024.

[35] Não há tarifas de saturação nas concessões Acceso Vial Aeropuerto e Américo Vespúcio Oriente (AVO1).

Tabela 2 - Autopista Central: estrutura tarifária (janeiro de 2024)

Categoria	Tarifa base (US$/km)[1]	Horário de pico (US$/km)[1]	Saturação[2] (US$/km)[1]	Infratores[3] (US$)[1]	Passe diário[4] (US$)[1]
1 e 4 - Veículos leves e motos	0,10	0,21	0,31	11,39	13,05
2 - Ônibus e caminhões	0,21	0,41	0,62	22,79	27,88
3 - Caminhões com reboque	0,31	0,62	0,93	34,19	27,88

Fonte: Elaboração dos autores.

Notas:
1. Valores em pesos chilenos convertidos em dólares à taxa de 930,78 (31/01/2024).
2. Aplicar-se quando a velocidade média do trecho é inferior a 50 km/h.
3. Usuários que circulem sem *tag* habilitada ou passe diário. O não pagamento em até 30 dias a partir da data de circulação implica cobrança de multas e penalidades previstas no art. 114 da Lei nº 18.290 (Lei de Trânsito), além da cobrança da tarifa devida com multa e juros de mora.
4. Permite que os usuários que não possuam *tag* habilitada circulem por um dia nas rodovias urbanas concessionadas de Santiago, com exceção das vias Acceso Nororiente e AVO1.

O modelo regulatório para vias urbanas adota uma abordagem de cobrança de pedágio que considera diversas variáveis, como distância percorrida, tipo de veículo, hora do dia e direção do tráfego.[36] Essa estratégia permite a aplicação de tarifas diferenciadas durante os períodos de maior volume de tráfego, influenciando usuários sensíveis a preço e aliviando a pressão na infraestrutura durante as horas de pico, especialmente em áreas urbanas.

Essa flexibilidade no modelo de cobrança desempenha um papel crucial no gerenciamento do tráfego urbano, contribuindo para reduzir a demanda nas horas de maior congestionamento. Além disso, ao aplicar tarifas mais altas durante os horários de pico, o sistema gera receitas adicionais, melhorando as perspectivas de retorno do investimento para o parceiro privado. Essa abordagem pode, portanto, prolongar a vida útil da capacidade das vias existentes, adiando a necessidade de investimentos significativos para atender ao aumento da demanda.

As tarifas por quilômetro se aplicam aos usuários com *tag*. Segundo a lei de trânsito chilena, a passagem pelas rodovias urbanas sem o dispositivo ou outro meio de pagamento é ilegal.[37] Assim, os

---

[36] VASSALO, M. *et al*. Urban Toll Highway Concession System in Santiago, Chile: Lessons Learned After 15 Years. *Journal of Infrastructure Systems*, [S. l.], n. 26, n. 2, 2020.

[37] O art. 114 da Lei nº 18.290 (Lei de Trânsito) estipula: "Nas vias públicas onde opere sistema eletrônico de cobrança de tarifas ou pedágios, apenas poderão circular veículos que estejam

usuários eventuais ou sem *tag* habilitada têm a opção de comprar um passe diário que lhes dá o direito de transitar livremente por várias concessões urbanas por um dia a um preço fixo (Tabela 2). O passe diário pode ser comprado antecipadamente ou pago em até 30 dias da data de circulação. Caso contrário, o usuário é considerado infrator estando sujeito à tarifa mais multa e juros de mora. A multa por não pagamento de pedágio equivale a 1 UTM (Unidade de Tributária Mensal), cerca de US$70,00 à taxa de 31 de janeiro de 2024.

A Lei de Concessões chilena dá às concessionárias o poder de cobrar judicialmente os pedágios não pagos.[38] Sobre os valores devidos incidem juros, correção monetária e multa, além da multa de trânsito cuja cobrança corre pelas vias administrativas governamentais. Assim, as penalidades por não pagamento de pedágio são bastante severas. A passagem por um único pórtico sem pagamento pode levar a uma dívida de aproximadamente US$140,00, mais juros e correção monetária.

4.2 Inadimplência

Cerca de 88% das receitas tarifárias das rodovias urbanas provêm de usuários com *tag* habilitada (Tabela 3). Esses números são publicados nos balanços anuais das concessionárias disponíveis na *internet*.[39] As receitas tarifárias desses usuários variam sensivelmente de concessão a concessão. Observa-se o menor percentual na Autopista Central (73,3%), que, por sua vez, é a concessão de maior fluxo de tráfego, o que leva para baixo a média de receitas tarifárias com *tag* do sistema de concessões rodoviárias urbanas. Nas demais concessões, o percentual das receitas com *tag* varia entre 94% e 99%.

---

equipados com um dispositivo eletrônico habilitado ou outro sistema complementar que permita a cobrança."

[38] Art. 42 da Lei de Concessões: "Quando o usuário de obra dada em concessão não cumprir com o pagamento de sua tarifa ou pedágio, a concessionária poderá cobrá-lo judicialmente, reajustado pela variação do Índice de Preços ao Consumidor, acrescidos dos juros máximos convencionais e custas." O mesmo artigo prevê que a multa pode chegar a cinco vezes o valor devido ou a quinze vezes em caso de reincidência.

[39] Os balanços financeiros podem ser acessados nos respectivos sites das concessionárias, no site da Direção Geral de Concessões do Ministério de Obras Públicas em ou na página da Comissão para o Mercado Financeiro (CMF) em https://www.cmfchile.cl/portal/principal/613/w3-propertyname-815.html. Acesso em: 11 mar. 2023.

Tabela 3 - Chile: receitas por meio de pagamento e taxa de inadimplência dos usuários com *tag* habilitada em concessões viárias urbanas (2022) – percentual das receitas tarifárias

Concessão	Tag	Infratores[1]	Passe Diário[2]	Inadimplência Tag[3]
Autopista Central	73,3	22,9	3,8	4,7
Vespucio Sur	98,5	0,2	1,2	7,7
Vespucio Norte	94,3	3,6	2,1	8,9
Costanera Norte	97,8	0,6	1,6	3,9
Acceso Nororiente a Santiago	99,7	0,0	0,3	3,4
Túnel San Cristóbal	94,9	3,4	1,7	6,2
Acceso Vial Aeropuerto	98,6	0,6	0,8	8,0
Média (ponderada pelo fluxo)	88,4	9,2	2,4	5,9

Fonte: Elaboração dos autores, a partir da análise dos balanços financeiros das concessionárias.

Notas:
1. Usuários que circulem sem *tag* habilitada ou passe diário. O não pagamento em até 30 dias implica cobrança de multas e penalidades previstas no art. 114 da Lei nº 18.290 (Lei de Trânsito), além de cobrança de tarifa de vida com multa e juros de mora.
2. Permite que os usuários que não possuam *tag* habilitada circulem por um dia nas rodovias urbanas concessionadas de Santiago, com exceção das vias Acceso Nororiente e AVO1.
3. Créditos não recuperados após 365 dias em relação à receita tarifária de usuários com *tag* habilitada estimada com base em dados históricos.

Não está claro porque se observa uma variação tão significativa. Os balanços das concessionárias não oferecem muitas explicações. Aparentemente, o perfil de tráfego da via influencia a taxa de inadimplência e a proporção de usuários com *tag*. As notas dos demonstrativos financeiros de 2022 da Autopista Central[40] indicam que a inadimplência entre os usuários pessoas jurídicas com *tag* habilitada é de 1,9%, enquanto a de pessoas físicas é de 6,4%. No caso das motocicletas, 70% são classificadas como "infratoras", ou seja, sem *tag* habilitada. Assim, as vias com maior proporção de usuários pessoas físicas e de motocicletas tendem a sofrer uma taxa de inadimplência mais alta e uma menor proporção de receitas tarifárias por *tag*.

A alta taxa de adesão média à *tag* deve-se ao robusto arcabouço legal chileno, associado a medidas como a doação sem custo do *tag* e a

---

[40] CHILE. Ministerio de Obras Públicas. Dirección General de Concesiones. Estados Financieros 2022 – Sociedad Concesionaria Autopista Central S.A. *MOP*, [*S. l.*], [2024].

interoperabilidade dos sistemas das concessionárias. A responsabilidade pela comercialização, operação e cobrança da *tag* é das concessionárias, e cada qual desenvolveu o seu próprio sistema. A integração dos distintos sistemas permite que se trafegue por todas as vias com *free flow* usando a mesma *tag* e foi fundamental no sucesso do modelo chileno.

Por outro lado, há dois desafios a serem superados. A fragmentação de sistemas faz com que cada passagem pelos pórticos gere uma fatura a ser paga, tipicamente, no final do mês. Isso representa um custo para o usuário porque tem que pagar diversas faturas,[41] muito embora haja serviços que reduzam esse custo como débito automático bancário e extratos mensais consolidados.

O sistema de pós-pagamento traz um segundo desafio que é a inadimplência. Por meio de notas em seus balanços anuais as concessionárias divulgam os percentuais de créditos não recuperados de seus clientes que usam *tag*. Esses números para o ano de 2022 estão compilados na tabela 3. Os pedágios não pagos são provisionados e caso não sejam recuperados em 365 dias são considerados créditos incobráveis e contabilizados como perda. Conforme indicado na Tabela 3, em 2022 a taxa média de inadimplência das rodovias urbanas foi de 5,9%.

Já a inadimplência entre os usuários "infratores" não é evidente segundo análise dos balanços das empresas, pois nem todas divulgam esse número. O balanço de 2022 da concessionária Costanera Norte lança luz sobre essa questão.[42] A inadimplência total que inclui os pedágios cobrados por *tag* mais a dos "infratores" é estimada em 5%. A inadimplência desse grupo está entre 73% e 75%, mas, como as receitas desses últimos representam um percentual reduzido das receitas tarifárias, o impacto na inadimplência total é limitado. Não é possível extrapolar a taxa de inadimplência dos "infratores" para todo o sistema de concessões rodoviárias urbanas, mas pode-se inferir que é bastante elevada. Supondo que esteja em torno de 50%, a taxa total de inadimplência estaria na vizinhança de 10,5% (5,9% dos usuários com *tag* habilitada + 4,5% de "infratores").

---

[41] VASSALO, M. *et al*. Urban Toll Highway Concession System in Santiago, Chile: Lessons Learned After 15 Years. *Journal of Infrastructure Systems*, [S. l.], n. 26, n. 2, 2020.

[42] COSTANERA NORTE. *Memoria Anual 2022*. Santiago: Sociedad Concesionaria Costanera Norte S.A., 2022. Disponível em: https://web.costaneranorte.cl/memorias/CN-memoria-2022.pdf. Acesso em: 9 jan. 2023.

4.3 Alocação e mitigação do risco de inadimplência

As concessões chilenas são reconhecidas por uma adequada alocação e mitigação de riscos. Um dos princípios é que os riscos inerentes ao projeto sejam distribuídos entre as partes e assignados a quem melhor puder controlá-los e mitigá-los.[43] No caso do risco de inadimplência, que está associado ao risco de demanda, ele pode ser alocado inteiramente ao privado ou compartilhado com o setor público. Nesse último caso, são dois os mecanismos relevantes de mitigação: a receita mínima garantida (Ingresos Mínimos Garantizados – IMG) e a licitação pelo mínimo valor presente das receitas da concessão (Mínimo Valor Presente de los Ingresos – MVPI).

O IMG é contingente e se ativa quando as receitas anuais do concessionário são inferiores a um determinado nível estabelecido em contrato. Quando isso acontece, o poder concedente, por meio do Ministério de Obras Públicas, compensa o concessionário com pagamentos equivalentes ao hiato de receitas. O mecanismo é simétrico. Portanto, quando as receitas reais superam um limite estabelecido em contrato o excedente deve ser compartilhado com o poder concedente.[44]

Pelo esquema de MVPI, também chamado de Ingresos Totales de la Concesión (ITC), a taxa de desconto e o nível tarifário são fixados no edital de licitação. O contrato é outorgado ao licitante que ofertar o menor valor presente das receitas tarifárias.[45] O contrato de concessão vencerá quando o valor presente das receitas da concessão alcançar o valor presente do lance vencedor. Assim, no caso de uma frustação da demanda o prazo do contrato se amplia automaticamente; caso contrário, o prazo se reduz. Por essa razão que os contratos licitados pelo MVPI são também conhecidos como contratos com prazo variável

Nem todos os contratos possuem esses mecanismos de compartilhamento de risco de demanda. No caso da alocação e mitigação do

---

[43] CHILE. Ministério de Obras Públicas. *Concessiones de Obras Públicas em Chile: 20 años*. [S. l.]: CCOP-MOP, 2016. Disponível em: https://concesiones.mop.gob.cl/Documents/libro-Concesiones_obras-publicas-chile-20.pdf. Acesso em: 11 mar. 2024.

[44] CHILE. Ministério de Obras Públicas. *Concessiones de Obras Públicas em Chile: 20 años*. [S. l.]: CCOP-MOP2016. Disponível em: https://concesiones.mop.gob.cl/Documents/libro-Concesiones_obras-publicas-chile-20.pdf. Acesso em: 11 mar. 2024.

[45] CHILE. Ministério de Obras Públicas. *Concessiones de Obras Públicas em Chile: 20 años*. [S. l.]: CCOP-MOP2016. Disponível em: https://concesiones.mop.gob.cl/Documents/libro-Concesiones_obras-publicas-chile-20.pdf. Acesso em: 11 mar. 2024.

risco de inadimplência, os contratos de concessão que incorporam o *free flow* desde sua origem apresentam os seguintes cenários:[46]

1) *Contratos por prazo determinado (risco alocado ao concessionário)*
   a. As ofertas dos licitantes devem considerar uma avaliação do risco de inadimplência.
   b. Nas concessões urbanas as concessionárias provisionam inadimplência com base em seu histórico, conforme descrito anteriormente.
2) *Contratos com prazo variável utilizando o mecanismo MVPI (risco compartilhado)*
   a. Os licitantes devem incorporar risco de inadimplência no valor do seu lance.
   b. A inadimplência é compensada indiretamente pela extensão do prazo do contrato.
3) *Contratos que inicialmente não incluíam o* free flow *e foram posteriormente modificados para incorporá-lo*
   a. Compensação dos novos investimentos e custos associados com aumento do prazo da concessão.
   b. Na análise para extensão do prazo, considera-se uma penalização ao rendimento devido à inadimplência esperada, baseando-se geralmente nas informações publicadas nos balanços das concessionárias.
   c. Compensação dos novos investimentos e custos associados por meio de uma conta de compensação a uma taxa de juro acordada ou licitada.

4.4 Vias interurbanas

Desde 2018 o governo do Chile, por meio do Programa Chile Sin Barreras, vem fomentando a adoção de mecanismos eletrônicos de pagamento nas rodovias interurbanas do país, como uma forma de se ter menores tempos de deslocamentos no país e reduzir eventuais congestionamentos, em especial durante feriados. A implantação desse programa vem se dando de maneira paulatina, com cronogramas de implantação variável por postos de pedágio em rodovias já concedidas. Como estratégia de operacionalização, o programa estimula a adoção

---

[46] Devemos a Juan Eduardo Checkiel, da Direção-Geral de Concessões do Ministério de Obras Públicas do Chile, a explicação desses cenários.

em sua etapa inicial de ETC associados com praças de pedágio já existentes (chamados de *stop and go*), para posterior adoção do *free flow*.[47]

O Ministério de Obras Públicas do Chile estima ganhos da ordem de 10 minutos por praça de pedágio em feriados quando da implementação do *free flow* na Ruta 78, em 2019,[48] e espera ganhos da ordem de 50 minutos na Autopista Acceso Sur de Santiago, gerenciada pela concessionária Ruta del Maipo, que está em implementação e com conclusão prevista para 2024.[49]

No que diz respeito à inadimplência, as taxas obtidas pela análise do balanço das empresas são bastante similares. Enquanto nas rodovias urbanas variam entre 3,4% a 8,9% sobre a receita total de pedágio para clientes que usam *tag*, nas rodovias urbanas a taxa média é de 6,76% para usuários que utilizam *tag*.[50] No caso dos usuários "infratores" os balanços das concessionárias Sociedad Concessionaria Autopistas Rutas del Pacífico S.A. e Sociedad Concesionaria Los Libertadores S.A. mencionam que o valor médio histórico da taxa de inadimplência é de 68%.

Uma diferença importante entre as vias urbanas e interurbanas está no mecanismo de compensação da inadimplência. Um aditivo ao contrato da concessão da Ruta del Maipo, prevê, por conta da adoção do *free flow*, a compensação pelo poder concedente das dívidas incobráveis passados 15 meses.[51]

---

[47] CHILE. Ministerio de Obras Públicas. Ministro Moreno anuncia extensión de "Chile sin Barreras" para rutas entre la Región de Valparaíso y Chillán durante 2022. MOP, [*S. l.*], 9 mar. 2022. Acessado em: 3 jan. 2024.

[48] CHILE. Ministerio de Obras Públicas. Ministro de Obras Públicas da inicio a sistema *free flow* en Ruta 78. MOP, [*S. l.*], 1 set. 2019. Acesso em: 3 jan. 2024.

[49] CHILE. Ministerio de Obras Públicas. MOP suscribe acuerdo con Ruta del Maipo y Municipio de Puente Alto para instalar sistema *free flow* en autopista Acceso Sur en 2024. MOP, [*S. l.*], 11/ dic. 2023. Acesso em: 1 jan. 2024.

[50] Média das três concessões interurbanas para há dados disponíveis em seus balanços. A Sociedad Concessionaria Autopistas Rutas del Pacífico S.A. (Ruta 68 - Interconexión Vial Santiago – Valparaíso – Viña del Mar) e a Sociedad Concesionaria Los Libertadores S.A. (Ruta 57 – Santiago – Colina – Los Andes) mencionam experiência histórica de não pagamento 5,25% da arrecadação sobre usuários com contratos *tag*. A Ruta del Maipo Sociedad Concesionaria S.A. (Ruta 5 – Santigao – Talca – Acceso Sur a Santiago) realiza provisão em seu balanço de valores para cobertura de não-pagamentos de pedágio. Realizando um cálculo considerando a previsão de diferença da provisão de dívida pela receita dos serviços de operação estima-se uma taxa de inadimplência de 9,78%.

[51] RUTA del Maipo. Estados Financieros 31 de diciembre 2023 y 2022. Santiago: [*s. n.*], [2022]. Disponível em: https://rutamaipo.cl/wp-content/uploads/sites/5/2024/03/Estados-Financieros-Ruta-del-Maipo-31.12.2023.pdf. Acesso em: 11 mar. 2024.

5 Impactos econômico-financeiros

A adoção do *free flow* traz algumas implicações econômico-financeiras para as concessões rodoviárias. Por um lado, a sua adoção mitiga alguns dos riscos, como aqueles relacionados a perdas advindas de roubos e assaltos a praças de pedágio (ademais de eliminar praticamente toda a estrutura necessária para lidar com dinheiro em espécie), por outro potencializa um risco que era minimizado quando da existência de praças de pedágio: o risco de inadimplência.

A existência de praças de pedágio e de cancelas atuam como uma barreira física que tornam claro ao usuário a necessidade da realização de pagamentos de pedágio para o uso das vias, ademais de atuarem como inibidores de evasão, por dificultar a passagem de veículos sem pagamento.

Além disso, a possibilidade de pagamentos em dinheiro nas cabines de pedágio oferece a possibilidade de acesso imediato aos recursos financeiros pelas concessionárias. O uso de meios de pagamento ETC usualmente requerem, pelas OSAs, um prazo entre o processamento das passagens e o efetivo pagamento das tarifas dos pedágios para as concessionárias, que podem chegar a até 60 dias.

A transição para o *free flow* implica custos adicionais para as concessionárias que não estão presentes na cobrança manual. Alguns desses custos incluem:

- A necessidade de criar uma área para a validação manual de cobranças não realizadas de forma automática. Isso requer a criação de um *backup* para verificação e validação manual nos casos em que a transação não é cobrada automaticamente, como quando a placa do veículo está obstruída, não instalada, pertence a um veículo estrangeiro ou quando ocorre alguma falha técnica. Essa infraestrutura exige uma área dedicada nas concessionárias, com infraestrutura e profissionais treinados exclusivamente para essa atividade.
- Maior capital de giro necessário por parte das concessionárias. Como a cobrança manual resulta em um pagamento imediato da tarifa, a concessionária tem acesso imediato aos recursos pagos pelo usuário. No entanto, com o pagamento automático, os recursos são recebidos por uma empresa gestora de pagamento, que realiza todo o processo de recebimento e processamento antes de repassar os valores à concessionária.

Isso implica maiores requisitos de capital de giro para as concessionárias, além de um período de tempo variável entre o recebimento pela empresa de pagamento e o repasse efetivo à concessionária, dependendo das negociações individuais.

- Elevados custos associados à comunicação com os usuários sobre a existência de débitos em aberto. A cobrança eletrônica permite o pagamento posterior das tarifas de pedágio para usuários sem *tag*, exigindo que as concessionárias realizem uma série de gestões para informar aos usuários sobre seus débitos e incentivá-los a efetuar o pagamento.

Além disso, há a necessidade de alocar o risco de inadimplência em cenários nos quais os usuários, mesmo diante de cobranças administrativas, extrajudiciais e/ou judiciais, não efetuam o pagamento ou demoram consideravelmente para fazê-lo. No caso chileno, para as concessionárias que adotam o *free flow*, o gerenciamento do risco de inadimplência ocorre conforme cenários distintos:

- Para contratos com prazo de concessão fixo, as concessionárias assumem o risco de inadimplência, realizando provisões para cobertura com base em estimativas históricas de inadimplência;
- Para contratos com prazo de concessão variável, nos quais as receitas contabilizadas na conta ITC correspondem às receitas acumuladas, as concessionárias assumem o risco de inadimplência;
- Para contratos com prazo de concessão variável, nos quais as receitas contabilizadas na conta ITC correspondem às receitas auferidas, o concessionário é compensado pelo poder concedente para cobrir as perdas decorrentes da inadimplência, mediante extensão do prazo da concessão.

Para aqueles contratos em que há a compensação do concessionário pela inadimplência, para que isso ocorra, os concessionários devem comprovar para o poder concedente que foram tomadas medidas de cobrança visando receber o débito pendente. Após essa comprovação e somente para aqueles valores pendentes que ultrapassem 450 dias de débito, são passíveis de terem os valores oriundos de inadimplência reequilibrados pelo poder concedente.

As concessionárias são livres para adotar o modelo de cobrança de tarifas de pedágio que melhor atendam às suas necessidades e que, ao mesmo tempo, possibilitem explicitar ao poder concedente os seus esforços para a realizar a cobrança da tarifa de pedágio dos usuários.

Essa gestão de pagamento requer a existência dentro das concessionárias de estrutura específica para a realização destas cobranças, como de pessoal, além do incorrimento de custos para uso de infraestrutura e meios de comunicação que possibilitam o contato com o usuário em débito (exs.: criação e acesso a bancos de dados de cadastros de usuários, envio de mensagens por e-mail, contato por telefone, WhatsApp, Telegram, SMS, contato por carta, entre outros), que possuem custos que eram praticamente inexistentes quando da cobrança manual, e que necessitam ser endereçados quando da adoção de meios de pagamentos realizados exclusivamente por ETC.

Destaca-se que quanto mais medidas sejam tomadas para a realização das cobranças, maiores são os custos que deverão ser pagos pelos usuários, levando a um potencial incremento dos valores finais a serem pagos. No caso chileno, os custos adicionais incorridos pela concessionária para a cobrança são repassados aos usuários, quando do envio da faturas.

A seguir, é descrito o mecanismo de cobrança adotado por uma das concessionárias de vias urbanas do Chile, a Autopista Vespucio Oriente (AVO), composto por quatro etapas, acionadas de maneira sucessiva somente quando os usuários sem *tag* não realizam o pagamento na respectiva etapa:[52]

1) *Etapa 1 – cobrança preventiva*: nessa fase, é emitido um boleto informando ao usuário sobre débitos pendentes junto à concessionária. O prazo para pagamento após a emissão do boleto é de 15 dias. Estima-se que aproximadamente 40% do valor total dos débitos iniciais são pagos pelos usuários com a medida tomada na etapa 1. Para clientes com grandes volumes de dívida, a concessionária realiza um processo de cobrança personalizado.

2) *Etapa 2 – cobrança extrajudicial*: após o vencimento do boleto tarifário sem o devido pagamento pelo usuário, a

---

[52] AUTOPISTA Vespucio Oriente (AVO). *Modelo de Operación Cobro de Peaje Electrónico free flow*. Apresentação em PowerPoint. [*S. l.*], out. 2023.

concessionária realiza a primeira cobrança por meio de contato telefônico, SMS e/ou e-mail, solicitando o pagamento dos valores devidos. Esse passo ocorre entre 16 a 21 dias após a emissão do boleto. Estima-se que aproximadamente 75% do valor total dos débitos são pagos pelos usuários com as medidas tomadas nas etapas 1 e 2.

3) *Etapa 3 – cobrança extrajudicial*: na ausência de pagamento da tarifa após as etapas 1 e 2 mencionadas, uma segunda cobrança é enviada ao usuário por meio de contato telefônico, SMS e/ou e-mail. Simultaneamente, é notificado ao registro de dívidas comerciais que o usuário está em débito. Este passo ocorre entre aproximadamente 30 a 70 dias após a emissão do primeiro boleto. Estima-se que aproximadamente 85% do valor total dos débitos são pagos pelos usuários com as medidas tomadas nas etapas 1, 2 e 3.

4) *Etapa 4 – cobrança judicial*: caso não ocorra o pagamento das tarifas após a realização das etapas 1, 2 e 3, a concessionária aciona o Poder Judiciário para cobrar os débitos do usuário. Esse passo ocorre aproximadamente 75 dias após a emissão do primeiro boleto e pode se prolongar por um prazo indefinido. Estima-se que aproximadamente 85% do valor total dos débitos são pagos pelos usuários com as medidas tomadas nas etapas 1, 2, 3 e 4.

6 Lições para o Brasil

1) *Risco de inadimplência*. O *free flow*, apesar de seus inúmeros benefícios, traz um desafio novo que é como lidar com a inadimplência na modelagem e na gestão dos contratos de concessão rodoviárias. A análise dos resultados financeiros das concessões urbanas chilenas indica que a taxa de inadimplência está em torno de 10%, supreendentemente elevada tendo em vista que o uso da *tag* é obrigatório e o arcabouço legal para cobrança é bastante robusto.

2) *Mitigação e alocação do risco de inadimplência*. O Chile tem uma longa tradição de compartilhamento do risco de demanda e de mecanismos de manutenção do equilíbrio econômico-financeiro dos contratos. Exemplos são a garantia de receitas mínimas (IMG) e a licitação pelo menor valor presente

das receitas da concessão (VPI) que ajusta automaticamente o prazo dos contratos no caso da frustação de receitas. Em algumas concessões interurbanas há a previsão de compensação direta dos pedágios não pagos após quinze meses. Para que o modelo de *free flow* prospere no Brasil deve-se, no mínimo, compartilhar o risco de inadimplência e estabelecer mecanismos sólidos e previsíveis de compensação pela frustação de receitas. Esse é um desafio importante, tendo em vista que tradicionalmente o risco de demanda tem sido alocado inteiramente ao concessionário e apenas recentemente mecanismos de compartilhamento foram adotados nos contratos de concessão rodoviária federais.

3) *Benchmarking do risco de inadimplência.* Infelizmente, devido a suas particularidades, as concessões chilenas não são um bom referencial para a modelagem do risco de inadimplência dos contratos de concessão rodoviárias no Brasil. No Chile o uso da *tag* é obrigatório por lei, o que leva a uma alta taxa de adesão ao dispositivo. No entanto, a *tag* não elimina o risco de inadimplência. Diferentemente do Brasil, onde as *tags* são exploradas comercialmente por uma OSA que assume o risco de não pagamento, no Chile, as *tags* são geridas pelos próprios concessionários, e o risco de não pagamento acaba recaindo sobre elas próprias. A ausência de um histórico de inadimplência no Brasil de concessões operando em *free flow* gera uma incerteza significativa nas projeções de demanda que pode resultar em baixo interesse nos novos projetos, ou mesmo em dificuldades no seu financiamento, a não ser que o risco de inadimplência seja devidamente endereçado com mecanismos sólidos e previsíveis de compensação.

4) *Melhora da fluidez e redução de congestionamentos.* A principal motivação do uso do *free flow* no Chile é a melhora no nível de serviço das concessões por meio da redução dos tempos de viagem. Esses benefícios se evidenciam naquelas vias de alto volume de tráfego, próximas a áreas urbanas densamente povoadas. Não por acaso que as concessões com amplo histórico de uso da tecnologia no Chile estão na região metropolitana de Santiago. A experiência com rodovias interurbanas é recente e o *free flow* vem sendo implementado paulatinamente nessas vias com um sistema de cobrança

híbrido, onde os pórticos operam lado a lado com as praças de pedágio tradicionais. Já no Brasil, a diretriz do governo federal de a novas concessões federais operarem cem por cento em *free flow* levará a implantação da tecnologia em vias, principalmente, interurbanas. Essa iniciativa não encontra paralelo com a experiência chilena.

5) O free flow *possibilita uma maior equidade tarifária e uma gestão mais eficiente das concessões*. A possibilidade de cobrança de pedágio segundo variáveis como distância percorrida, tipo de veículo, hora do dia e direção do tráfego, desempenha um papel importante no gerenciamento do tráfego, contribuindo para reduzir congestionamentos nos momentos de maior demanda. Além disso, possibilita que o usuário pague pelo trecho efetivamente utilizado. A possibilidade de posicionamento mais flexível dos pórticos frente a localização estática e rígida das praças de pedágio viabiliza uma maior captura de tráfego, principalmente em trechos de maior fluxo de veículos. Ao aplicar tarifas mais altas durante os horários de pico, o sistema gera receitas adicionais, melhorando as perspectivas de retorno do investimento para o concessionário.

6) *Custos financeiros* versus *benefícios econômicos*. O risco de inadimplência e seu potencial impacto negativo nas receitas das concessionárias são evidentes. No entanto, não se deve ignorar os impactos econômicos positivos, que, embora sejam difíceis de quantificar, devem ser considerados na modelagem dos projetos. O *free flow* reduz as emissões de CO_2 e de outros poluentes, como também reduz os tempos de viagem, o índice de acidentes, e o impacto socioambiental pela redução de desapropriações e de desmatamento das áreas que, de outra forma, seriam utilizadas para a construção de praças de pedágios. Esses benefícios extrapolam a área de influência dos projetos e são externalidades positivas da tecnologia que beneficiam toda a sociedade. Nesse caso, justifica-se o estabelecimento de mecanismos de compensação de perda de receita por inadimplência, sem os quais muito dificilmente a tecnologia ganhará escala no Brasil.

Referências

ALI M. *Evaluation and Modeling of the Safety of Open Road Tollin System*. [S. l.]: [s. n.], 2013.

ANINAT, E. *Chile in the 1990s*: Embracing Development Opportunities. *Finance & Development*, [S. l.], p. 19-22, Mar. 2000. Disponível em: https://www.imf.org/external/pubs/ft/fandd/2000/03/pdf/aninat.pdf. Acesso em: 29 dez. 2023.

AUTOPISTA Vespucio Oriente (AVO). Modelo de Operación Cobro de Peaje *Electrónico free flow*. Apresentação em PowerPoint. [S. l.], out. 2023.

BRASIL. Agência Nacional de Transportes Terrestres (ANTT). ANTT e CCR RioSP (BR-101) iniciam a implantação de cobrança de pedágio eletrônico *(free flow)*. *Gov.br*, Brasília, DF, 20 dez. 2022. Disponível em: https://www.gov.br/antt/pt-br/assuntos/ultimas-noticias/antt-e-ccr-riosp-iniciam-a-implantacao-do-primeiro-sistema-free-flow-em-rodovias-federais. Acesso em: 9 jan. 2023.

BRASIL. Ministério dos Transportes. Agência Nacional de Transportes Terrestres. *Resolução ANTT nº 4.281, de 17 de fevereiro de 2014*. Dispõe sobre as normas para padronização, implementação e operação do sistema de arrecadação eletrônica de pedágio nas rodovias reguladas pela ANTT. Brasília, DF: Ministério dos Transportes. Agência Nacional de Transportes Terrestres, 2014. Disponível em: http://www.cntt.org.br/wp-content/uploads/2014/02/RESOLU%C3%87%C3%83O-N%C2%BA-4.281-DE-17-DE-FEVEREIRO-DE-2014-ANTT.pdf. Acesso em: 11 mar. 2024.

BRASIL. Ministério dos Transportes. Nova política de concessões vai impulsionar investimentos, garantir obras e prever tarifas justas. *Gov.br*, Brasília, DF, 15 jun. 2023. Disponível em: https://www.gov.br/transportes/pt-br/assuntos/noticias/2023/06/nova-politica-de-concessoes-vai-impulsionar-investimentos-garantir-obras-e-prever-tarifas-justas. Acesso em: 30 dez. 2023.

CHILE. Ministério de Obras Públicas. *Concessiones de Obras Públicas em Chile*: 20 años. [S. l.]: CCOP-MOP, 2016. Disponível em: https://concesiones.mop.gob.cl/Documents/libro-Concesiones_obras-publicas-chile-20.pdf. Acesso em: 11 mar. 2024.

CHILE. Ministério de Obras Públicas. Conozca los detalles de la nueva Autopista Américo Vespucio Oriente 2. *Gob.cl*, Santiago, 28 dic. 2023. Disponível em: https://www.gob.cl/noticias/conozca-los-detalles-de-la-nueva-autopista-americo-vespucio-oriente-2/. Acesso em: 30 dez. 2023.

CHILE. Ministerio de Obras Públicas. Dirección General de Concesiones. Valores de Peajes y Pórticos 2024. *MOP*, [S. l.], [2024]. Disponível em: https://concesiones.mop.gob.cl/peajesporticos/Paginas/valores.aspx. Acesso em: 11 mar. 2024.

CHILE. Ministerio de Obras Públicas. Dirección General de Concesiones. Estados Financieros 2022 – Sociedad Concesionaria Autopista Central S.A. *MOP*, [S. l.], [2024].

CHILE. Ministerio de Obras Públicas. Ministro de Obras Públicas da inicio a sistema *free flow* en Ruta 78. *MOP*, [S. l.], 1 set. 2019. Acesso em: 3 jan. 2024.

CHILE. Ministerio de Obras Públicas. Ministro Moreno anuncia extensión de "Chile sin Barreras" para rutas entre la Región de Valparaíso y Chillán durante 2022. *MOP*, [*S. l.*], 9 mar. 2022. Acessado em: 3 jan. 2024.

CHILE. Ministerio de Obras Públicas. MOP suscribe acuerdo con Ruta del Maipo y Municipio de Puente Alto para instalar sistema *free flow* en autopista Acceso Sur en 2024. *MOP*, [*S. l.*], 11/ dic. 2023. Acesso em: 1 jan. 2024.

CHILE. Ministerio de Obras Públicas. Parte Programa Chile Sin Barreras, que reemplazará casetas de peajes por sistema de flujo libre en rutas interurbanas. *MOP*, [*S. l.*], 15 mayo 2018. Disponível em: https://www.mop.gob.cl/parte-programa-chile-sin-barreras-que-reemplazara-casetas-de-peajes-por-sistema-de-flujo-libre-en-rutas-interurbanas/ Acesso em: 30 dez. 2023.

CHILE. Superintendencia de Seguridad Social. Ley 18.290, artículo 114. *SISS*, [*S. l.*], [2023]. Disponível em: https://www.suseso.cl/612/w3-propertyvalue-99786.html#:~:text=Art%C3%ADculo%20114.,desconocimiento%20o%20incumplimiento%20de%20ellas. Acesso em: 9 jan. 2023.

CONFEDERAÇÃO NACIONAL DOS TRANSPORTES (CNT). Novas tecnologias de pagamento de pedágio. *In*: CNT. *Informe Transporte em movimento*. Brasília, DF: CNT, jun. 2020. Disponível em:https://cdn.cnt.org.br/diretorioVirtualPrd/bf8665da-3e39-45cf-9fbd-2dbbafc9ddd4.pdf. Acesso em: 30 dez. 2023.

CONOCE los sonidos de tu TAG. Sociedad Concesionaria Costanera Norte S.A., [*S. l.*], [2023]. Acesso em: 29 dez. 2023.

COSTANERA NORTE. *Memoria Anual 2022*. Santiago: Sociedad Concesionaria Costanera Norte S.A., 2022. Disponível em: https://web.costaneranorte.cl/memorias/CN-memoria-2022.pdf. Acesso em: 11 mar. 2023.

EIBERT, A. *et al. Estimating Emission Benefits of Electronic Open-Road Tolling Conversion Projects*. [*S. l.*]: [*s. n.*], 2022.

EUROPEAN UNION. *4icom* – Steer Davies Gleave. Study on "State of the Art of Electronic Road Tolling". *MOVE/D3/2014-259*, [*S. l.*], 2015.

KPMG. *Open Opportunity* – A global benchmark of toll operator efficiency. [*S. l.*]: [*s. n.*], 2018.

LIRA, G. Trânsito sin TAG por las autopistas concesionadas: ¿Qué hacer? *Autofact*, [*S. l.*], 10 ene. 2023. Disponível em: https://www.autofact.cl/blog/mi-auto/tag/transito-sin-tag#:~:text=Las%20alternativas%20que%20tienes%20para,Individual%20por%20Autopista%2C%20cuando%20aplica. Acesso em: 11 mar. 2024.

OPEN Opportunity – A global benchmark of toll operator efficiency. KPMG, [*S. l.*], 9 ago. 2019. Disponível em: https://kpmg.com/br/pt/home/insights/2019/08/open%20opportunity.html. Acesso em: 9 jan. 2023.

PRECIO de servicios. *Autopase*, [*S. l.*], [2023]. Disponível em: https://www.autopase.cl/tarifa/otras/tem. Acesso em: 29 dez. 2023.

RESOURCES descargas. *Sociedad Concesionaria Autopista Central S.A.*, [S. l.], [2024]. Disponível em: https://www.autopase.cl/resourcesdescargas/01-01-2024. Acesso em: 11 mar. 2024.

RUTA del Maipo. Estados Financieros 31 de diciembre 2023 y 2022. Santiago: [s. n.], [2022]. Disponível em: https://rutamaipo.cl/wp-content/uploads/sites/5/2024/03/Estados-Financieros-Ruta-del-Maipo-31.12.2023.pdf. Acesso em: 11 mar. 2024.

TEXAS A&M TRANSPORTATION INSTITUTE. *Electronic Toll Collection Systems*. [S. l.]: [s. n.], 2023.

VASSALO, M. *et al*. Urban Toll Highway Concession System in Santiago, Chile: Lessons Learned After 15 Years. *Journal of Infrastructure Systems*, [S. l.], n. 26, n. 2, 2020.

Informação bibliográfica deste texto, conforme a NBR 6023:2018 da Associação Brasileira de Normas Técnicas (ABNT):

SANTOS, Pablo Pereira dos; CRUVINEL, Rodrigo Rosa da Silva. A experiência chilena com o *free flow*: lições para o Brasil. *In*: FAJARDO, Gabriel; SAMPAIO, Guilherme Theo (coord.). Free flow *em concessões de rodovias*. Belo Horizonte: Fórum, 2024. p. 263-293. ISBN 978-65-5518-724-3.

SOBRE OS AUTORES

Allan Milagres
Chefe da Assessoria Especial de Relações Parlamentares e Institucionais da Agência Nacional de Transportes Terrestres (ANTT). Mestre em Direito pela Pontifícia Universidade Católica de Minas Gerais (PUC Minas).

André Turquetto
Presidente da Associação Brasileira das Empresas de Pagamento Automático para Mobilidade (Abepam) e diretor-geral da Veloe.

Antonio Carlos Miró
Gerente de Projetos e Operações de Pedágios na Kapsch Brasil. Engenheiro elétrico e eletrônico formado pela Universidade Santa Cecilia (Unisanta). MBA pela Fundação Getulio Vargas (FGV).

Carla Fornasaro
Diretora-presidente da CCR RioSP, concessionária do Grupo CCR, que administra as rodovias Presidente Dutra e Rio-Santos. Cerca de 20 anos de experiência no ramo de Concessão de Rodovias. Especializada na área de Gestão. MBA em Administração de Empresas e Finanças pela Fundação Getulio Vargas (FGV). Ingressou no Grupo CCR em 2004, no qual atuou nas áreas de Relações Institucionais, Jurídico, Comunicação, Marketing e Meio Ambiente. Entre outras experiências profissionais, atuou na área Comercial e de Marketing da Ford do Brasil e na área de Implantação de Projetos de Infraestrutura da Asea Brown Boveri (ABB). Atual membro do Conselho da Federação das Indústrias do Estado do Rio de Janeiro (FIRJAN), na representação regional na Baixada Fluminense.

Carlos Eduardo da Silveira
Procurador do município de Porto Alegre, Rio Grande do Sul. Coordenador da Assessoria Jurídica da Secretaria de Parcerias e Concessões do Estado do Rio Grande do Sul. MBA em PPPs e Concessões pela Fundação Escola de Sociologia e Política de São Paulo (FESPSP).

Carlos Eduardo Marques Silva
Advogado. Mestrando em Direito Econômico e Inovação no Instituto Brasileiro de Ensino, Desenvolvimento Pesquisa (IDP). Bacharel em Direito pela Universidade Federal de Goiás (UFG).

Carlos Wiedmaier
Vice-presidente de Solution Consulting, Kapsch América Latina. Engenheiro civil formado pela PUC do Chile, com mais de 20 anos de trajetória liderando equipes no desenvolvimento de soluções tecnológicas. Ex-funcionário das empresas IBM, Antofagasta Minerals e Transbank.

César Kasper de Marsillac
Procurador do estado do Rio Grande do Sul. Coordenador setorial do Sistema de Advocacia do Estado junto às Secretarias de Estado de Parcerias e Concessões e de Habitação e Regularização Fundiária. Mestrando em Direito da Concorrência e da Regulação pela Universidade de Lisboa.

Cristiano Della Giustina
Diretor de Planejamento da Infra S.A. Especialista em Regulação na Agência Nacional de Transportes Terrestres (ANTT). Mestre em Logística e Transportes e graduado em Geografia pela Universidade Federal do Rio Grande do Sul (UFRGS).

Felipe Fernandes Queiroz
Diretor da Agência Nacional de Transportes Terrestres (ANTT). Ex-secretário nacional de Transportes Terrestres do Ministério da Infraestrutura. Graduado em Geografia pela Universidade de Brasília (UnB). Especialista em Gestão Pública e mestre em Economia pela Fundação Getúlio Vargas.

Fernanda Alen
Subsecretária de Concessões e Parcerias na Secretaria de Estado de Infraestrutura, Mobilidade e Parcerias. Especialista em Política Pública e Gestão Governamental (EPPGG) do estado de Minas Gerais desde 2012, com ampla atuação na área de infraestrutura. Graduada e mestra em Direito pela Universidade Federal de Minas Gerais (UFMG). Graduada em Administração Pública pela Fundação João Pinheiro (FJP). Líder MLG pelo Centro de Liderança Pública, com módulo em Oxford.

Fernando Barbelli Feitosa
Doutor em Direito pela Faculdade de Direito da Universidade de Brasília (FD/UnB), desde 2023. Mestre em Regulação Faculdade de Economia da Universidade de Brasília (CERME-CIEF/FE/UnB), desde 2013. Especialista em Regulação da Agência Nacional de Transportes Terrestres (ANTT), onde ocupa o cargo de gerente de Regulação Rodoviária (GERER/SUROD/ANTT), desde 2020. Graduado em Direito pela Pontifícia Universidade de São Paulo (PUC-SP). Especialista em Contratos pela Coordenadoria-Geral de Especialização, Aperfeiçoamento e Extensão da Pontifícia Universidade Católica de São Paulo (COGEAE/PUC-SP), em Serviços de Transportes Terrestres pelo Núcleo de Computação Eletrônica da Universidade Federal do Rio de Janeiro (NCE/UFRJ), em Direito Tributário pelo Instituto Brasileiro de Estudos Tributários (IBET) e em Advocacia do Direito Negocial e Imobiliário pela EBRADI/UNA. É servidor da ANTT desde 2005. Já ocupou cargo de assessor de ministro no

Superior Tribunal de Justiça (STJ) (2007-2009), de gerente técnico de Obrigações Contratuais, de gerente de Normas e Procedimentos e de gerente de Relações de Consumo na Agência Nacional de Aviação Civil (ANAC) (2012-2018) e de coordenador-geral de Patrimônio Aeroportuário na Secretaria Nacional de Aviação Civil do Ministério da Infraestrutura (SNAC/Minfra) (2018-2020).

Fernando José Piva
Assessor técnico na Superintendência de Projetos Rodoviários da Infra S.A. Especialista em Tráfego Rodoviário. Mestre e doutor em Planejamento e Operações de Transporte pela Escola de Engenharia de São Carlos da Universidade de São Paulo (EESC-USP). Engenheiro civil formado pela Escola Politécnica da Universidade de São Paulo (Poli-USP).

Gabriel Ribeiro Fajardo
Secretário de estado adjunto de Parcerias e Concessões do Estado do Rio Grande do Sul. Ex-subsecretário de Transporte e Mobilidade, superintendente de Transporte, assessor-chefe de Relações Intergovernamentais e assessor de Novos Projetos no estado de Minas Gerais. Mestre em Direito da Administração Pública e Desenvolvimento Estratégico e graduado em Direito pela Universidade Federal de Minas Gerais (UFMG).

Guilherme Theo Sampaio
Diretor da Agência Nacional de Transportes Terrestres (ANTT). Mestre em Direito pelo Instituto Brasileiro de Ensino, Pesquisa e Desenvolvimento (IDP). Mestrando em Gestão e Políticas Públicas na Universidade de Lisboa. Especialista em Gestão Empresarial pela Fundação Dom Cabral (FDC). Especialista em Gestão Jurídica e de Contencioso pelo Instituto Brasileiro de Mercados de Capitais (IBMEC). Bacharel em Direito Pela Pontifícia Universidade Católica de Minas Gerais (PUC Minas).

Herik Souza Lopes
Engenheiro civil e analista de Infraestrutura do Ministério da Gestão e da Inovação em Serviços Públicos (MGI), especializado em Logística, Mobilidade e Desenvolvimento Orientado pelo Transporte. Atuação destacada no assessoramento técnico à regulação do mercado de transporte rodoviário aplicado à melhoria do ambiente regulatório. Outros campos de atuação: Engenharia de Transportes; Planejamento de transportes; Geoinformação; Assessoramento técnico a dirigentes; Infraestrutura; Transportes Rodoviário, Ferroviário, Aquaviário, Aeroportuário e Aeroviário.

Josineide Oliveira Monteiro
Graduanda em Ciências Econômicas pela Universidade de Brasília (UnB). Técnica Administrativa na Agência Nacional de Transportes de Terrestres (ANTT) desde 2009.

Juliana Moitas Nogueira de Menezes
Graduada em Direito pela Faculdade de Direito da Universidade de São Paulo (FDUSP). Advogada com experiência em Modelagem de Projetos de Infraestrutura, Direito Administrativo e Regulatório. Associada do escritório Queiroz, Maluf Sociedade de Advogados.

Larissa Wendling
Superintendente de Projetos de Rodovias da Infra S.A. Especialista em regulação na Agência Nacional de Transportes de Terrestres (ANTT). Pós-graduada em Gestão e Engenharia de Rodovias pela Universidade de Guarulhos (UNG). Engenheira civil formada pela Universidade Federal do Paraná (UFPR).

Leandro Cardoso Trentin
Graduado em engenharia civil pela faculdade de engenharia industrial FEI (2002). Mestrado em engenharia de transportes na escola politécnica da USP (2007). Atua na área de infraestrutura de transportes com projetos de rodovias, ferrovias, transporte público e viário urbano com mais de 23 anos de experiência. Atualmente, é Supervisor de Equipe de Tráfego, Gerente de Operações e Equipamentos na Diretoria de Operações da ARTESP.

Letícia Queiroz de Andrade
Professora de Direito Administrativo do Curso de Graduação e Pós-Graduação da Pontifícia Universidade Católica de São Paulo (PUC-SP). Doutora e mestra em Direito Administrativo pela PUC-SP. Pós-graduada em Mediação Internacional em Contratos de Construção pela Queen Mary de Londres. Membra da Comissão de Dispute Boards do Centro de Arbitragem e Mediação da Câmara de Comércio Brasil-Canadá (CAM-CCBC). Membra da CMA-IE Câmara de Mediação e Arbitragem do Instituto de Engenharia (CMA-IE). Sócia fundadora do escritório Queiroz, Maluf Sociedade de Advogados.

Luana Azevedo Temponi Godinho
Gerente de Projetos (PMO) da ABCR. MBA executivo internacional em curso no Instituto de Ensino e Pesquisa (Insper). Certificada em Modelagem Econômico Financeira de PPPs e Concessões pela FIPE. Pós-graduada em Administração de Empresas pelo IBMEC e graduada em Administração Pública pela Fundação João Pinheiro (FJP). Ex-diretora de Monitoramento e Avaliação na Secretaria de Infraestrutura e Mobilidade de Minas Gerais (SEINFRA). Especialista em Políticas Públicas e Gestão Governamental (EPPGG) no governo de Minas Gerais nas áreas de Licenciamento Ambiental e Planejamento Urbano.

Luciano Lourenço da Silva
Servidor público federal, integrante da carreira de Analista de Infraestrutura do Ministério da Gestão e da Inovação em Serviços Públicos. Graduado em Engenharia Civil pela Universidade Federal de Uberlândia (UFU), com especialização em Gestão e Normatização de Trânsito e Transportes; Gestão Pública; Desapropriação; Avaliações e Perícias Judiciais. Mestrando em

Transportes pela Universidade de Brasília (UnB). Atuou em diversos órgãos da administração pública federal, como DNIT, VALEC, EPL, e Ministério da Infraestrutura, desenvolvendo atividades de planejamento, execução e fiscalização de obras, ainda na área de Desapropriação. Exerceu cargos de superintendente de Desapropriação e Arqueologia na VALEC, assessor especial na EPL, coordenador-geral de Rodovias e diretor de Planejamento no Ministério da Infraestrutura. Na ANTT, atuou em cargos de gerente executivo de Engenharia e Meio Ambiente de Rodovias e de superintendente de Serviços de Transporte Rodoviário de Passageiros. Atualmente ocupa o cargo de diretor na Diretoria Colegiada.

Maria Cristina Ferreira Passos
Engenheira civil do quadro especial da Secretaria de Logística e Transportes do Rio Grande do Sul. Mestra em Engenharia Civil com ênfase em Geotecnia pela Universidade Federal do Rio Grande do Sul (UFRGS). Diretora do Departamento de Fiscalização das Concessões Rodoviárias da Secretaria de Parcerias e Concessões.

Marco Aurélio de Barcelos Silva
Doutor em Direito do Estado pela USP. Master of Laws (LL.M.) pela Universidade de Londres e mestre em Direito Administrativo pela Universidade Federal de Minas Gerais. Ex-secretário do Programa de Parcerias de Investimentos (PPI) da Presidência da República e ex-secretário de estado de Infraestrutura e Mobilidade de Minas Gerais. Diretor-presidente da Associação Brasileira de Concessionárias de Rodovias (ABCR).

Napoleão Zettermann
Servidor público da carreira de analista de Planejamento, Orçamento e Gestão. Atua no setor público desde 2009, com larga experiência em Concessões e Parcerias Público-Privadas (PPP). Atual diretor-geral adjunto da Secretaria de Parcerias e Concessões do Estado do Rio Grande do Sul (SEPAR/RS). Com formação em Direito pela PUCRS, especializou-se em Direito Administrativo, Direito Tributário e PPP e Concessões (MBA). Além de liderar equipes e gerenciar projetos de infraestrutura, possui experiência significativa na captação de recursos e na aquisição de bens e serviços financiados pelo Banco Mundial, contribuindo para a execução de projetos envolvendo recursos advindos de organismos internacionais.

Pablo Pereira dos Santos
Especialista principal de Parcerias Público-Privadas e consultor do BIB.

Paulo Roberto de Oliveira Junior
Funcionário do Banco Nacional de Desenvolvimento Econômico e Social (BNDES) desde 2013, em que atuou em Concessão de Crédito a Infraestrutura. Ex-gerente de Modelagem Econômico-Financeira na Estruturação dos Estudos e Contratos de Concessão na Agência Nacional de Transportes Terrestres (ANTT) (2020-2023).

Pedro Maciel Capeluppi
Economista formado pela Universidade de Brasília (UnB). Especialista em Finanças, Investimentos e Banking pela Pontifícia Universidade Católica do Rio Grande do Sul (PUCRS). Servidor de carreira da Secretaria do Tesouro Nacional (STN) desde 2014. Atual secretário de Parcerias e Concessões do governo do estado do Rio Grande do Sul. Ex-secretário de Desenvolvimento da Infraestrutura no Ministério do Planejamento. Secretário Especial de Desestatização, Desinvestimento e Mercados no Ministério da Economia. Participou de importantes projetos na área de infraestrutura, como o Novo Marco Legal do Saneamento, a privatização da Eletrobras e a privatização do metrô de Belo Horizonte.

Rafael Ramos
Servidor público na carreira de Analista de Planejamento, Orçamento e Gestão desde 2009. Diretor-geral da Secretaria de Parcerias e Concessões do Rio Grande do Sul e integrante do Conselho de Administração da Empresa Gaúcha de Rodovias (EGR). Ex-chefe da Unidade de PPP do estado do Rio Grande do Sul (2017-2022). Ex-membro da mesma unidade (2015-2017) e ex-chefe de Divisão de Estudos de Viabilidade Econômica no Departamento de Captação de Recursos da Secretaria de Planejamento (2013-2015). Graduado em Administração de Empresas pela Pontifícia Universidade Católica do Rio Grande do Sul (PUCRS), com especialização em Gestão Pública pela Universidade Federal do Rio Grande do Sul (UFRGS) e em Auditoria Fiscal pela Faculdade Projeção de Brasília. MBA em Concessões e Parcerias Público-Privadas pela FESPSP e London School of Economics (LSE).

Raquel França Carneiro
Engenheira civil e mestra em Planejamento e Operação de Sistemas de Transporte pela Universidade de São Paulo (USP). Atual diretora de Econômico-Financeiro da Companhia Paulista de Parcerias (CPP), empresa estatal responsável pela estruturação de novos projetos de concessões e PPPs e pelo fornecimento de garantias para projetos de PPPs para o governo do estado de São Paulo. Ex-coordenadora de projetos de concessões rodoviárias para o governo federal na Empresa de Planejamento e Logística (EPL) e Infra S.A. e na Diretoria de Operações da Agência Reguladora de Transportes do Estado de São Paulo (ARTESP).

Ricardo Peres
Diretor-presidente da Caminhos da Serra Gaúcha S.A. (CSG) e diretor executivo da Silva & Bertoli Empreendimentos e Participações Societárias S.A., com 10 anos de experiência em Concessão Rodoviária e 25 anos de experiência em Engenharia Rodoviária.

Rodrigo Cruvinel
Mestre em Transportes pela Universidade de Brasília (UnB). Mais de 10 anos de experiência trabalhando no setor de transportes em temas relacionados a financiamento de projetos de infraestrutura, regulação e parcerias público-

privada, tendo atuado em países como Argentina, Brasil, Estados Unidos, Guatemala, Honduras, Peru e República Dominicana.

Santi Ferri
Doutor e mestre em Engenharia de Transportes pela EP-USP. Engenheiro Civil pela FESP. Tecnólogo pela Fatec/SP. Professor do curso de engenharia civil da PUC-SP e de pós-graduação dos institutos RTG, IPOS e Mackenzie. Servidor público do Estado de SP (ARTESP). Atuou como Gerente de Estruturação de Projetos de Concessão de Infraestrutura na EPL (Empresa de Planejamento e Logística) e Superintendente de Projetos Rodoviárias na INFRA SA (estatal de planejamento de transportes do governo federal). Assumiu recentemente a Diretoria de Operações (DOP) da ARTESP.

Tiago Lourenço de Lima Torquato
Assessor técnico na Superintendência de Projetos Rodoviários da Infra S.A. Especialista em Operações e Segurança de rodovias. Doutor e mestre em Engenharia Civil pela Universidade Federal de São Carlos (EESC). Graduado em Engenharia Civil pela Faculdade de Engenharia de Bauru da Universidade Estadual Paulista (FEB/UNESP).

Vítor Costa
Mestre em Finanças pela Universidade Federal de Minas Gerais (UFMG) (2019) e pós-graduado em Gestão com ênfase em Finanças pela Fundação Dom Cabral (FDC) (2017). Graduado em Direito pela Universidade Federal de Minas Gerais (UFMG) (2014) e em Administração Pública pela Fundação João Pinheiro (FJP) (2012). Administrador público com foco no desenvolvimento de estudos de viabilidade de parcerias, concessões ou instrumentos correlatos que sejam capazes de viabilizar projetos no estado de Minas Gerais. Ex-diretor de Projetos do Setor Produtivo (SEDE/MG), na estruturação do Aeroporto Industrial. Ex-coordenador de Projeto na Secretaria de Estado de Planejamento e Gestão (SEPLAG/MG), na estruturação da concessão de cinco aeroportos. Atuou na Secretaria de Estado de Infraestrutura e Mobilidade (SEINFRA/MG), na estruturação de projetos de infraestrutura: rodovias, Aeroporto da Pampulha, rodoviária e Mineirinho e na Assessoria de Desestatização da Secretaria de Estado de Desenvolvimento Econômico (SEDE/MG), com Modelagens. Ex-chefe do Núcleo de Governança e Gestão (SEINFRA), na Gestão de Concessões de Equipamentos Esportivos e na Análise de Pleitos de REF. Atual superintendente de Modelagem Técnica (SEINFRA), na estruturação do novo programa de concessões rodoviárias e novos projetos prioritários.

Esta obra foi composta em fonte Palatino Linotype, corpo 10
e impressa em papel Chambril Avena 70g (miolo) e Supremo 250g (capa)
pela Gráfica Star7, em Betim/MG.